老司城遗址
周边遗存调查报告

湘西自治州文物管理处
永　顺　县　文　物　局　编著
永顺县老司城遗址管理处

岳麓书社·长沙

《老司城遗址周边遗存调查报告》

编 辑 委 员 会

本书由中共永顺县委、永顺县人民政府资助出版

序

“初，北江蛮酋最大者曰彭氏，世有溪州，州有三，曰上、中、下溪，又有龙赐、天赐、忠顺、保静、感化、永顺州六，懿、安、远、新、给、富、来、宁、南、顺、高州十一，总二十州，皆置刺史……”这段《宋史》里的记载，见证了溪州刺史彭仕愁后晋天福年间在西南诸蛮中的地位与影响，他与楚王马希范于溪州之战后结下的盟约，开创了彭氏土司世袭统治溪州长达800多年的历史，世人无不为此而感慨万千。我想这与彭氏土司“立铜柱孕育自治典范、广包容政治文化多元”必有关联。

老司城遗址为已消逝的传统文化——土司制度提供了独特见证。自1995年首次考古发掘以来，龙京沙老师会同湖南省文物考古研究所柴焕波老师等考古学家频年躬耕于此，沥心血于掘遗址搜坟典，其饱含艰辛的孤寂岁月非常人能耐，永顺人民永远铭记这些为老司城遗址考古发掘做出巨大贡献的考古人。正是他们的辛勤付出，才使得老司城遗址2001年列入国家重点文物保护单位；2010年10月列入首批国家考古遗址公园立项名单；2011年入选2010年度全国十大考古新发现；2012年11月列入中国申报世界文化遗产预备名单。

如今，凝聚京沙老师心血的《老司城遗址周边遗存调查报告》即将付梓出版，与焕波老师的《永顺老司城——八百年溪州土司的踪迹》相得益彰，对老司城遗址的完整性、真实性作了全方位解读。

京沙老师历时数年率考古队员完成了老司城周边遗存调查，先后涉足古丈、保靖、龙山、慈利、桑植、永定区等六县区15个乡镇、53个自然村寨，外围面积达6792平方公里，重点面积860平方公里；共调查各类相关遗存266处，其中城址6座、城堡8座、要塞6处、关卡17处、哨卡11处、烽火台9处、官署遗址8处、墓地79处、古道28条、桥梁12座、渡口码头7处……他们面对庞杂的遗存，徒步深入寥无人迹的群山之中，顶烈日，斩荆棘，披星戴月履小道，累极借宿百姓窝；终得这些艰辛汗水结晶之成果，为佐证有限的文献资料，澄清离我们远去而又未曾触摸到的隐藏在万山丛林的那段历史，提供了极富价值的第一手资料和证据。此书面世，与焕波老师著作形成里应外合之势，全面解读彭氏土司八百年的人文山水和励精图治，使彭氏土司在其管辖范围内的历史脉络因此而变得更加清晰，完整地揭开了老司城遗址的神秘面纱。

京沙老师作为国家级考古领队，数年来始终坚持以务实的工作作风调查与撰稿，为全面真实揭示老司城遗址周边遗存的分类解说、标本采集和相关问题的讨论奠定了坚实的基础。此书不仅文风朴实，字字为证，调查详尽，彰显了作者田野考察的艰辛和执着；而且运用考古学、历史学、民族学、人类学等多学科知识，对古溪州彭氏土司形成的历史渊源、与周边土司关系、治所变迁及老司城遗址选址背景、规划理念、军事防御体系运行等问题，进行了认真研究，取得了突破性成果，澄清了一些误传。畅读本书，让人宛若置身于那个时代，深入沉寂千年的历史。

该书的出版，必将为揭示老司城遗址的独特内涵再建奇功，为老司城遗址的价值研究和考古发掘展现全新视野，为老司城遗址的保护与利用发挥重要作用。

是为序。

李　平

2013年5月8日

目　录

第一章　概况

第一节　地理概况

一、自然地理概况

老司城遗址位于湖南省土家族苗族自治州永顺县灵溪镇司城村，东经109° 55′ 44.3″，北纬28° 59′ 51.0″（图一）。遗址又称旧司城，乃土官世居之所[①]，核心区海拔199～295米。遗址周围山川形势复杂，西北万福山、高立山、摩天岭诸山界，东南羊峰山、高峰山、大青山诸山界，其间大小山峰犬牙交错，密布其间，形势险峻。其中城东巨嶂泰平山，高大雄伟，后福石山即华盖山，巍然插云，寿德山、禄德山森然左右，前螺丝湾诸峰与山道相依相偎，绵延远去。灵溪河出万福山东麓，自西北蜿蜒而来，曲折流向东南，汇猛洞河，注入酉水。自然神力造就遗址"山为障，水为池"的整体地理格局。

遗址所在灵溪镇司城村于2005年由原上河、博射坪、联合、老司城等四个村合并而成，面积40平方公里，其中森林面积29平方公里，耕地面积2985亩。现有住户395户，1595人，其中遗址中心区住户24户，107人。居民以土家族为主，杂有苗、汉，沿河而住。区域内，山多田少，以种植旱作物为主，外出务工为主要经济收入来源。

1. 地质与地貌

永顺县位于杨子准地台八面山褶皱带之武陵褶皱束与江南地轴的交接地质构造带，青坪—抚志—泽家一线以南属于江南地轴，以北为武陵褶皱束，地质构造主要为褶皱构造与断裂构造。在地层分区中，全县地跨两区即列夕—抚志—青坪一线以南的"武陵山区"及其西北的"八面山区"。全域地处云贵高原东侧、武陵山西北与鄂西山地交界处，并向江南丘陵过渡的地带，境内海拔最高处羊峰山1437.9米，最低小溪鲤鱼坪明溪海拔162.6米。境内中

①乾隆五十八年《永顺县志》卷一《地舆志》。

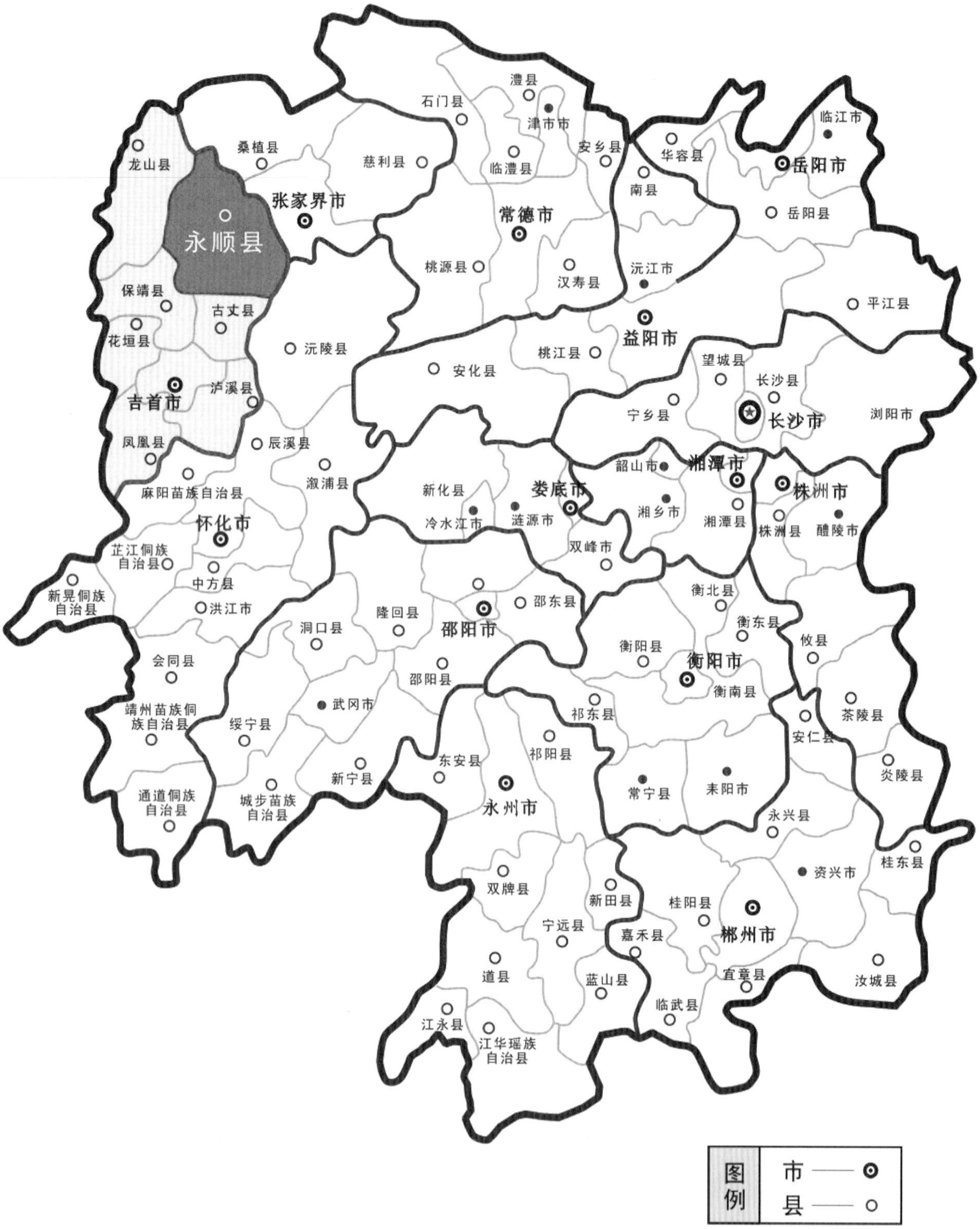

图一　湘西自治州地理位置图

山、中低山地貌为主，有山原、丘陵、岗地、山间盆地多种类型，交错分布（图二）。

老司城地处武陵山脉中段中支绵延的黑山山脉（又称高峰坡），山脉在县城东连洞、松柏、抚志三乡之间，呈东北—西南走向。老司城所在区域属于中低山地区，岩石组成以碳酸盐岩和砂页岩为主，部分为砂砾岩和变质岩，一般标高500～800米，相对高差400～600米，坡度大于30度。

2. 气候与水文

永顺县地处武陵山区腹地，属亚热带季风湿润气候区，大陆性气候特征明显。夏季受东南季风影响，降水充分，气候温暖湿润；冬季受西北季风控制，降水少，气候寒冷干燥。总体气候呈既雨热同期，暖湿多雨，又冬暖夏凉，四季分明，气候类型多样，垂直差异悬殊，立体气候明显，小气候效应显著。境内溪流纵横密布，地表水资源极为丰富，有大小河流330余条，其中流域面积大于10平方公里、干流长度大于5公里的河流70余条，一、二、三、四、五各级支流分别为6条、16条、30条、13条、5条不等，河网密度达0.29公里。流域水系属沅、澧两大水系，境内沅水、澧水流域面积分别为3019.82、 791.2平方公里，各占总面积的79.24%、20.76%；地下水资源同样丰富，山泉、水井、泉眼密布其间，常年不息。

3. 自然资源

永顺县动植物生物资源丰富多样，保护状况较好。据调查，有国家重点保护动物68种，其中国家一类保护动物有云豹、白鹤、白颈长尾雉、蟒等；二类保护动物有林麟、穿山甲、猕猴、金鸡、鸳鸯、果子狸、大鲵、苏门羚羊等；三类保护动物有竹鸡、环颅雉、斑鸠、金星竹鼠、刺猬、蛇、蟾、白鹭、狐等。有国家重点保护的孑遗植物36种，药材植物985种；国家一级保护树种有珙桐、水杉等；二级保护树种有香果、银杏、鹅掌楸、连香木、篦子三尖杉等；三级保护树种有银鹊、黄杉、楠木、红椿、花榈木等。遗址所处偏僻，山高林密，交通闭塞，自然生态破坏少，保护状况良好。

在这千水万山间蕴藏着丰富的矿产资源，已探明矿藏储量36种、矿产地30处，主要有煤、铁、铅锌、磷、大理石、膨润土等。其中铁矿石储量2350万吨，磷矿石储量10166万吨，大理石储量3.8亿立方米，膨润土品质位居全国前列。

二、人文地理概况

永顺县境内有土家、汉、苗、回、白、瑶、侗等 21 个民族，据2010年全国第六次人口

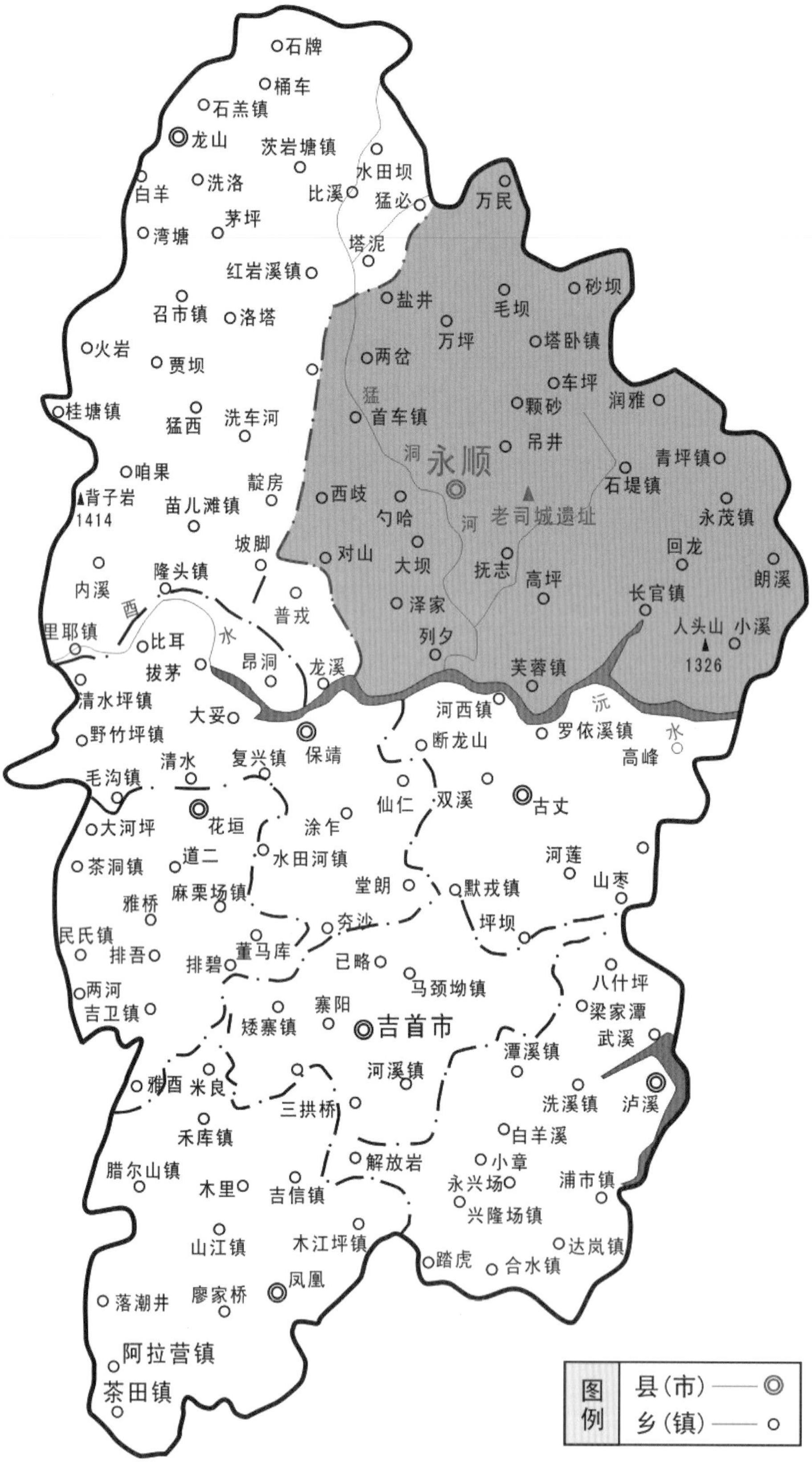

石牌
桶车
石羔镇
龙山
茨岩塘镇
水田坝
白羊
洗洛
比溪
猛必
万民
茅坪
湾塘
塔泥
红岩溪镇
砂坝
盐井
召市镇
洛塔
毛坝
万坪
塔卧镇
火岩
两岔
贾坝
车坪
润雅
猛
桂塘镇
颗砂
首车镇
猛西
洗车河
吊井
洞
永顺
咱果
青坪镇
靛房
石堤镇
背子岩
1414
西岐
苗儿滩镇
勺哈
老司城遗址
河
永茂镇
坡脚
回龙
对山
大坝
抚志
高坪
朗溪
内溪
隆头镇
普戎
长官镇
泽家
西
人头山
小溪
里耶镇
比耳
水
列夕
1326
昂洞
龙溪
拔茅
芙蓉镇
清水坪镇
沅
河西镇
大妥
野竹坪镇
保靖
断龙山
罗依溪镇
水
高峰
清水
复兴镇
毛沟镇
仙仁
双溪
古丈
大河坪
花垣
涂乍
道二
水田河镇
河莲
茶洞镇
堂朗
默戎镇
山枣
雅桥
麻栗场镇
夯沙
坪坝
民氏镇
排吾
董马库
排碧
已略
马颈坳镇
八什坪
两河
吉卫镇
寨阳
梁家潭
矮寨镇
吉首市
武溪
潭溪镇
雅西
米良
河溪镇
泸溪
三拱桥
洗溪镇
禾库镇
白羊溪
解放岩
小章
腊尔山镇
木里
吉信镇
永兴场
浦市镇
兴隆场镇
山江镇
木江坪镇
达岚镇
踏虎
合水镇
落潮井
廖家桥
凤凰
阿拉营镇
茶田镇
图例
县(市)
乡(镇)

图二　永顺县地理位置图

普查统计，全县总人口529887人，少数民族478237人。其中土家族428932人，占全县总人口的80.94%；苗族47093人，占全县总人口的8.89%；回族、瑶族、白族等其他少数民族共2212人，占全县总人口的0.04%。

第二节　永顺土司概述

一、历史沿革

唐末农民战争期间，彭瑊、彭玕兄弟“聚徒众得数千人，自为领袖”①，因镇压当地农民起义有功，升为州吏。后彭瑊投马殷，授辰州刺史。后梁开平三年（909），彭玕率部及家族“数千人奔楚”②，投马殷，授郴州刺史。期间，彭瑊联合地方蛮酋以武力驱逐吴著冲、惹巴冲等土著蛮酋，统一溪州，彭氏势力进入溪州地区。后梁开平四年（910），彭瑊战死，其子彭士愁袭任溪州刺史。

五代，后晋天福四年（939）溪州刺史彭士愁“引奖、锦州蛮万余人，寇辰、澧州，焚掠镇戍”，楚王马希范遣刘勍、廖匡齐征讨，溪州大战爆发。五年（940），彭士愁“遣其子师暠率诸酋长，纳溪、锦、奖三州印请降于楚”，“师暠为父输诚，束身纳款”。马希范以刘勍任锦州刺史，彭士愁任溪州刺史，迁治所于平地，双方立铜柱，结盟约，溪州大战结束。溪州大战确立了彭氏在溪州地区的“自治”地位及其在诸蛮酋中的威望，为彭氏势力的发展奠定了坚实的基础。

两宋在溪州地区推行羁縻制和誓下州制，采取“以本土之法治本土”、“以蛮夷治蛮夷”之法加以治理。宋初彭氏势力发展至鼎盛，“世有溪州，州有三，曰上、中、下溪州，又有龙赐、天赐、忠顺、保静、感化、永顺州六，懿、安、远、新、给、富、来、宁、南、顺、高州十一，总二十州”，“以下溪州刺史兼都誓主，十九州皆隶焉”③。宋廷经王安石变法后国力强盛，加强了对南北江蛮地区的经略。在此过程中，南江蛮地区大部分归附，彭氏势力遭

---

①《九国志》卷十一《楚·彭玕传》。

②《资治通鉴》卷二六七《后梁纪二》。

③《宋史》卷四百九十三《蛮夷一》。

受严重钳制，势力范围向溪州核心地区收缩。南宋绍兴五年（1135），彭福石宠迁治老司城。

元代，元世祖至元十三年（1275），彭思万归顺元朝，受赐武德将军号及印章。延祐七年（1320）彭胜祖自改“永顺安抚司”。至正十一年（1351），彭万潜又自升为宣抚司，并设南渭州，改保静州为保靖安抚司，隶于永顺司。至此，土司制度在溪州大地正式建立。

明代，洪武二年（1369）置永顺等处军民安抚司。五年（1372）升为永顺等处军民宣慰使司，辖“三州”（即施溶州、南渭州、上溪州）、“六长官司”（即麦着黄洞、腊惹洞、驴迟洞、施溶溪洞、白岩洞、田家洞），彭添保任宣慰使。明中后期，江浙一带倭寇蜂起，永顺土司奉命抗倭。嘉靖三十四年（1555），彭明辅、彭翼南率土兵5000赴江浙抗倭，建“东南战功第一”。

清代，顺治四年（1647）彭泓澍率领“三知州、六长官司、五十八旗、三百八十峒苗及图册归附”，清廷赐顺字号永顺等处军民宣慰使司。雍正五年（1727）推行改土归流政策。六年（1728），末代永顺宣慰使彭景燧在其父彭肇槐的带领下献土归流，举族回迁祖籍江西吉安，置产安居。

至此，彭氏进入溪州地区，经五代、两宋、元、明、清诸代新陈代谢，历羁縻制度、土司制度两大时期更替，凡800余年，共28世，这段历史伴随土司制度的结束退去昔日光辉，沉入茫茫武陵山，这段民族文明发展历史记忆尘封于青山绿水间的老司城遗址中。

二、历史大事记

五代

五季梁开平四年（910），楚王马殷救彭瑊归楚，“彭碱（瑊），仕唐为辰州刺史，拜金紫光禄大夫”。授职后，“以恩结人心”，并联合地方势力逐土蛮吴著冲及惹巴冲，据其地，为诸蛮所拥戴。同年，彭瑊因征吴敖骈遇难，其子彭士愁袭溪州刺史职①。

晋天福中（后晋天福四年即939年），将军马希范袭父业，据有湖南，称楚王。士愁率领诸蛮寇辰、澧，希范命将军刘勍击之，士愁败走，遣次子师暠降楚，以溪、锦、奖等地归马氏。天福五年（940）楚王马希范立铜柱为界，天策府学士李宏皋铭之，即今会溪坪之铜柱是也，该彭氏有溪州。江北之蛮彭氏最大，分其地曰上、中、下溪州三，又有龙赐、天赐、忠

①参见谢心宁《湘西土司》。

顺、保静（元改为保靖）、感化、永顺州六，懿、安、远、新、洽、来、富、宁、南、顺、高州十一，总二十州，皆置刺史，而以下溪州刺史兼都誓主，十九州皆隶焉，谓之誓下州[1]。

宋

宋乾德元年[2]（963），知溪州彭允林等归顺，诏以允林为溪州刺史。允林卒，诏以允殊为溪州刺史[3]。

太平兴国七年（983），诏辰州不得移部内马氏所铸铜柱。溪州刺史彭允林言刺史旧三年则为州所易，望朝廷禁止，赐敕书安抚之。八年（987），锦、溪、叙、富四州蛮请内附，不许[4]。

景德二年（1005），辰溪蛮攻下溪州，刺史彭儒猛击走之，擒首以献。

天禧元年（1017），溪州蛮寇扰辰州，都巡检使李守元率兵入白雾团擒蛮寇十五人，斩首百级，降其酋二百余人。知辰州钱绛等入下溪州，破寨栅，斩蛮六十余人，降老幼千余。刺史彭儒猛亡入山林。执其子仕汉等赴阙，诏高溪[5]蛮捕儒猛来献者，厚加赏典。其年，儒猛因顺州蛮田彦宴上状本路，自诉求归，转运使以闻，上哀怜之，特许释儒猛罪。儒猛乃奏上所略民口器甲。诏辰州通判刘中象召至明滩歃血与盟。

“《会要》：又赐下溪州刺史彭儒猛奖诏，以辰州言其捕获蛮寇故也。九年八月，诏溪峒蛮人因朝奉遣回者，并令夔州路转运使勘会，贡方物者，人赐彩三匹、盐二十斤，无方物者，人彩二匹、盐半斤，其近上首领即加赐二两银。天禧二年闰四月二十八日（二年，原作“元年”，按天禧元年无闰四月，据《长编》卷九一改），知辰州钱绛言：正月二十七日，与供备库副使李守元、入内供奉官江德源等入下溪州，（收）[攻]破寨栅，斩蛮人六十九级，降老幼千二百二十人，收器械甚众，招获彭儒猛男仕汉等，部送赴阙。”[6]

皇祐二年（1050），师宝知上溪州。至和二年（1055），师宝举族趋辰州告其父尝杀誓下十三州将，夺其符印，并有其地，自号如意大王。于是知辰州宋守信与通判贾师熊、转运使李肃率兵数千深入讨伐。以师宝为向导，兵至而仕羲遁入他峒不可得，俘其孥及铜柱，而

---

①《龙山县志》第176页。同样文字见于《宋史·蛮夷传》第14177页；另参见《史录》第16页。

②《龙山县志》认为“《宋史》作建隆四年，考本纪建隆止三年，《宋史》误也”。此从《龙山县志》说。

③《龙山县志》第10页。

④《龙山县志》第176页。

⑤引自《龙山县志》，《宋史》为高州，当以《宋史》为是。

⑥又参见《宋会要辑稿》。

官军战死者十六七，守信等皆坐贬。自是蛮僚数入寇钞边，吏不能制。朝廷后遣三司副使李参、文思副使窦舜卿、侍御史朱处约、转运使王绰经制，大出兵临之，仕羲乃陈本无反状，愿以二十州旧地复贡奉内属。嘉祐二年（1057），率蛮众七百饮血就盟辰州①，亦还其孥及铜柱，自是仕羲岁奉职贡。

熙宁三年（1070），师晏（仕羲子）纳誓表于朝，仍归诺溪地，乃命师晏袭州事。五年（1072）复以马皮、白峒地来献，诏进为下溪州刺史。章惇经制南、北江，湖北提点刑狱李平招纳师晏，师晏遂降，诏修筑下溪州城，并置砦于茶滩南岸，赐新城名曰会溪，新砦名黔安，戍以兵，隶辰州②。

绍兴四年（1134），辰州言归明保靖、南渭、永顺三州，彭儒武等欲奉表入贡，诏以道路未通，俾荆湖北帅司慰谕免赴阙，遣人持表及方物赴行辕，优赐以答之③。

绍兴五年（1135），彭福石宠继任溪州刺史，因感誓下州受辰州约束，将治所迁于灵溪之福石郡，即今老司城④。

元

万历《湖广总志》卷三十一：“初，下溪州彭万潜自改其州为永顺军民安抚司。”光绪《古丈厅志》则言其时间为至元三十一年（1249）。

中统三年（1262），思万归顺于元，朝廷赐印章，授武德将军⑤。

元世祖至元十六年（1279），溪州刺史彭思万归顺元朝，授武德将军⑥。参见乾隆《永顺县志》。

至大三年（1310），原来的溪州被分割为永顺安抚司、葛蛮安抚司（辖南渭州，原属永顺）、思州安抚司（辖麦着、会溪、施溶三感化州和驴迟峒、腊惹峒）⑦。

---

①参见《宋史·蛮夷列传》、光绪《龙山县志》及《明溪新寨题名记》。

②《龙山县志》第182页。

③《龙山县志》第182页。

④参见湖南省文物考古研究所《湖南省永顺县老司城遗址》，载《考古》2011年第7期。

⑤《永顺司宗谱》。

⑥彭思万归元的时间，乾隆《永顺县志》与永顺《彭氏家谱》所载时间不一。《县志》作至元十六年，《家谱》作中统三年，前后相差十七年。另，正史中不见彭思万归元确切时间的记载，今暂从《县志》说。

⑦湖南省文物考古研究所《老司城申遗基础研究报告》，第17页；另见于柴焕波《湖南省永顺县老司城遗址》，载《考古》2011年第7期。

元初设诸部蛮夷官，至元中置永顺路，后改永顺安抚司。至大三年（1310），改永顺等处军民安抚司[①]。

延祐七年（1320），胜祖自改称“永顺安抚司”[②]。

至正十一年（1351），万潜自改为永顺等处安抚司，旋又自升为宣抚司，并置南渭州知州，改保靖州为保靖安抚司，隶永顺司，以原来知州彭世雄为保靖安抚司[③]。

明

洪武五年（1372），永顺宣慰使顺德汪伦、堂崖安抚使月直遣人上所授伪夏印，诏赐文绮袭衣，遂置永顺等处军民宣慰使司，隶湖广都指挥使司，领州三，曰南渭，曰施溶，曰上溪；长官司六，曰腊惹洞，曰麦着黄峒，曰驴迟洞，曰施溶溪，曰白崖洞，曰田家洞[④]。

洪武九年（1376），永顺宣慰彭添保遣其弟义保等贡马及方物，自是每三年一贡[⑤]。

永乐十六年（1418），宣慰彭源之子仲贡，率土官、部长六百七十人贡马[⑥]。

正统十四年（1449）三月，永顺土司随湖广参将张善镇压五开（黎平）苗及广西壮人反抗。

景泰六年（1455），永顺宣慰使彭世雄及保靖土司奉调随征南和伯方瑛征讨五开、铜鼓（贵州锦平）苗族反抗。查乾隆《永顺县志》作“景泰元年（1450），调征五开、铜鼓”[⑦]。而《明史》只言“景泰七年，命调保靖土兵协剿除铜鼓、五开、黎平诸蛮，先颁赏犒之”。

天顺二年（1458），谕世雄调土兵会剿贵州红苗[⑧]。

乾隆《永顺县志》卷四：“天顺二年（1458），调征贵州东苗，复从征交洞，途次遘疾。其子瑄早死，乃命其孙显英代领其众，有功。”[⑨]

成化三年（1467），兵部尚书程信请调永顺兵征都掌蛮。十三年（1477）以征苗有功，

---

①《龙山县志》第182页。

②永顺《彭氏家谱》，转引自《土家族土司史录》第18页。

③永顺《彭氏家谱》，《土家族土司史录》第18页。另《明史》载：元时，彭万潜自改为永顺等处军民安抚司。《史录》第18页。

④《龙山县志》第183页。参见《明史·蛮夷列传》第7991页。

⑤《明史》第7991页。

⑥《龙山县志》第183页。《明史》第7992页。

⑦《土家族土司史录》第119页。

⑧《龙山县志》第183～184页。

⑨转引自《土家族土司史录》第119页。

命彭显英进散官一阶。十五年（1479）免永顺赋[①]。

弘[②]治七年（1494），贵州奏平苗功，以宣慰彭世麒等与有劳，世麒乞升职，兵部言非例。请进世麒阶昭勇将军，仍赐敕褒奖，从之[③]。

（弘治）八年（1495），世麒进马谢恩。十四年（1501），世麒以北边有警请率土兵一万赴延绥助讨罪，兵部议不可。赐敕奖谕，竟赐奏事人路费钞金千贯，免其明年朝觐，以方听调征贼妇米鲁故也[④]。明年（嘉靖十五年）会同保靖、酉阳等土司赴贵州普安征米鲁。

正德五年（1510），永顺与保靖争地相攻，累年不决，诉于朝，命各罚米三百石[⑤]。主事者为彭明辅。

正德六年（1511），四川贼蓝廷瑞、鄢本恕等及其党二十八人倡乱，两川乌合十余万人，僭王号置四十八营，攻城杀吏，流毒黔楚，总制尚书洪忠等讨之不克，已而为官军所遏，乏食，佯听抚，劫掠自如。廷瑞以女结婚于永顺土舍彭世麒[⑥]，冀缓兵。世麒伪许之，因与约期。廷瑞、本恕及王金珠等二十八人皆来会世麒。伏兵擒之，余贼溃，渡河，官兵追围之，擒斩及溺死者七百余人。总制、巡抚以捷闻，奖赉有差，论者以是役世麒为首功云。七年，贼刘三等自遂平趋东皋，宣慰使彭明辅及都指挥使曹彭等追击之。贼仓促渡河，溺死者二千余人，斩首八十余级。巡抚李士实以闻，命永顺宣慰格外加赏，仍给明辅诰命。十年，致仕宣慰使彭世麒献大楠木三十次者[⑦]。明辅亦进大木备营建，诏世麒升都督指挥使，赏蟒衣三袭，仍致仕。

会有保靖两宣慰争两江口之议词，明辅主者，议逮治明辅，乃令蛮民奏其从征功，悉辞香炉山应得升赏以赎逮治之辱，部议已之[⑧]。

嘉靖四年（1525），广西田州土官岑猛谋举事[⑨]，巡抚姚镆调永顺、保靖兵讨之，擒岑

---

①《龙山县志》第184页。

②《龙山县志》作“宏”，疑避乾隆讳改。

③《龙山县志》第184页。

④《龙山县志》第184页。

⑤《龙山县志》第185页。

⑥《明史》彭世麒作彭世麟，参考《土家族土司史录》第124页。《彭氏族谱》也作世麟，见第一本第19页。

⑦《龙山县志》第186页。

⑧《龙山县志》第187页。

⑨平田州叛在彭明辅时期，王世隆所撰写的《彭宗舜墓志铭》载有其事。时宗舜随父征，尚未袭职。明辅嘉靖八年致仕。

猛。五年（1526），改设流官，州人不乐。六年，猛党庐苏、王绶纠众抗拒。议调江西汀、赣畲兵与永顺土兵会剿，朝廷不许。乃起王守仁讨之，仁至，永顺兵已先至获胜，苏、绶听抚。仍割田州地别设一州，以猛子邦为土官，署州事。永顺土兵多病死于南宁诸处。王守仁班师，为文祭之①。

六年（1527），论擒岑猛功，免应袭宣慰使彭宗汉赴京，而加宗汉父明辅、祖世麒银币。二十一年（1542），巡抚陆杰言，酉阳与永顺以采木仇杀，保靖煽惑其间，大为地方患。乃命抚臣戢，勿酿兵端。是年，免永顺秋粮②。时彭宗舜在司位。

三十三年（1554）冬，调永顺土兵协剿倭贼于苏松。明年，永顺宣慰彭翼南统兵三千，致仕彭明辅统兵二千会于松江。时保靖兵败贼于石塘湾，永顺兵击贼奔王江泾，大溃。帝降敕奖励，各赐银币，翼南赐三品服。先是永顺兵剿新场倭寇，故不出。保靖兵为所诱，遂先入，永顺土兵田蕾、田丰等亦争入，为贼所围，皆死之。议者皆议经略失宜，致永顺兵再战再北。及王江泾之战，保靖兵犄之，永顺角之，斩获一千九百余级。倭为夺气，盖东南战功第一云③。

四十二年（1563），以献大木功再论赏，加明辅都指挥使，赐蟒衣。其子掌宣慰司事，右参政彭翼南为右布政使④。

四十四年（1565），永顺献大木，诏加明辅、翼南二品服⑤。

万历二十五年（1597），东事棘，调永顺兵入赴援，宣慰彭元锦请自备衣粮听调，既而支吾，有要挟之迹，命罢之。三十八年（1610），赐元锦都指挥使，给蟒衣一袭，妻汪氏封夫人⑥。

四十七年（1619），永顺贡马，后期减损。兵部言："前调宣慰彭元锦兵三千人援辽，已半载，到关仅七百余人，命究主兵者。"四十八年（1620），进元锦都督佥事，先是元锦以调兵三千为不足立功，愿以万兵往。朝廷嘉其忠，加恩优渥，既而檄调八千，仅以得行抵通州北，闻三路败衄，遂大溃，巡抚徐兆魁言："调永顺兵八千，费逾十万，今奔溃，虚縻无

---

①《通鉴辑览》，转引自王承尧《土家族土司史录》第125页。

②③《龙山县志》第188页。

④⑤《龙山县志》第189页。

⑥据《龙山县志》第189～190页。永顺土司与其下辖的各长官司诸如腊惹洞多有婚姻往来，从姓氏与地望上分析，彭元锦妻汪氏可能出自施溶溪长官司汪氏。

益。罢之。”[①]

清

清朝顺治年恭顺王临辰州，元锦孙泓澍偕其子肇桓内附。八年（1651）高李郝党盘踞内地，彭泓澍率兵破之[②]。

《东华录》卷七：顺治十三年（1656）十月，阿尔津奏：“克复辰州，土司彭宏(泓)澍籍所属三州六司三百八十洞户口以降。”[③]

《清史稿·土司列传一》载：康熙十年（1671），吴三桂叛踞辰龙关，授永顺宣慰使彭廷椿伪印，廷椿缴之。奉旨赏其子泓海总兵衔，率领土兵协剿，有功，授宣慰司印[④]。

康熙十三年（1674），叛楚盘踞荆襄湖，彭廷椿首倡化，申赍宣慰、经历伪札二张、伪引二颗，并献雷公嘴铁厂。诏赐发给宣慰使号纸一道，给其子彭泓海总兵官札付一道，密谕进剿辰龙关，彭泓海土兵三千扼贼上游，由王村出高望界，直抵辰州。上闻，钦颁康字号永顺等处军民宣慰使司印信一颗。后因朝廷建太和殿采大木，恩加十级[⑤]。

永顺《彭氏族谱·彭廷椿》载：康熙十九年（1680），吴三桂据荆湖，以兵临辰，授各土官印札，廷椿父子拒吴，缴其札三纸、印二颗，并献雷公嘴铁厂等处地于清军。时吴军驻辰龙关，关外万峰插天，峭壁数重，谷径盘曲，仅通一骑，清军不能攻。密令永顺师出击。廷椿率领土苗劲兵三千，自裹糇粮，驻扎王村，拒吴上游。遣南渭州彭凌高率部间道协同清军，一从高岸入，一从郭家溪入，绕出关后，攻克辰龙关。以功颁给康字号永顺等处军民宣慰使司印一颗，授其子泓海总兵衔[⑥]。

康熙二十四年（1685），子彭泓海袭职，抚恤土苗，边人信服。四十八年（1709）征镇筸红苗有功，敕奖赏[⑦]。

---

①《龙山县志》第190页；另参见《明史》第7995页。

②据《龙山县志》第191页。此指的是顺治四年（1647），清军控制湘西后各土司呈缴舆图印信表示归附，后因南明政权控制湘西与清疏远，十三年再归诚。参见田敏《土家族土司兴亡史》第171页。

③转引自田敏《土家族土司兴亡史》，第171页。

④按：《清史稿》所载时间又与上述二说异。转引自《史录》第136页。田敏《土家族土司兴亡史》采十九年说，为是。

⑤《龙山县志》第192页。

⑥见《史录》第127页，按《族谱》所记时间与《龙山县志》异。查吴三桂死于康熙十七年（1678）。

⑦《龙山县志》第192页。

康熙五十二年（1713），永顺土司所辖三州六峒五十八旗三百八十峒军民蚁集司城，怀前致仕宣慰彭泓海德政，铭碑记之。今碑存老司城土王祠内。

雍正五年（1727），彭肇槐献图输诚，愿意纳土内附[①]，雍正六年（1728），诏赐肇槐参将之职，赏银一万两，赐以世袭拖沙拉哈番，其家属安插原籍江西吉水县。遂分其地为二，一为永顺县，一为龙山县。

---

①另有雍正六年献土说，李世渝在《清代土司制度论考》一书中对永顺土司改流的时间做了较为具体的考证，认为雍正五年末代土司彭肇槐自动献土，六年正式获准改流，兹采其说。李世渝《清代土司制度论考》第235页。今从《龙山县志》。

第二章　调查的组织与实施

第一节　以往的保护与考古工作

1983年湖南省人民政府公布祖师殿及土家族土司墓群（即紫金山墓群）为省级文物保护单位，当时未含遗址区。

1994年时任北京故宫博物院院长张忠培先生等考察老司城遗址。

1995年10月至12月，湖南省文物考古研究所会同湘西自治州文物管理处、永顺县文物局，首次对老司城及外围相关遗址进行调查与发掘。着重于对城区进行全面的勘探与测绘，基本查清城区内城墙、宫殿区、衙署区、街巷以及其他遗迹的分布情况，并对宫殿区与墓葬区进行局部发掘，发掘面积500多平方米。

1996年9月主要是对老司城的外围遗址进行调查，发现土司时期的各类遗址达60多处，包括烽火台、军事关卡、土司庄园、古墓群、宗教遗址、石刻题铭等，对永顺老司城相关遗址的内涵和空间分布有了更全面的认识。由于遗址的重要性与特殊性得到肯定，获1994、1995年度国家田野考古三等奖。

1998年10月至11月，在1995年工作的基础上，有针对性地对宫殿区中部建筑基址所在的区域进行发掘，并对紫金山墓葬区进行发掘、清理，发掘面积300多平方米。

2001年老司城遗址被国务院公布为第五批全国重点文物保护单位；为加强对老司城遗址的保护，永顺县编办于2002年增设了老司城遗址管理所（属永顺县文物管理局下属单位），全额编制工作人员3人。

2010年4月至5月，为配合《老司城遗址保护规划》编制，中国文研院会同湘西自治州文物局、永顺县文物局，对老司城遗址保护范围和建设控制地带进行调查、勘探。同年5月，为配合《老司城遗址本体保护维修工程方案》的编制，湖南省文物考古研究所受永顺县人民政府委托，并报请国家文物局批准，第三次对老司城遗址进行考古发掘，发掘工作于2010年5月开始，一直持续到2011年5月，发掘总面积达1000平方米,基本弄清了城址各个功能区的分布情况；宫殿区与衙署区处于城址的中心，其周围分布有街道区、宗教区、墓葬区、苑墅区等功能区。同年10月，老司城遗址进入第一批国家考古遗址公园立项名单，并被评为2010年度全国十大考古新发现。

2011年9月至2012年1月，为配合《老司城遗址本体保护维修工程方案》的编制，由湖南省文物考古研究所主持，再次对老司城遗址原发掘的遗迹进行清理揭露，对遗址区的街道和排水系统进行考古发掘。

2012年2月至6月，为配合老司城申遗工作，由湖南省文物考古研究所主持，会同湘西自治州文物管理局、永顺县文物局，对老司城遗址衙署区第一台阶进行考古发掘，并展开遗址周边各相关遗存的全面调查。

通过历年的考古调查、勘探与发掘，原老司城城址的基本格局和营建使用年代在工作中逐步得到认识，其周边各类相关遗存也逐渐浮现，一个跨度时间长而复杂多变的地域文化，已开始进入多学科研究领域。与此同时，老司城遗址保护与利用的理念又上升到一个全新的阶段，围绕国家考古遗址公园建设和自然文化景观的提出，展开对老司城遗址周边各类防御遗存的系统调查，也是顺应我国当前文化遗产保护利用形势和规律而进行的一项具有重大意义的工作（图三）。

第二节 调查的组织

一、成立调查领导小组

为有序开展老司城遗址的科研工作，全面调查清楚该遗址周边的各类相关遗存，特别是军事防御遗存，便于在宏观上分析永顺彭氏土司在特定历史时期的地位和作用，同时查清各相关遗存的保存情况，为后续的研究、保护和利用提供第一手资料。经永顺县委、县政府研究决定，成立“老司城遗址周边各类防御遗存专题调查领导小组”，湖南省文物局副局长、永顺县委常委、县人民政府副县长江文辉任领导小组组长，湘西自治州文物管理局局长黄长龙、永顺县文物局局长刘生华任副组长，湘西自治州8县市文物局为成员单位。调查工作由湘西自治州文物管理局具体负责实施，龙京沙任本次调查队队长。

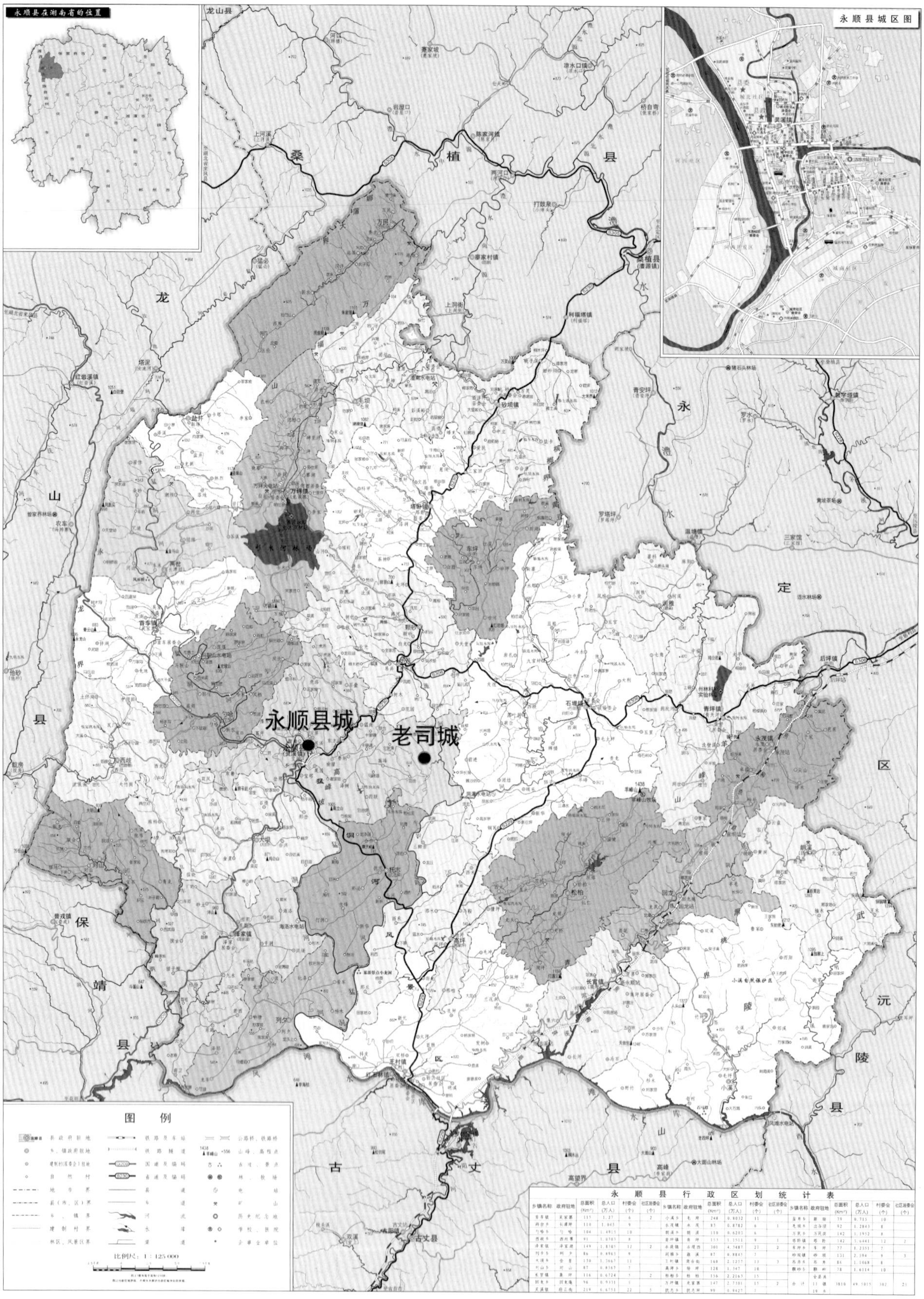
永顺县在湖南省的位置
永顺县城区图
永顺县城
老司城
龙山县
桑植县
永定区
沅陵县
古丈县
保靖县
图例
比例尺：1∶125 000
永顺县行政区划统计表

图三　老司城地理位置图

二、组织野外调查队伍

根据永顺县“老司城遗址周边各类防御遗存专题调查领导小组”的部署，由湘西自治州文物管理局组队，抽调湘西州各县市文物部门业务骨干20人，分5个分队于2012年7月11日始，至2012年9月9日止，对老司城遗址周边各类相关遗存进行针对性调查。参加本次调查队员有：龙京沙、罗贤来、鲁卫东、赵云、田品、王洪、邹青、刘兵、鞠高华、江涌、黄正宇、张小河、周东征、刘翔、吴燕周、彭运洪、徐双刚、龙金德、龙斐然、龙浩然。

三、开展针对性培训

因本次专题调查的特殊性和所涉及的地域范围广、地理环境复杂、相关遗存庞大，加之在炎热季节中野外作业，很有必要对调查队员进行针对性培训，诸如在地形图上分析各类遗存的大致地点，走访当地村民，尽可能地收集信息，同时结合以往的考古调查资料和文献，不盲目地进驻实地调查；强调独立工作与应变能力，善于总结经验，不断提高现场对遗存的识别判断能力；讲究调查资料的真实与完整，分析各类遗存之间的相互关系，结合历史背景，进而作出相对符合史实的结论；讲究团队互助精神，注意野外作业安全，具备应急处理与自救能力；妥善保管好电子设备与原始调查资料等。

第三节　调查的实施

一、确定调查范围与线路

根据调查目的和初步掌握的材料，分四条调查主干道和一个外围圈的调查线路，由五个小分队穿插跟踪，每个分队由四人组成，分队长负责本队的日常工作，领队统筹指挥本次专题调查。确定调查线路：一分队由老司城遗址向西北的瓦场、那土车、将军岩、下寨、洞隔、博射坪、大巴枯、高峰湖、抚志及永顺县城连通各条古道，与二、三分队会合；二分队由老司城遗址沿灵溪河而上，经响塘、谢圃、丝柳、自身桥、吊井、颗砂各条古干道，与一、四分队会合；三分队由老司城遗址沿小河（白砂溪）而上，经喻家堡、万代屋场、田家湾、上寨（葫些村）及抚志，与一、四分队会合；四分队由老司城遗址沿灵溪河而下，经马洞、坪长湾、朵虫、雅松溪、龙潭城及哈尼宫、王村，与一、二、三分队会合；五分队围绕老司城遗址外围，在西南部的高峰湖、高立山、摩天岭山界内外自南渭州经芷州、列夕、克必至王村，及田家洞、会溪坪、施溶、长官、回龙、官坝、青天坪、石堤、羊峰、松柏、润雅、麻洋坪等地，沿老司城遗址东南部的羊峰山和大青山界内外，北达澧水，南抵酉水，西及洗车河，东沿施溶溪，调查范围涉及老司城周边相关的古丈、保靖、龙山、张家界市、慈利县、永定区等县（区）市。

二、广泛收集资料

全面收集铭文、碑文与文献资料，结合考古资料和学术研究成果，分析总结出老司城治所建立的背景、选址建城的规划理念、周边围防战略与基层组织的有机组合、安全防御体系与自然的巧妙结合等，从拱卫系统中分析其有效防御布阵，怎样确保地方生产活动与聚落形态生计机体的正常运行，从而达到维系基层组织与上层阶级机制运作的有效途径。

三、实地调查分析

以小分队的形式下到乡镇，进驻村寨，有目的地贴近当地百姓，走访老人和知情者。根据掌握的信息实地追踪调查，一旦发现相关遗存或遗物，即寻找与其他遗存的对应关系。如一处遗址的发现，除地层与遗物的对应关系外，还要对其性质进行判断，是一般的居址，还是与防御有关的要塞或关卡，与它直接相关的系列遗存是否保存，年代是否吻合，环境条件是否具备等等，一经确定属土司遗存，就跟踪调查，多有意外收获。

第三章　各类遗存及采集标本介绍

根据调查材料，我们将分述城址、城堡、要塞、关卡、哨卡、烽火台等六类军事防御性遗存，同时插述与之相关的古道、桥梁、码头等遗存，古村寨、相关遗址、墓葬等其他遗存另为一类别述。

第一节　防御性遗存

一、城址

其要素必须有城墙、各功能分区及其他遗存。此次调查共发现城址六处，即分别位于灵溪河流域的龙潭城、老司城、吊井城、颗砂城、牌楼城和酉水中游北岸的南渭州城。

城址统计表

编号		名称	地理位置	GPS测点	海拔（m）	面积（㎡）	现状	备注
序号	分类号							
1	1	老司城	永顺县灵溪镇司城村	N：28° 59′ 51.0″ E：109° 55′ 44.3″	321	250000	好	局部发掘
2	2	龙潭城	永顺县灵溪镇司城村雅松溪组	N：28° 57′ 32.2″ E：109° 58′ 36.7″	278	50000	较好	局部试掘
3	3	吊井古城	永顺县吊井乡吊井村	N：29° 03′ 58.7″ E：109° 55′ 44.3″	258	65000	差	
4	4	颗砂古城	永顺县颗砂乡颗砂村	N：29° 05′ 47.7″ E：109° 56′ 50.8″	367	65400	差	
5	5	牌楼古城	永顺县石堤镇牌楼村	N：29° 03′ 58.7″ E：110° 04′ 29.9″	459	22000	较好	
6	6	南渭州古城	永顺县泽家镇南渭村	N：28° 44′ 28.3″ E：109° 43′ 01.6″	219	80000	一般	大部分水淹

1. 老司城

老司城原为福石城（因雍正二年彭肇槐迁司治于颗砂城，为新治，故名老司城），位于县城东约20公里处的灵溪镇司城村灵溪河中游东岸，是永顺土司的司治、政治及经济、文化中心，被誉为“西南少数民族地区保存最为完整的军事性城堡”、“全国保存完好的西南古堡式民族文化古城”。2010年入选中国考古十大新发现，2011年被列入国家考古遗址公园立项名单。

老司城为典型的武陵山区山水交融的古城，依山而建，灵溪河如玉带环绕而过，东枕凤凰山（有福、禄、寿三座小山相连，又称三星山），南、北两条山脊由东而西延伸至灵溪河，山水相连，以山为头，以水收尾，一气呵成，气势雄伟。据乾隆《永顺县志》载：“土司衙署、宗堂悉在，城内铺店颇多。”可知当年繁盛景象。在城址范围及灵溪河流域现遗留大量古迹，其中北山脊自东而西方向有吴著祠、宫殿区与衙署区，南山脊同样的方向有紫金山墓地、雅草坪墓地、“子孙永享”牌坊、若云书院、城隍庙、关帝庙和文昌阁等遗迹与遗存，居民区分布于两个山脊之间的街巷两旁。城内街巷与排水系统纵横于各功能区。宫殿区和衙署区是老司城遗址的核心建筑区，位于城区北端，均以石质城墙围绕，城墙厚1～1.2米，残高不等，最高达5.5米。宫殿区平面略呈椭圆形，周长436米，总面积14000平方米。设四道城门，西两道，为正门，南北各一道，为侧门。正门又称大西门，设有门楼，前设平台，由正门出直通正街、小西门、河街。衙署区北依宫殿区，平面呈长方形，面积8762.4平方米。依地势由西而东分七级，以主道为轴线，直通第五级台阶（现土王祠），每级台阶主道两侧均为庭院，侧道贯通其间。改土归流后，相对闭塞的自然地理环境使古城免遭政治纷争、社会动乱及现代化建设浪潮的冲击和破坏，使得遗迹较完整地保存至今（图版一，1）。

分布于老司城遗址附近的主要遗存可分地上、地下两大类。地上以建筑、碑刻为主，地下主要是遗迹与墓葬。

祖师殿　位于老司城东南约3华里，灵溪河东岸，泰平山南麓，始建年代不详，重建于明代，之后多有修缮。中轴线自西向东依次有祖师殿、皇经台、过厅、玉皇阁，殿内现存铁钟一口，钟高1.5米，口径1米，为明代嘉靖十年（1531）宣慰使彭世麒铸造。钟钮为头尾脚爪俱全的拱背狮，钟面有“法轮常转”、“帝道遐昌”、“皇图永固”、“仁慈正烈”等铭文。此组建筑占地580平方米，正殿保存最好，面阔五间，通宽17.5米，进深13米，举架高20米，重檐歇山顶穿斗抬梁式结构，空心青砖花脊。三跳斗拱雅致古朴，梁架结构与做法既吸纳汉民族官式风格，又不失地方民族特色，堪称少数民族地区与汉文化融合的典型代表

（图版一，2）。

土王祠　土王祠位于老司城遗址内凤头山坡地的第五级台地之上的衙署区东部，坐东南朝西北，南、西、北三面临河，东靠福、禄、寿三星山。整个古建台基位于城址衙署区中轴线第五级台阶，分两进，第一进为悬山顶穿斗式木架结构，三柱四棋（“棋”即瓜柱），面阔三间，明间为大门过厅，三合土地面，次间装地楼板，沿天井有走廊，系民国时期重修建筑。第二进为硬山穿斗抬梁式砖木结构，面阔三间，通宽13.6米，进深9.7米，均为三合土地面。解放初期于此设八区政府，对该建筑约有改建和添建。

土王祠原名“彭氏宗祠”，据民国《永顺县志》载：“彭氏宗祠于万历十九年（1591）彭元锦修建。”原主体建筑名“绳武堂”，据《永顺司宗图》载：“顺治四年（1647）七月，张献忠部将马进忠、王进才犯境，焚毁衙署，顺治九年（1652），土司彭弘澍重建。”民国八年彭氏清谱祭祖将彭氏宗祠从世忠堂迁于现址（图版一，3）。

文昌阁　文昌阁位于老司城遗址凤头山坡地的第二级台地之上的衙署区南部200米处。原位于周家湾将军山顶关帝庙前，70年代，为便于保护搬迁到衙署区，为重檐歇山顶木架结构，二、三层设回廊，整个建筑占地201平方米，面阔三间，通长11.6米，进深12.1米，通高11.3米。

文昌阁是土司时期少数民族权贵学习知识的重要场所，也是汉文化与土司文化融合的重要历史见证物（图版一，4）。

子孙永享牌坊　该牌坊位于司城村周家湾组紫金山前的平地上，坐西朝东，是连接若云书院主道上的唯一石构建筑，高4米，宽7米。原三门四柱，青砂石质，现存中门，两侧门石柱础尚存。正门额枋上阴刻“子孙永享”，题款为“湖广永顺等处军民宣慰使司署理印务前任宣慰使钦升云南右布政彭翼南正嫡彭氏”，“万历拾二年拾二月吉旦立”。又民国《永顺县志》载：“该牌坊是明万历十三年（1585）宣慰使彭永年建。”（图版二，1）

凉洞（热洞）　位于衙署中部北侧，又称热洞，原有东、西相对两座，现仅存东边一座。洞内平面为长方形，分前、后两室，前室深6米，宽3.8米，后室深3.8米，宽4.6米，后室南墙有通风孔，前室门道两侧墙上各有门枢孔，推测应为原来安置木门所用。内壁用青砖砌成券顶，厚0.5米，外壁为卵石墙体，厚实坚固，墙体内外均抹灰。凉洞（热洞）可顾名思义，但其实际功能有待考古工作进一步说明。

南门码头　即史料上所称的灵溪故渡。位于城址中部的灵溪河东岸，是出入老司城水上交通的重要码头之一。其北上可通吊井、颗砂，南下可抵龙潭、王村，此外还供往来行人引渡。据《永顺县志　津渡》：“乾隆九年（1744），旧司城渡大　名。”可知该码头配有专职渡夫。

圣英殿　又称关帝庙。《永顺县志》载："圣英殿在司治雅草坪前，其山名回此，亦祀关帝，元锦建。关帝及昭烈帝张恒侯像俱系铜铸，雍正中迎其像供于东门外庙后。"又载，"明万历宣慰彭元锦奉命征滇蛮，关圣显威来助，十八战皆捷，凯旋，建关帝宫"。现遗址已作考古清理，台基尚存。圣英殿前为文昌阁旧址，其地面建筑已搬至衙署区。

观音阁　《永顺县志》载："观音阁在司治南三里，以祀观音大士，其山名石佛大士，像系铜铸，土司彭翼南建。"遗址位于祖师殿对岸的小山包。

若云书院　为湘西地区最早书院之一。遗址位于城内南山脊东端一山包上，今地名书院坪，其与文昌阁南北相望，间距约百米。往东为"子孙永享"牌坊。

吴著祠遗址　俗称"吴著坪"，又称"吴著厅"。位于城址东北凤凰山鞍部台地，现残存有建筑墙体，为彭氏土司修建。

城隍庙遗址　位于若云书院北侧约百米的山包上，庙址已毁。相传改土归流后，将此城隍庙迁往永顺县城。

五显祠遗址　又称五谷庙，祭五谷神，位于喻家堡西南200米的白砂河南岸。20世纪50年代拆毁。

德政碑　大小两通，小德政碑位于紫金街西侧，碑面因风化侵蚀剥裂严重，碑文内容漫漶不清。大德政碑原立于宫殿区南侧，为安全妥善保管，现移至土王祠内。该碑由7块青砂石组合而成，莲花石座，碑身两侧扶石柱，仿重檐歇山式屋面盖顶。碑通高2.74米，宽1.2米，腹背刻字，系康熙五十二年（1713）二月永顺土官为宣慰使彭泓海歌功颂德而建。碑正面阴刻楷书"钦命世镇湖广永顺等处军民宣慰使司宣慰使都督府致仕恩爵主爷中涵德政碑"，两侧各有对联，上联"一片石铭恩德厚"，下联"千秋人颂山河新"，横批"甘棠遗爱"，皆阳刻篆体。碑文记述了所辖五十八旗、三百八十洞军民怀念彭泓海之德政。碑文详见类别介绍（图版二，2）。

紫金山墓群　位于老司城遗址南山脊，由紫金山、雅草坪两处墓群组成。墓地背依三星山，朝向照壁山及笔架山，达望乡台群岭，前有灵溪河如玉带环绕，左右山脊托抱，无不彰显堪舆法则。据考古勘探、发掘得知，紫金山墓地以墓园形式营造，设左右神道两条，均置石像生；墓主人为永顺土司彭氏宗室成员，按早到晚依辈份由后往前排列，或安置于两侧，可窥视出其为昭穆制的延续；墓葬规制视官职大小、地位高低而定；墓葬形制皆为砖室券顶，分单室、双室或多室；视墓室结构设墓道、回廊，身份高者，墓室内仿生前居室与装修的做法，以标榜“事死如事生”的追崇。彭显英、彭世麒、彭明辅、彭翼南等战功彪炳、威望显赫的永顺土司即聚葬于此。归流以来，彭氏土司家族或迁江西或徙散周边各地，墓园逐渐疏于看守，屡遭破坏。为此，永顺府永顺县曾公布保护土司墓葬文札。现今大部分墓葬已遭盗掘，随葬品基本无存，但从收缴与个别出土器物看，多为金银器配饰和上品瓷器。

据地方史志记载，紫金山墓群的墓主多为土司及其亲眷，例如，民国《永顺县志》根据《永顺司宗谱》记载，对此问题做了一个比较清晰的清理：

元永顺安抚使彭万潜墓在雅草坪（《永顺司宗谱》）。

明永顺宣慰使彭天宝、彭源、彭仲、彭世雄、彭显英、彭明辅、彭永年、彭元锦等墓均在雅草坪（《永顺司宗谱》）。

明永顺宣慰使彭世麒、彭翼南墓均在寿德山。清永顺宣慰使彭廷机墓在雅草坪（《永顺司宗谱》）。

民国或民国以前的县志及族谱材料均未载有紫金山者，民国《永顺县志》关于墓地一节的案语为“雅草坪、八桶湖、寿德山均在老司城，故《永顺府志》、《大清一统志》统称之曰永顺司彭世麒、彭明辅、彭宗舜、彭翼南、彭永年、彭元锦、彭廷机、彭廷椿、彭泓澍等夫妇墓三十冢在老司城，但《永顺府志》遗万潜、天宝、源、仲、世雄、显英等冢，而泓澍又未葬此，故宜以宗谱为定”。看来当时只有“寿德山”而无“紫金山”这一地名，而“雅草坪”作为彭氏土司聚葬的墓地，现其旧名仍在沿用。

《永顺司宗谱》载“明永顺宣慰使彭世麒、彭翼南墓均在寿德山”，可能在修宗谱时已将“雅草坪”、“寿德山”分开，并且一直延续到民国初。现今“紫金山”的称谓或是习用于乡民的一种通俗叫法，并且很可能是民国之后才被人们所接受并沿用至今的。根据目前考古资料，地方家乘史志关于“彭世麒……彭泓澍等夫妇墓三十冢在老司城”的记录应是准确的，具体讲就在现紫金山墓地（图版二，3）。

据调查，老司城遗址周邻共发现32处土司时期的墓地，除紫金山墓地均为砖室券顶墓外，其他墓地砖室与竖穴土坑墓兼有。砖室墓一般居墓地的中部，墓冢明显，竖穴土坑墓一般围绕砖室墓分布，朝向一致，墓冢大多明显，有坟竹作标志，并垒以块石。少量土坑墓封土不明显，无坟竹标志，但垒砌的块石尚有保留（见墓葬统计表）（图版三，1～8）。

老司城选择在一个闭塞、偏僻、环境相对恶劣的山区，既没有开阔的台地，也没有矿产，耕地也贫乏，土司选其为司治主要出于防御方面的考虑。被喻为“万马归朝”的群岭分布于老司城西部南北一片，四周群峰犹如万马奔腾，蕴含着万山归顺之尊，万山朝拜之荣！

彭氏集团当年选择这一风水宝地建土司王城主要基于三个原因：一是军事防御需要。老司城四面山脊重叠陡峭，成为天然屏障，易守难攻；二是加强集权效应。其之所以由水陆便捷的溪州迁治相对封闭的老司城就是出于辖地这一核心位置，安然的环境更有利于集思管理；三是借助自然显示威力。老司城周围万数群峰如同“万匹骏马”齐向朝拜，独此恢宏壮观的景象与深严的城池融为一体，以震慑于他的臣民。老司城周边数百处防御遗存即以此标榜。

老司城尽管没有一般城址具有厚实的城墙和深陷的城壕，但以山为障、以水为池的自然地形已构成了老司城外围坚固的防御工事，便是“峰尖岭畔准其垦耕种，平原处荆棘蔓，不许开垦，土司之法所以守险而戒敌也”[①]。

除了地理环境上的自然防御，还有一系列险峻的军事关卡、要塞分布在老司城周围的水陆交通线上。在灵溪河的上游一端，自生桥、谢圃、利木湖、飞霞关都发现了具有军事防守功能的关卡和建筑遗址，且都有土兵驻扎，控扼东北方向的出入口；老司城北面有烽火台，山脚下的监钦湾一带，很可能有营兵驻扎；在老司城鱼肚街南端，也有一处庞大的建筑物，正面对着河流湾滩，具有显著的军事防御功能；灵溪河下游一线，则有榔溪关、龙潭城等城址城堡控扼进入老司城水、陆命脉。老司城城郊的教场坪、博射坪则是土兵训练的地方。《永顺县志》载：“教场坪在司治西二里许，土人常于此处演武。”“博射坪在司治西北五里，地宽敞，土人每于此搏射。”[②]土兵的编制单位有“营”、“旗”两种，“营”是土司正规职业兵，宣慰司一般有五营土兵，入营者有一定俸禄，主要职责是“各保关寨”，把守辖区内的重要关口。“土司有存城五营，兵丁每营一百名，一以备捍卫，一以供役使，其兵丁每名领工食银三两六钱，米三斗六升，皆民间派给。”[③]“旗”制是土司寓兵于民的一种军政合一的组织，旗设有旗长，平时收取租税，差发徭役，战时率壮丁出征。“土司各分部落曰旗，旗各有长，管辖户口，分隶于各州司，而统辖于总司，有事则调集为兵以备战斗，无事则散处为民以习耕凿”的记载即描绘了土司时期的社会实景[④]。

老司城附近的村落和古遗址多数分布在古道交通线上，具有控扼从四周进入老司城交通

①乾隆二十八年《永顺府志》。

②乾隆五十八年《永顺县志》卷一《地舆志》。

③民国张文琴《永顺县志》卷二十四。

④乾隆二十八年《永顺府志·杂记》。

的军事意义。从目前发现的外围墓地看，均为异姓土司贵族或兵士墓地，他们都是为了扼守交通要道监视防御外部势力入侵而世居于此。在这些防御遗存周围，还保留砌有保坎的古农田，如落塔坪、何家寨、新基湾、义渡田、筒车田等，这也反映了土兵自给自足的经济社会生活常态。

老司城遗址纯粹利用自然天险作屏障，本身并没有修筑高森宽厚的城墙和深沟宽壕，由北而南的灵溪河环绕城址，成为最为理想的护城河，东北部的断崖沟壑成为天然壕沟。水路方面，下有龙潭城拱卫，上有谢圃、吊井、颗砂等城护守，加之周围的博射坪、喻家堡、新庄、榔溪等军事要塞与关卡密布，严守各交通要道，层层布防，来敌可阻，进敌可围，在万山群岭中形成了一呼即应的军事网络，这证实了彭氏集团迁治所于老司城的初衷。险峻的自然环境，布置周密的水陆防御体系，有效地维护了老司城数百年的安宁（图版四～图版八）。

2. 龙潭城

龙潭城位于老司城灵溪河下游约8公里处，又名弄塔。城址坐北朝南，背枕高山，平面呈长方形，面积约5万平方米。城址所处台地由北而南向河床延伸突出，是灵溪河下游两岸唯一较开阔的台地，三面环水，溪流如梳。河岸两侧悬崖绝壁，河床狭窄，水流湍急，暗石密布。

由于长期生产活动破坏，城址地面建筑现已荡然无存。通过两次调查发现有少量地面遗物，经对地层进行解剖，局部城墙可辨识，从而确定城址四周原为夯土墙。土墙东西长约300米，南北宽约200米。现残存的墙体高0.5～1米不等，宽不详。经对部分残存城墙的轮廓进行追踪，初步推断有东、南、西三门。经试掘发现城址内地层中的包含物较丰富，从宋元至明清的地层与遗物对应清晰，年代准确，宋元时期遗物以白瓷或青瓷为主，明代则以青花瓷居多，大量的卵石虽看不出其结构，但大面积的建筑存在则无疑议。根据考古试掘得出的信息，其始建年代与民国《永顺县志》所载“龙潭城在云霭山下，其地名弄塔，宋季彭允林建治于此，遗址尚存”大体一致。此外，在宋元地层下层发现商时期的遗物，文化性质同于不二门文化类型，实属意外收获（图版九，1）。

墓地　共4处。一处位于城址正北部后山中部的小块平地之内，20余冢，以清代王氏墓葬为主，部分墓碑尚存，个别明代砖石墓被盗；第二处墓地位于城址东北部后山中部小平地之内，约10冢，系土坑墓，具体年代不明；第三处位于城址东门外小溪沟后约500米处的山腰之中，约10冢，系土坑墓，通过对清理出的瓷器及其他器物的分析，确定为宋元时期墓群；

第四处于城址东部约1公里处的摆腊墓地，共10余冢，以明代砖石墓为主，均被盗，墓主身份不清。另乾隆《永顺县志》考证称："考《永顺司宗谱》载彭氏祖宗多葬弄塔村，当即此地。"[①]应可信。

榔溪关　榔溪关卡位于榔溪渡口西码头东北方向20米处，依山面河，顺山势而建，居高临下，如虎踞，易守难攻，为水陆交通枢纽。其东为茶湖卡山，南为榔溪河，西临灵溪河，北为拱桥湾石拱桥，老司城至汪家庄古道、榔溪河渡口至茶湖卡山古道经此过，为老司城南重要关卡之一。关卡至榔溪河古渡口为青石路面，此处残留明代墙体数段，为青石干打垒砌，大部分已坍塌，墙体高约1.5～2米，宽0.3～0.5米，残长12.7米，东北方向残有保坎。关卡西部存有单室土坑墓一处，另有断续性保坎（图版九，2）。

码头　1处。位于城东部灵溪河岸，以卵石砌成，修筑哈尼宫大坝后被淹，秋冬时水退尚可见（图版九，3）。

两宋时期彭氏土司集团内部极不稳定，加之与宋王朝的多次交战且均以失败告终。面对军事上的重挫，物质上也无力再支撑军饷，兼之过去的同盟酋邦亦纷纷献土归宋，在这种背景下选择迁治龙潭，为保存实力所需，纯属无奈。龙潭城的选址避开了地势较为开阔平坦且河道较宽、水流较缓的地域，而选择了四周高山环绕，地势狭窄，滩险水急，背山面水且易守难攻的险域作为城址治所，符合当时的历史背景和永顺彭氏实力实际。龙潭城的选址完全是出于军事防御上的考虑，它牢牢扼制住了由南部水路进入老司城的咽喉，而且严实地把守住了司城的南大门。

3. 吊井古城

位于老司城西北约12公里的吊井乡，地处全家湾小河、风洞小河与施河（灵溪河上游段称施河）交汇处，面积约6万平方米。城址依山而建，南靠灯盏驼山，三面环水。全家湾小河自西北向东南绕城北汇施河，风洞小河由西南向东北绕城南注施河，三河在此相会，切成深谷断崖，河道狭窄，乱石林立，滩险水急，加之两岸的悬崖绝壁，着实为踞天险扼司城西北门户之重地，军事防御条件极其优越。

城址呈长方形，由三级台地构成，第一级台地西缘残存墙体一段，长约6米，高约4米，以石灰浆抹面，该墙体外为护城河，砖石混砌的三拱桥横跨护城河与城墙相交，可能为侧门

①乾隆《永顺县志》。

道；在第二级台地同样的方位20余米处残留城墙一段，墙体残长4米，高约1.5米，以石灰浆勾缝抹面，在该墙体中部发现宽约2米的门道通往城内，当为北门道；第三台地在同样的方位距第二段城墙约40米处残留墙体长5米，高约2米，用料与做法无异。城内现为集市，密集的居宅对遗址有一定影响，而城外各类遗存保存相对较好，调查发现有相应时期的寺庙、遗址、桥梁、古道、水井、烽火台和墓葬以及供休闲游玩观赏的荷花池、观莲台、钓鱼台等（图版一〇，1）。

灯盏驼烽火台　位于城址南灯盏驼主峰，有乱石块和古道，视觉开阔，可瞭览附近山间平地与诸峰。

万应庵遗址　位于城址东部山顶，有古道相通，原系木架结构，共有两个台地呈“回”字形，主殿供奉观音，毁于“文革”，现仅存遗址，始建年代不详。

关屋场遗址　位于施河吊井城北部，地势险要，背靠绝壁，面临河谷悬崖，唯一条小道通达，当地百姓相传此地为“土司王关押犯人的地方”，故称“关屋场”。

风洞官屋场遗址　位于城址西南方距吊井城址约2公里。该遗址位于山腰一小平地，发现东西走向以石灰填缝和抹面的保坎两段，分别位于两个台地，第一台阶保坎长约15米，残高3米；第二台阶保坎残高约1.3米，残长9米。

水井　2处，均无具体井名。一处为横穴井，以小地名编为刘家寨古井，该井位于城内西侧，井深约2米，井口正方形，抹灰井壁保存尚好，水量大而清澈爽口，现一直为当地居民饮用；另一处为竖穴井，位于城址西南风洞官屋场遗址下第一级台地，圆形井口，石砌井圈，径1米，残存石灰痕迹，井深不可测，2010年填废（图版一〇，2）。

钓鱼台　位于城区东约300米的施河东畔，为一天然崩落于潭中的巨石，岩石红、灰条纹映目，台面倾斜适度，人为凿成十级台阶作为钓位，便于钓位可随水升降而移动，台阶旁还凿有“鱼护”，可谓选点得当，设计周全，妙不可言（图版一〇，3）。

荷花池与观莲台　城址东北部修建有荷花池和观莲台，荷花池近方形，修筑有近4米高的坝堤以蓄水，观莲台建于荷花池中，为边长约6米的方形建筑台基，系专供土司游玩赏莲或钓鱼场地。民国《永顺县志》记载：“莲池在钓矶岩公署内，分红白两种，为土司遗迹。”（图版一一，1）

三拱桥　位于城外中轴线上，横跨护城河，是城内通往城外的主要交通建筑，南北走向，当地百姓俗称“三拱桥”。该桥长约8米，桥面宽4米，河床距桥面高约4米，拱高3米，以青砂石与青砖混砌而成，石灰勾缝。宽约6米的桥墩依附于城墙和城壕，既承重于桥身又起到围护城池的作用。护城河中流动的水顺着城墙拐向北，在100米处转向东，流入荷花池，注入施河（图版一一，2）。

古道　4条，一条位于城址东部，系吊井到石堤、车坪的石板古道。该古道全以青、红石板铺成，宽约2米，经梨子坳在“十字路”分道，西北一条通车坪入塔卧，一条往东经坦坝入石堤。第二条从城址东南出，经全家坳、刘家坡，翻飞霞山到岩门塘。现残存有两段卵石路面，第一段位于城址东南1公里处的全家坳，长约50米，宽约1.5米；第二段位于城址东南2公里处的飞霞山，长约10米，宽约1米，路旁有古井一口。第三条由城址西部出，经冒溪、咱住、万福，入万坪。第四条由城址北部出，途经下颗砂、白龙洞、惹汝桥达颗砂城，在下颗砂残存有长约5米、宽约1米的卵石路面（图版一一，3、4）。

墓地　3处，一处位于城址东部100米，墓葬区似有排水沟环绕，其确切情况有待考古进一步证实；另一处为梨子坳古墓地，位于城址东部约2公里处，现场调查发现砖石墓4座，一座为双室，其余为单室墓。第三处为西南部的树木咱古墓地，系砖石结构，大部分已毁，具体形制不详。乾隆《永顺府志》记载“彭泓海妻墓一冢在吊矶岩”，据此线索，虽未找到直接证据，但根据城址东郊墓地排水设施的做法推测，极有可能为当时身份高者的墓地（图版一一，5）。

吊井古城地处老司城西北水陆交通咽喉，又介于老司城、颗砂城之间，加之一系列线、点、片的有效布防，相互策应，形成一组严密的军事网络，既肩负着军事防御的重任，又承担着土司物资上的供给，同时为土司休闲的重要场所，其所处位置及发挥的作用非同一般。

4. 颗砂古城

颗砂城因雍正二年（1724）永顺土司彭肇槐由老司城迁治于此而得名的新司城。该城位于永顺县东北部的颗砂乡颗砂村，西南距吊井城约5公里。“颗砂治所一名颗砂行署，在内颗砂堡，明宣慰使彭世麒建，清宣慰使彭肇槐徙居于此，改土后废，遗址尚存。”[①]这一带地势平坦开阔，土地肥沃，历来为永顺土司的粮仓及产盐区，民国《永顺县志》载：“颗砂等处相传有盐井，土司封禁，今失其所。”相传先前为“覃、王、张、向、田”五姓最早于此领照拓荒，世代繁衍。自明朝中叶，永顺宣慰使司彭世麒置颗砂行署，到雍正六年（1728）废除土司制度，两百余年来，该城一直是土司及其幕僚处理政务、休闲娱乐的场所，为“人烟繁盛，景物清幽，又有曲水流觞，双松掩映，实永邑胜地”[②]。

---

①民国张文琴《永顺县志》卷六。

②乾隆《永顺县志》。

城址坐西朝东，城墙的走向与轮廓基本清楚，平面大致呈长方形，占地面积约为6.54万平方米。城址及周边台地高山环抱，颗砂小河由西北绕城址往东而南1公里处在松云潭与施河交汇。城外有来自北部万坪和自东北方塔卧而来的两条古道在此汇合通吊矶城。城址扼守其间，是老司城北部的重要军事防御据点（图版一一，6）。

城址中心区的街巷以九拱桥为轴线向东西南北延伸。城外南北两侧各修筑长方形池塘一个，每个面积约3000平方米，两塘之间为人工开凿的护城河相连，其深达4米，宽约6米，九拱桥横跨其上。

城址北侧有一道东西走向残长30余米、高约3米的石灰抹面墙体，南侧也残留一道与北部对应的城墙，长约10米，高0.5米。西部墙体为夯土、卵石混杂，兼有块石，轮廓及走向尚可辨识，由于永桑公路建设，大部分已毁，局部被填埋。整体上池塘、护城河与城墙共同构成拱卫颗砂城池防线。同时调查还发现有相应时期的建筑基址、桥梁、凉洞、古井、蟠桃庵遗址、青岗包窑址、松云潭石刻、爽岩洞石刻及古墓葬等（图版一二，1）。

蟠桃庵遗址　位于城外东部1公里。东、西、北三面环水，现存石朝门一座，门宽1.8米，高2.6米，门前嵌抱鼓石一对。民国《永顺县志》载："蟠桃庵在颗砂，彭世麟建，即世麟为母求寿，因于颗砂行署之东建佛阁一栋，名曰蟠桃庵。庵供大士一尊并阁堂圣像，均系铜铸。"颗砂张橙墓志铭又记：张橙"因留连不忍去，择宅旁之旷山建大士之庵，于襄阳辇铜铸金像，远迎归庵以崇之，亲额之曰蟠桃庵"。二说孰者为是，尚待考证（图版一二，2）

青岗包窑址　位于城址东部2公里处，为明代土司烧制宫殿、墓葬所需浮雕花砖的窑场，此地产白膏泥，为制砖上佳材料。

凉洞　位于城外西部约0.5公里处，为青砖砌成，门口呈券顶形，共2进，洞长11米，宽5米。原有凉、热二洞，热洞已毁（图版一二，3）。

九拱桥　位于城址前中部，三座桥并列，横跨护城河，红砂石桥墩，青砖起拱，桥长约9米，宽约2米，拱高约5米。每座桥三拱，共九拱，俗称"九拱桥"，是进入城内的正道，现仅存一座较为完整。民国《永顺县志》载："颗砂桥在颗砂土司行署前，长三丈，阔二丈，高二丈，皆巨石所垒，《土司旧志》云'彭世麒建，今圮'。"（图版一二，4）

水井　2口。一口名枇杷井，位于城内东侧坎下，系人工挖掘的正方形竖井，边长约2米，四壁以条石垒砌，顶部以山石拱成券顶并以水泥填缝，系现代居民重修。一口叫金壶井，位于城外东部约1.5公里处的积谷自然寨，井水从天然石缝中流出，经人工开凿后一面以青条石垒砌成井壁，用青条石砌成高、宽约2米的券顶。该井深不可测，相传土司王之女曾在此以金壶打水，金壶不慎落入井中，无以捞还，故后人称之为“金壶井”。两井至今仍为当地百姓生活所用（图版一二，5）。

石刻 松云潭石刻、爽岩洞石刻位于城址东部2公里，颗砂河与灵溪河交汇处。松云潭石刻为明代土舍彭世麟所题，现能辨别的字有“松云潭”、“东江渔火”。“爽岩洞”为明代土司彭世麒于正德十六年（1521）题写，余者题诗四首（图版一三，1、2）。

爽岩洞

正德十六年冬月吉 思垒书

偶与仙人游，邀我洞中宿。夜久月明孤，风吹岩下竹。

小崖胡静

和二川

此洞何年辟，游来又一天。古人如可作，愿与结诗缘。

督工冠带头目 向宋宁 带管造 添福 石匠 熊明

和小崖

古洞爽开处，藏春别有天。百壶筹胜赏，一笑了清缘。

二川彭飞

民国《永顺县志》云：“‘爽岩洞’石刻三字横书，径六七寸，‘岩’字较长，笔锋遒劲，末题正德十六年思垒书。思垒武宗时土舍彭世麒号也。”另附清道光腾成德题诗：

夕阳对岸沉，倦鸟投林宿。兴尽浩然归，秋风摇翠竹。

道光十年（1830）秋日，敬庵腾成德书，石匠王忠山

钓鱼台 位于城址东部2公里，颗砂河与灵溪河交汇处的松云潭第一台地河坎上，面积约30平方米，三面环水，北靠红石林，高出河面约4米。现残存有长约4米、厚约2.6米，青石和卵石垒砌并以石灰浆填缝且抹面的保坎。遗址东1公里处灵溪河岸有爽岩洞石刻，西30米处有松云潭石刻（图版一三，3）。

张橙墓 该墓位于颗砂城东约1公里处。2010年，张氏后人在整修该墓时发现墓志铭一块，铭文内容为“张公讳橙，冒溪张氏迁司之开基祖也，籍系南直苏州府常熟县开元乡习善里人氏，赐进士第六，明成化间历仕直通政使司参议。嫡配妣徐氏嘉定县人，生继祖添佑

公。时父子厌鄙纷纭，弃官如弊屣，□云游至于武陵，慕桃源、德山为昔渊明、周金刚古迹，有若将终身□之意，时荣藩多望,王闻其清名，计矣，留□人人说项名彻□。本司思斋公差使赍书征聘至司，安于颗砂，为之结椽谋产，给之庄田、人口、牛马，其藏获之类，惟其所欲。一时气合，因留连不忍去，择宅旁之旷山建大士之庵，于襄阳辇铜铸金像，远迎归庵以崇之，亲额之曰蟠桃庵。暇日与忠毅祖主及诸缙绅、士大夫，流觞曲水，烹茗竹桥，吟眺赋诗，悠游岁月，可谓畅矣。□而忠毅祖主薨，明辅忠敬祖主嗣位，寻而橙公逝，荷蒙忠舜忠庄祖主礼葬于竹桥之东岸。继祖添佑公由科第□□□云游，由武陵至司，叠蒙忠毅祖主[①]、忠敬[②]祖主恩遇，待以上宾，同父建庵请像，靡所不至。添佑公生三世祖本虞。蒙北江[③]公、怀北[④]公、寰白公录以冠赏，胄以兵柄，遂移入司之东马埠居□，由是子孙世居司治，克世其官，累朝恩命，荣之如故。迨改土归流后，距司治四十二里内颗砂乍州，苗裔遂家□。”（图版一四，1）

新基包墓地　位于城外南部约3公里处的惹汝桥自然村寨新基包，现已暴露砖室券顶墓5座。由于生产活动破坏，墓葬被毁，具体形制及墓主身份无考（图版一四，2）。

颗砂城与吊井城相距仅2.2公里，是北通塔卧、砂坝，西北经万坪、毛坝与桑植土司往来的必经之道。城址设置于此，不仅仅具备防御性，担负着充任两大土司使节的重要作用，同时也是土司办公设施和休闲场所。据民国《永顺县志·食货·盐政》案语谓“旧府县志载相传颗砂有盐井，被土司封禁，今求之不可得诸语而已。故自清初以来，土民所食之盐终不知所从出，欲求引张之畅行，端自归流始”。颗砂城所在的区域地势宽阔，土地肥美，在土司时期应为重要的粮食产区，且明代土司彭世麒便在此建有颗砂行署。倘若“相传颗砂有盐井”属实，可想其当时战略地位又何等重要，基此我们才能够对雍正初年末代土司彭肇槐将司治迁往颗砂进行更好的理解。

5. 牌楼古城

位于石堤镇西南约2.5公里的牌楼村，背靠吴家坡，榔溪河自东北往西南穿洗坝湖小盆

---

①彭世麒谥号。见载于民国《永顺县志》。

②彭明辅谥号。

③彭翼南号。

④彭元锦号。

地，在城址东转往南，绕城南折往北，与南来的溪流在回龙堡相汇后向北入洞潭，在榔溪关注灵溪河。城址东有前门山，东南有教场坪，南有观音山，彭家湾、谢家坡等自然村布列。据传，此城为右布政使彭翼南所建[①]（图版一四，3）。

城址坐西朝东，占地面积约2.2万平方米，略呈长方形，东西长约200米，南北宽约110米，在山包顶部夯筑一道南北走向土石混杂的墙体与南墙相接，将城址一分为二。城东现为橘园，遗迹与遗存分布于城西，南为壕沟，东抵河床，西至榔溪河的回水湾。该城的选址充分利用了自然优势，水与城的巧妙结合，劈两山的鞍部为壕，既简节省工，又具备了一座城池所应具备防御的功能。两道墙体保存较好，宽1.5～3米，残高1～2米。城址现仅见西门，残留青条石踏步与门槛，墙基与街巷尚可辨识。牌坊即布政使坊，位于城址轴线西缘，现仅存一开间，进坊门即为多进式的庭院建筑，两侧为巷道。虽该组建筑破坏无存，但基址与城址格局基本保留。现城内居民20余户，以王、张、田、向姓为主。经调查，与之相应的遗存有牌坊、回龙宫遗址、碑刻、古道、桥梁、钓鱼台、墓葬等。

布政使牌坊　位于城址古街道西侧，处城内中轴线东端，青砂石质，三开间，现仅存南部一间。由于村民建房搭建于该坊上，对牌坊造成一定破坏，目前尚见额枋浮雕，其他图案不详。据民国《永顺县志》载："布政使坊在内龙保西坝湖，明嘉靖中为进阶昭毅将军布政使永顺等处军民宣慰使司彭翼南立。"据《明史》载，嘉靖十二年（1533），彭翼南右参政改为右布政使，牌坊所立时间当在彭翼南任右布政使职之后为表彰其功劳而建（图版一四，4）。

回龙宫遗址　位于牌楼城西南约200米的回龙堡山脊，三面环水，视野开阔，仅南部可入庙址。回龙宫原有九进，现存有青条石叠砌、石灰勾缝墙基和部分三合土地面，遗址内遗留有直径达60厘米的饼状石础，其用材、规模可见一斑。庙址内现散布有长达2.4米呈六边形和八边形的石柱、石香炉及大量瓦件等建筑石材（图版一四，5）。

钓鱼台　位于城址外西北方50米处的榔溪河回水湾。榔溪河既是土司休闲娱乐之所，又是牌楼城西面的护城河。钓鱼台南北一线有肖家坡、前门山山峦相依，与芦苇坪、回水湾连

①无关于牌楼城的相关史料。张文琴民国《永顺县志》认为彭翼南当为"右布政使"而非"云南右布政使"。其理由如下："考聚龙湖即今西坝湖，又案《明史》嘉靖十二年，彭翼南右参政改为右布政使，无'云南'二字，谱与县志均有云南，属不实，今据正史删之。"今从其说。

成一片，成为天然的钓鱼池塘，湾口现被公路截断，回水湾成为一片稻田。池塘遗址呈“U”字形，占地面积约2000平方米。钓鱼台位于池塘中心，系人工以石垒砌高出水面的方形台基，现已毁。

重修永镇桥碑　永镇桥位于牌楼城南，横跨榔溪河，原桥毁于洪水，清代重修。碑立于桥南端东侧，通高1.4米，宽0.8米，正顶阴刻“重修永镇桥”。正文见碑刻类介绍（图版一五，1）。

古道　主要有4条。南北东西为主干，由城址往北经石堤、五官、润雅至麻洋坪澧水西岸；往东经青天坪、龙爪关可达澧水西岸的永定卫；往南经狮子、筒瓦、西那、小龙村抵王村；往西约5公里到新庄要塞下至老司城。另有往西北约10公里至吊井城和东南数里及羊峰卫的两条古道（图版一五，2）。

墓葬　2处。一处位于城内东部山腰，当地村民建房挖基脚暴露两座，皆砖室券顶，具体形制不详；一处位于城内北部，南北一列5座，朝向东，系清雍正至嘉庆年间王氏家族墓葬（图版一五，3）。

牌楼城选址于榔溪河北岸，更多因素在于辖区东线防御方面，周围的回龙城堡、团包、马师坝、老鹰顶关卡及村寨（编制旗峒）共同捍护着西坝湖盆地这一片良田沃土，发挥着扼守老司城东大门的重要作用，战略地位十分重要。

6. 南渭州古城

位于永顺县泽家镇南渭村董家组，三面环水，依山而建。城址处于西水中游西岸山脚一个凸出的半岛中，呈椭圆形，东西狭长，南北较短，占地面积约8万平方米。两边悬崖峭壁，前有出水码头，水路交通发达，历代为土民、土官出入酉水的西南大门，系司城西南部军事要地。

南渭州宋代为中溪州治所，明洪武三年（1370）南渭州首任知州彭万金治于此[1]。据乾隆《永顺县志》载：“南渭州，古诸蛮之地，秦属黔中，汉属武陵，唐为富州，五季为静边都大乡、三亭、陇西地，宋为中溪州，元因之，先是新添葛蛮安抚司，至明洪武三年内附，改升南渭州。”又据《明史》载：“洪武五年（1372），永顺宣慰使顺德汪伦、堂厓安抚使月

---

①民国《永顺县志》：“彭万金，元新添葛蛮安抚使，明洪武三年偕子金胜随永顺总司内附，改升南渭州知州，世隶永司。”

直遣人上其所受伪夏[①]印，诏赐文绮袭衣。遂置永顺等处军民宣慰使司，隶湖广都指挥使司。领州三，曰南渭，曰施溶，曰上溪；长官司六，曰腊惹洞，曰麦着黄洞，曰驴迟洞，曰施溶溪，曰白崖洞，曰田家洞。”

城址损毁较为严重，仅剩衙署区、宫殿区、荷花池、墓葬等遗迹。其中衙署区和荷花池被辟为稻田，宫殿区变成董、王等姓居住区。1993年湘西自治州考古队调查发现该城，并在城址北部发现东汉砖室墓。2008年“三普”时，永顺县文物局普查队员对遗址局部作了地层解剖，采集大量砖、瓦、陶、瓷片等标本。经分析、比对，其年代与文献记载大致相符。南渭州作为明朝永顺等处军民宣慰使司隶湖广都指挥使司属下最重要“三州”之一，其在宋时为中溪州所在地，当无大异（图版一五，4）。

水路　1条，即酉水河。溯酉水而上经保靖、隆头（两江口）、里耶、秀山石堤，与重庆酉阳、湖北鄂西卯洞、漫水等土司联系；顺流而下沿岸经老司岩、王村、会溪坪、施溶溪、镇溪、明溪、酉溪汇沅水，入洞庭。

古道　主要有2条。一条由城北出往东北过岩门冲哨卡达茳州、列夕古城堡，由此既可走猛洞河水路，也可走克必、抚志旱路达老司城；另一条北上经云扎、泽家、大坝至“猛洞别墅”[②]。

岩门冲哨卡　位于南渭村通往龙车村卡把坪半山腰的古道上，东可达列夕古镇，南通南渭村，北有云扎村。居高凌下，地势险要，东有背碗山，南为悬崖，西有梯马库山，北为大湾山。该哨卡为人工开凿，两道关门，宽0.7米，长约205米，现斧凿痕迹仍清晰可见。关卡扼锁老司城西南陆路交通咽喉，其势险峻，有“一夫当关，万夫莫开”之势，为防御之关键。此地原有记事碑一通，惜毁于“文革”时期（图版一五，5）。

彭应麒墓　位于城址北部向家湾组自然寨内，墓冢有盗洞一个，墓室内破坏严重。墓前有碑一通，正中阴刻正楷“明诰封奉政大夫祖考公讳应麒字瑞宝老大人之墓”二十一字，落“孝孙宗国玄孙启尧敬吊”，款为“康熙庚寅岁季春仲浣吉旦”。据《土家族土司史录》记载：“彭应麒为明代南渭州土知州第十四世长官，父彭正。”墓后有南渭州第十六世长官彭

---

①当为元末明玉珍所建大夏政权。

②民国《永顺县志》载：“猛洞别墅在城东西衙步，明宣慰使显英建于成化十年（1474），致仕营此别墅，优游林泉，日与诗士场合其中（《永顺司宗谱》）。案：前清光绪中，知县朱纯清益溶创修大乡书院于此，平基时掘出巨磉古磴(柱础)多种，茫然不知何氏所遗，考今之县城，即猛洞旧地（猛洞别墅）土司遗迹，如花园、钓鱼台尚有存者，然后知当时所掘者乃显英别墅故物也。”

凌高墓（图版一六，1）。

彭凌高墓　位于城址北部向家湾组自然寨内，系砖室券顶墓，封土堆以石、土混筑，高约2米，直径约3米，周边圈以条石，石灰浆抹面。该墓被盗多次，墓室内破坏严重。1990年由当地彭氏后裔重修，墓前有碑刻一通，碑中阴刻正楷“皇清诰封上大夫启祖公讳凌高之墓”十五字。据《土家族土司史录》记载：“彭凌高为南渭州土知州第十六世长官，父彭应麟。”民国《永顺县志》所载“明南渭州土知州彭正夫妇墓一冢在阿迫。清南渭州土知州彭应麒墓一冢、彭凌高夫妇墓一冢、彭宗国墓一冢均在阿迫”的这一史实得以应证（图版一六，2）。

小　结

目前查实明代永顺土司有五座城址围绕老司城，即西北吊井城、颗砂城，南龙潭城，东牌楼城，西南南渭州城，它们布列永顺司境四方，捍卫司城各方门户，防御地位极为重要。但纵观永顺土司发展历史，以上五座城址仅为永顺土司可能所设众多城址的一部分；其他则因年代久远、人类活动破坏、自然等因素影响，或湮没荆棘，或埋身水下，难以觅踪，更无从知晓具体位置、规模形制。如在酉水流域，根据《溪州铜柱记》、《宋史》诸文献记载及酉水流域地形地貌分析，就有五代溪州大战之前的溪州治所、战后“下于平岸”的治所、熙宁年间宋廷诏令修筑的会溪城及渭州、溶州城均分布于此。但后因凤滩电站修建，多数城址被淹，水下考古工作尚未开展，目前无法予以证实。

这五座城址中，除南渭州城、龙潭城仅得水路优势外，其余均选址于当地水陆交通要道处，占尽地利，各自发挥拱卫老司城的作用。如吊井城发挥着呼应、串接司城、颗砂二城，进可以支持、力助颗砂城防御，退可以响塘、谢圃二要塞为后盾，遏制、抵御自西北经颗砂城来犯之敌，捍卫司城，为西北军事防御之门户、关键。同时，它还兼有行署、休闲的功能，如自司城溯灵溪河而上或由陆路经自身桥至吊井、颗砂等城一带留存相当一部分历代永顺土司与宗亲、朝廷要员游玩的遗迹，如爽岩洞石刻等。值得注意的是，从这些遗迹分布来看，司城北部及西北部相比其南部、东南部而言更加安全。关于这一点，南渭州彭氏族谱《云鹏公遗令》曾载顺治年间王马、高李农民军突破南部防御由司城后山凤凰山攻入司城，造成祠宇尽毁的严重后果。虽然这仅是一次突发事件，但其说明了城址东部在军事防御方面相对薄弱，一旦这一方向形成大兵压境之势，单凭老司城自身的防御工事当然无敌于居高临下的战斗局面。通过这一案例我们也可以看到，老司城的防御不在其本身，而在外围。

二、城堡

作为城堡，其必须有城墙及官署、宗教等建筑。一般来说其所处的位置皆占据要道或是在军事上具有重要战略意义的据点。显然，古城堡多建于重要关口或军事要塞，起着联系各城址、策应军事指挥的重要职能。

城堡统计表

编号		名称	地理位置	GPS测点	海拔（m）	面积(m²)	现状	备注
序号	分类号							
7	1	谢圃古城堡	永顺县灵溪镇司城村谢圃寨	N：29°00′26.0″ E：109°58′40.4″	262	20000	较好	已勘探试掘
8	2	土知州古城堡	永顺县列夕乡反和村芷州组	N：28°45′57.2″ E：109°47′05.2″	481	30000	一般	州级文物保护单位
9	3	列夕古城堡	永顺县列夕乡列夕村	N：28°47′08.8″ E：109°49′54.7″	385	5859	差	
10	4	九龙蹬古城堡	永顺县芙蓉镇明溪村	N：28°44′18.2″ E：109°59′53.5″	652	1400	较好	
11	5	克必古城堡	永顺县芙蓉镇克必村中寨组	N：28°46′48.7″ E：109°51′12.9″	449	6560	一般	
12	6	他砂古城堡	永顺县石堤镇他砂村下寨组	N：29°04′23.1″ E：110°06′53.2″	485	6544	一般	
13	7	回龙堡古城堡	永顺县石堤镇牌楼村	N：28°55′37.9″ E：110°13′12.9″	419	16000	一般	
14	8	西那古城堡	永顺县高坪乡西米村两岔组	N：28°54′42.9″ E：110°00′3.70″	538	8400	一般	
15	9	老司岩古城堡	古丈县红石林镇花兰村大坝组	N：28°45′53.6″ E：109°51′44.6″	326	20000	较好	省级文物保护单位

1. 谢圃古城堡

位于老司城上游约3公里处的灵溪河北岸，坐北朝南，灵溪河由北而南环绕城堡，东南西三面临水，平面大致呈长方形，东西长约200米，南北宽约100米，面积约2万平方米。城址北靠一独立山包，南为河漫滩，南部除利用天然悬崖外并沿河而下在地势低洼处筑有高约5米的保坎，内用石灰填缝，外补以石灰抹面。城堡周边部分残墙尚存，长约20米，宽1.5米，高0.5～1.5米，以山石与卵石垒砌并以油石灰浆填缝抹面；主要建筑位于城堡北部中心，原有东、南、西三门，现南门遗址尚存，由南门入城残存一条呈南北走向宽约2米的卵石道路，城堡以该卵石道路作为中轴线，在其两侧发现两处对称的建筑遗迹。改土归流后，向姓居民长居于此，长期的修建与农耕已将城内地面建筑破坏殆尽，现仅残存古道、池塘、窑址、石刻。

在南门外有两条古道，一条沿灵溪河下至老司城，一条沿河而上到丝柳渡口，往东经丝柳自然寨及野鸡坳屯堡、关卡到野鸡庄通麻岔、石堤。古城堡内的卵石地面、路面、残存墙基及池塘尚存，其与山后的响塘要塞形成拱卫老司城北部的最近也是最为重要的一道军事防御屏障。洋茶枯、响塘位于水井湾山腰，处谢圃后山中上部之间的山坳小平地之中，背靠水井湾高山，山顶有烽火台遗址。城堡内有谢圃公署。它的存在不但是据守司城北部的一道城外屏障，同时也为周边墓园、窑场及其他生产作坊提供安全保障（图版一六，5）。

谢圃公署遗址　民国《永顺县志》载："谢圃公署明宣慰使彭明辅建，明辅晚年退居林下，受阳明之学，因此建。"经考古勘探，位于南门主道西侧。

池塘　位于城内东部，呈正方形，四壁以卵石垒砌而成，油石灰浆填缝并抹面，面积约300平方米。乾隆《永顺县志》卷一载："谢圃池，距司治五里，彭泓澍凿。"

窑址　2处。一处位于城址东部500米处，以土拱成，直径约4米，一半窑壁已塌，出土有素面青砖；另一处位于城址东部1000米处丝柳渡口对岸的下巴里枯，出土大量的花纹砖、瓦当、滴水等遗物，与老司城遗址中出土的建筑构件相同（图版一七，1）。

栈道　俗称"神仙打眼"，位于灵溪河西岸的石壁上，与碧花庄隔河相望，是谢圃方向进入老司城的唯一陆路交通要道。该处绝壁耸立，非绕道或借助船方可通过，故先人借助于栈道径取此段天险。现栈道已毁，仅存凿眼约60个，分两排水平分布在长约40米的石壁上，高出河床约6米，凿眼皆方形，边长在0.15～0.2米，深0.2～0.3米不等，各凿眼之间相距约1米，分横、斜两类孔眼，其做法即以横木为梁，支以斜撑并以穿枋加以稳固（图版一七，2）。古栈道处有题刻一方，摘录如下：

正德年来，诸士夫乘舟游乐之勒，因名创碧花庄。 思垒（斋[①]）书。

①字无此字，当为"斋"字，后不重释。

题刻　共4方，均刻于长潭至谢圃之间灵溪河两岸崖壁上，题文如下：

（一）

嘉靖乙丑（嘉靖四十四年，1565年）季夏，予钦内阁大学士徐门下锦衣金垂川、吕松泉、庠士杜太行携宗族等同游于此。美。

（二）

余与嫁酉司妹同游时水泛，故记。

（三）

弘治己未岁（弘治十二年，1499年）仲夏，余邀同世亲冉西坡游此，得鱼甚多，日游者、从者千余，俱乐醉而归。思垒记。

（四）

余思垒暇时回，时老母□春，属游景□，因闻酣起，以记之。

哨卡　2处，分别为新基堡和屋后堡哨卡。新基堡哨卡位于新基堡墓园东侧约50米处的一独立小山包上，临河一面为悬崖，往东南可监视到谢圃及灵溪河沿岸一线，由北到西，可接收水井湾、锡帽山烽火台发出的信号。现残存大量块石、卵石与瓦砾。一条通往哨卡的卵石路保存尚好，宽约2米，长约20米。该哨卡不仅具有传递信息的作用，还兼有守护墓园的功能。屋后堡哨卡与新基堡哨卡东西相距约500米，占地面积60平方米。该哨卡所处山顶有瞭望台，青石铺就，现已毁。另在山腰处周有围墙，以青石干打垒砌，残墙长4米，宽0.4米，厚0.5～1米。此哨卡与新基堡哨卡遥相呼应，发挥着相互传递信息的作用（图版一七，3）。

烽火台　2处，即水井湾和后山烽火台。水井湾烽火台位于响塘要塞水井堡山顶，与谢圃后山烽火台相距约200米，各踞一座山头，交相俯视灵溪河上游落塔坪、新基湾、丝柳方向的军情，同时又与老司城后（东）的凤头山烽火台遥相呼应，监视监钦湾、碧花庄及司城通谢圃的古道，共同监控来自西北的吊井和东面丝柳的动静，是老司城北部重要的军情信息监控点（图版一七，4）。

古道与渡口　古道4条。第一条出东门向东沿河而上在丝柳渡口分路，继续向东过野鸡庄到麻岔；第二条往北通罗塔坪经河沟到岩门塘；第三条出南门沿卵石台阶入河滩；第四条出西门沿河而下经古栈道达司城（图版一七，5）。

新基堡墓园　位于城堡西部灵溪河对岸，坐南朝北，占地面积约1000平方米，共13座墓冢，均为砖室券顶墓。墓地周边以高1～2米、厚约0.6米的围墙圈护。围墙以山石垒砌而成，石灰浆填缝并抹面。各墓冢多次被盗，墓碑无寻，墓主及身份无考，但从墓园规模及单个墓葬的规格分析，该墓园所葬墓主身份不低，可能为营建“谢圃池”的彭泓澍家族墓地（图版一八，1）。

另在谢圃城堡附近分布有响塘湾、屋后头、桥上、上巴里枯、下巴里枯、水井湾、老河湾、新基湾、瓦场、丝柳等10余处墓地。据现场调查，墓葬形制以竖穴土坑为主，次为砖室券顶墓，少量石室墓，个别自然石穴墓。

谢圃城堡不但是据守司城北部的一道极为重要的城外屏障，同时也为周边墓园、窑场及其他生产作坊提供重要安全保障。又因山水秀美、多有潭鱼游弋，亦为历代土司与亲朋游娱的场所，现今留存的大量土司时期的摩崖题刻即其佐证。

2. 土知州城堡

位于列夕乡反和村茳州组半山坡的台地上，坐南朝北，东有紫金山，南有青龙山，西依土王包山脚，城堡东4公里处为列夕城堡，南2公里为酉水，西5公里为南渭州城，各城间有宽约2米的石板古道串接。该处是永顺土司西南军事重镇，也是出入酉水的西南重要门户之一。

城堡始建于明代，呈椭圆形，面积5859平方米，四周以青条石垒砌为城墙，残高3米，宽1.5米，石灰勾缝。城堡内遗存有土知州衙署、重修城堡衙署记事碑、古井、古树等。其中衙署修建于明代，清早期荒弃。雍正四年（1726），南渭州知州彭启尧之弟彭启舜为“备邻邦寇之不虞”，在原衙署、城墙旧址上予以重修加固（图四；图版一六，3；图版一八，2）。

衙署原有四进，中间为“十字”形石板街道，布局严谨，现存清雍正四年由南渭州长官彭启舜整修的古建筑一栋，为悬山抬梁穿斗式木架结构，五开间，举架高5.5米，木柱硕大，均为梓木和楠木，柱础为红砂岩扁鼓形，出檐较深，挑檐枋下安单跳拱。建筑整体较矮，古朴沉稳，是研究清代早期建筑的典型标本。在城堡台阶左侧城墙中嵌入石碑一块，兹将该碑内容录陈如下：

> 社舍屋基原属旧治，世届在邻境，弃荒多载。及先考公相其地可以营室，乃修葺之。甃石砌补，垒基使高，将为城堡，以备邻邦寇之不虞也。工已半，蒙王恩擢录总裁，遂往司。公冗未果，命舜等继理之。今舜等不敢忘先志，勉力趋事，始于岁之桂月告成。敢志之诸石，以明继述意也。时雍正四年八月朔谷旦。彭启舜立（图版一八，4）。

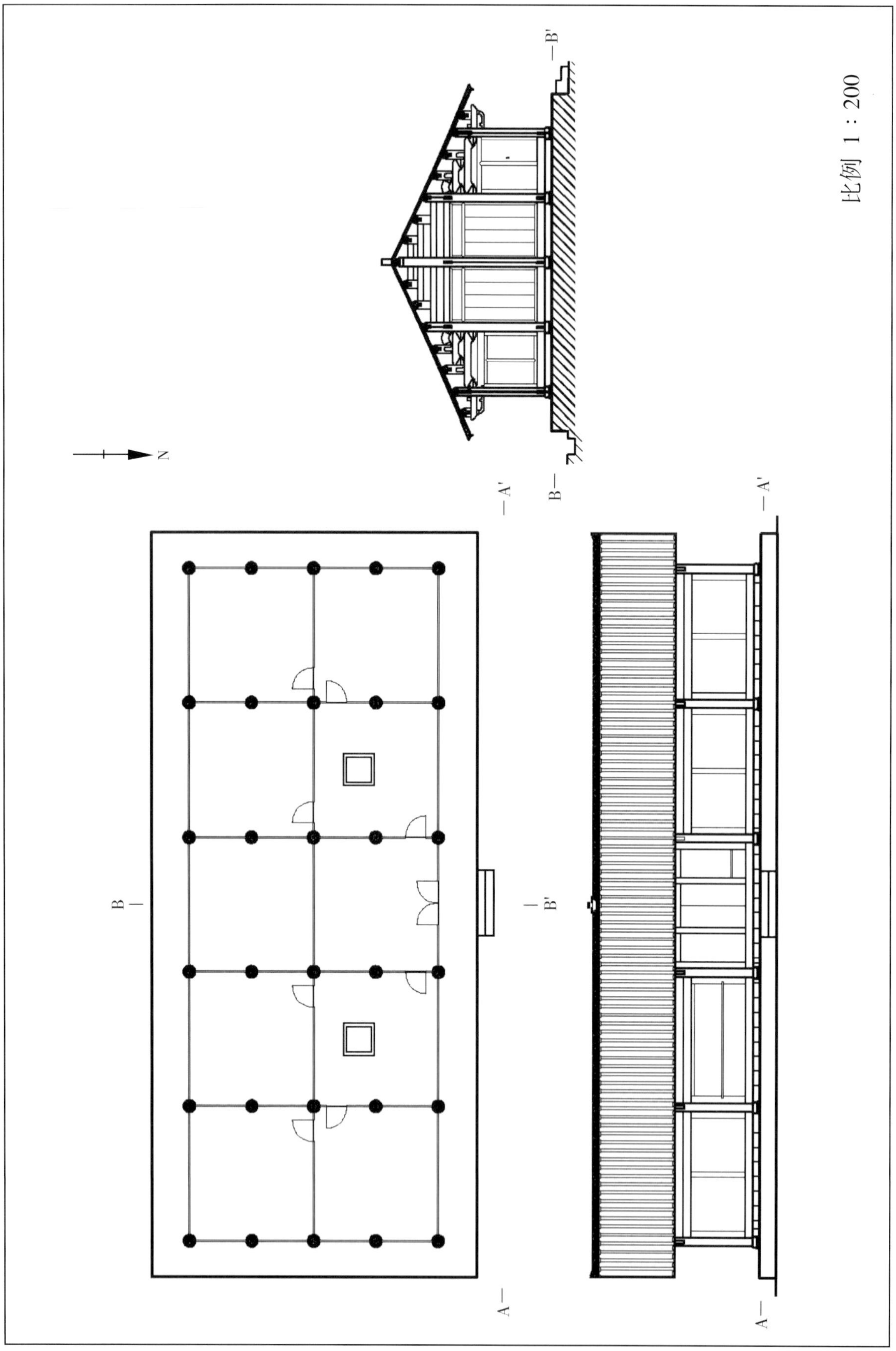

图四　土知州衙署平立剖面图

南渭州界临保靖，曾多次介入到永、保土司的争斗之中（详见后文）。上引碑文中所言的“甃石砌补，垒基使高，将为城堡，以备邻邦寇之不虞也”之“邻邦”即指保靖。所以，可以肯定的是，土知州城堡是永顺土司辖下的南渭州土知州所修建的具有重要军事性意义的城堡。另外，从碑文来看，土知州城堡所留遗存对研究清代土司建制亦有重要历史价值。

3. 列夕古城堡

位于列夕乡列夕村上街、中街等10多个小组，占地面积约3万平方米，地处西水河西岸山间台地。城堡依狮子包而建，东南与麦着黄洞隔河相望，东临猛洞河，临河面为具有天然的防御优势的陡坡悬崖，河对岸与克必城堡遥相呼应，随时可对水上来敌形成堵截夹击之势。

土司统治时期，列夕被称为“八蛮洞口”，地理位置十分重要，从古城堡的码头顺猛洞河而下不足3公里便入酉水，溯猛洞河而上30公里，即到老司城，逆酉水而上约10公里，即达南渭州土知州。因“蛮不出峒，汉不入境”的禁令，地处蛮汉交界处的列夕，沿酉水而下可达王村、沅陵，往上可达保靖、里耶等地，古道水路码头相通，城堡内商贾云集，店铺众多，逐渐成为蛮汉贸易山货的聚散地，并形成一定规模的集市，成为老司城前沿物资的中转站和重要口岸，铸就了列夕城堡历史上的繁华。

列夕城堡的军事战略位置也十分重要，地处外界沿猛洞河进入老司城的咽喉地带，被誉为老司城的“南大门”。该城堡与王村克必以及麦着黄洞两个古城堡，呈犄角遥相呼应。同时，又与土知州及南渭州两个城堡串连，构成了一道严密的水陆军事防御体系。至今，当地人仍习惯地称猛洞河为“司河”，酉水河为“官河”，明显的留有当年官府在这条自古通达的酉水控制的痕迹（图版一八，3）。

城堡内现保留有明清古建筑10余栋，另有大量的红砂岩墙基、石朝门、石板古街、古码头、古井、古树等各类遗存。

4. 九龙蹬古城堡

位于芙蓉镇明溪村铜柱溪与酉水河的交汇处，山势重叠，状若九龙盘蜒，故俗称“九龙蹬”。城堡分布在一个独立山顶上，呈马鞍形，面积约1400平方米。建筑遗址大体呈正方形，长宽各约25米，自然岩石地面，局部经修凿成两进，四周利用自然岩体，人工垒砌成保坎，建筑北部有三道人工砌成的石阶。

城堡四周均为悬崖峭壁，仅有羊肠小道可攀登而上。对面山洞有一水源，城堡背后有一小道可达。地势险峻，正如铜柱铭文所述“跨壑披岸，临危下瞰，梯冲既合，水泉无汲引之门，樵采莫通，粮糗乏转输之路”。据《通鉴》卷二八一：“士愁兵败，弃州走保山寨”及《铜柱记》中“钲鼓之声，震动溪谷，彼乃弃州保险，结寨凭高，唯有鸟飞，谓无人到”的记载来分析，九龙蹬应是“保山寨”遗址所在。

经考古调查发现，遗址表土中均匀分布青色瓦片，地表建筑应为木结构。在遗址南端灰坑中出土大量遗物，时代杂乱，最早的可到秦汉时期，以陶鬲足、铜钺为代表；五代时期遗物以大量的釉陶为代表，地表零星散见明清时期青花瓷片。可见，该遗址在历史以来就一直沿用，城堡所处地势险要，下可攻，退可守，且临靠会溪坪，战略位置十分重要，因此五代以来这里就成为溪州彭氏集团驻守重兵扼守酉水东大门的重要城堡之一（图版一九，1、2）。

5. 克必古城堡

又称中寨。位于芙蓉镇克必村中寨组的半山坡上，地处酉水东岸，城址依山而建，三面环水，背靠太平界，南与列夕乡隔猛洞河相望，西与古丈县河西镇隔酉水河相望。

城堡呈扇形分布，面积约6560平方米，城堡内遗存有城墙、八字形城门台阶、古井、建筑台基、青石板街、巷道等各类遗存。城墙呈环形，较为完整，红砂条石，石灰勾缝，墙体厚约0.8～1米，残高1.5～4米（图版一九，3、4；图版二〇，1、2）。

该城堡与列夕隔河相望，其水陆交通和军事战略地位十分重要。在水运盛行的时代，其水路可顺酉水到王村、会溪坪、沅陵，达洞庭湖、长江，溯猛洞河而上可达灵溪镇“猛洞别墅”和老司城。同时，还是南渭州取道列夕至老司城必经之地，为土司时期控扼老司城南大门最为重要的军事城堡之一。

古城堡因地理位置重要，交通发达，商旅辐辏，经济繁荣。但是，随着水运的逐渐衰落，城堡的繁华景象亦随之消散。城址内居民现散居于太平界中部城墙的两侧，多为王姓。

6. 他砂古城堡

位于永顺县石堤镇他砂村下寨三组，为湖广永顺等处军民宣慰使司总理彭凌云治所。坐南朝北，面积约6544平方米，大体呈方形，四周以土墙圈护，现东、南、西三面残存有墙体厚2米，残高1～1.5米。北有天然溪沟经人工开凿后形成宽约2米的护城河，一座石砌单拱石桥横跨其上。现城堡内居民以彭姓为主，地面建筑损毁殆尽。城堡内有条石、腰鼓形柱础等建筑构件及桅子、墓葬等各类遗存（图版二〇，3、4、5、6）。

桅子 位于城堡内西侧，共两块，青石质，呈长方形竖埋于地表，高1.5米，宽0.6米，厚

0.2米。顶部呈鼓状，侧面阳刻三字，其中一字已无法辨认，另二字为“进士”，清晰可见（图版二一，1）。

石拱桥　位于城堡西侧，横跨护城河，以自然基岩为桥墩，青条石起拱，拱高约3米，宽2米，长约3米，桥面为两块青石板。

彭凌云墓　位于城堡北部500米的山湾处，坐南朝北，封土堆呈圆形，直径约2米，高约1.5米，占地面积40平方米。墓残存墓碑一块，长0.96米，宽0.56米，厚0.05米。墓碑正中阴刻“□祖考彭公讳凌云号图南字□□之墓”。由于年代久远，两旁字迹多漫漶不可辨识，现仅将能识部分摘录如下：

> 祖讳凌云，号图南，焉之七世祖也。先世籍隶江西，肇基□土，及□□□数代矣，□□慰□□宣慰司总理官，多□□□□白，故后人亦□有□之者。□□□生子一，名启商，冠带把总；孙三，长高龄，次□龄，三长龄，后长龄得充旗长，祖□□□焉。祖生于前明万历年间，殆于康□□□□□□□残碑□就消磨，无征不信，故略之。时道光二十三年□□□□□修，乃约旧，旧曰，事有当时行之，后世可为楷，君子犹表□□□□□□□□其先世之有德善功劳声名，忍不论□焉。寿贞珉而□□□□□□□□□□□□□□□□□□□□□□□。（图版二一，2）

7. 回龙堡古城堡

位于牌楼城西约700米的山包半坡上，海拔503米，东、西、北三面环水，平面呈椭圆形，东西长约200米，南北宽约80米，面积约1.6万平方米。城堡东南残存一段土筑城墙10余米，残高0.6～1米，宽0.5～1米。分设东、南、北三个土筑门道，出北门沿回龙宫东门下水井湾可至九官河；出南门往东可至牌楼城，往西南经团包关卡和胡家坡可通往老司城。城堡西有两条古道通老司城，一条自牌楼（西坝湖）经团包关卡、胡家坡至喏溪分道，西经新庄和马洞可达老司城；另一条从牌楼经土地堡、丝柳、响塘、谢圃达老司城。上述古道牌楼至胡家坡路段保存较好，为青石板铺砌，宽0.8～1米。

回龙堡城堡除具有直接保卫牌楼城的重要军事作用外，还在一定程度上扼制住上述两条通往老司城的重要古道。该城堡与牌楼古城一道，共同抵御东部外敌入侵，是连接周边各军事遗存，拱卫老司城最为重要的一个外围防御性军事城堡（图版二一，3）。

8. 西那古城堡

位于高坪乡西米村两岔组，坐落于丘陵与山地结合部，呈椭圆形，坐东朝西，东面背靠三支箭大山，西朝抚志，北有几座独立山包，一条小河绕古城堡而过。遗址附近有古墓、大庙、五谷庙等遗迹。

古城堡现保存有古城墙、两岔街，另有古建筑15栋，其中大多为清代建筑，以向家大院最为典型。民国时古城堡内原居民以胡、向、王姓为主，而胡氏家族占居城内的核心位置，其居址为多组庭院式建筑，并配有池塘，如此格局在城堡类别中也仅见于谢圃城堡（图五）。

城堡所处地势平坦，土地肥沃，水源充足，光照充裕，是永顺土司南部重要产粮区之一。从城堡周边分布的大庙、五谷庙等庙宇所祀祭祀神及十余座碾房集中在一处来看，这一带十分重视农业产生，农耕文明发达，这表明当时西那城堡发挥着永顺土司粮食供给的重要作用。另外，城堡处于酉水王村至澧水后坪这条黄金历史古道的核心位置，其东南西北四向均为城址、要塞或长官司驻地，其作为重要物资供应基地和后方的地位，可谓举足轻重（图版二一，4、5）。

9. 老司岩城堡

位于古丈县红石林镇花兰村大坝组（大坝组西侧就是红石林国家地质公园），猛洞河与酉水交汇口东南约1公里，酉水北岸约1华里的山坡台地。城北一条石板古道蜿蜒通酉水码头。酉水自西向东绕城堡北侧而过，下游约5公里处北岸是王村。右岸是由西南来的古唐河与酉水的交汇口，在此将河西村一分为二，左称河西，右名河南。

这一带水路交通便利，自古以来就是西至巴蜀、东通湖湘的必经之地，其不仅是老司城的前哨，也是活动在酉水流域各系土司联络的前沿，不但在军事、经济上占有重要地位，而且在政治上也发挥着不可取代的作用。自明朝以来，老司岩城堡因其优越的地理位置与湘西各大土司关系甚密而逐渐繁盛，即便“改土归流”后，也未受到较大影响。清代中期，以黄氏族人为代表的集团在此开展水陆贸易，商贾云集，店铺林立，贸易经济发展到了顶峰。

城堡的城墙虽破坏严重，但其轮廓尚仍清晰可辨，平面呈圆形的条石城墙围绕主体建筑，面积约2万平方米，城堡外的原始街巷布局基本保留，一条主街由北通码头，城内和街道两侧还较好地保留着清代至民国中期的建筑共计14栋。其民宅主要为土家族建筑风格，有合院硬山穿斗式砖木结构，更多的为悬山顶穿斗式木架结构的建筑，或依地势配吊脚厢房，形制、朝向不一，各组建筑都讲究通透与周围环境的搭配，或抬高房基，或以多进式台阶来处

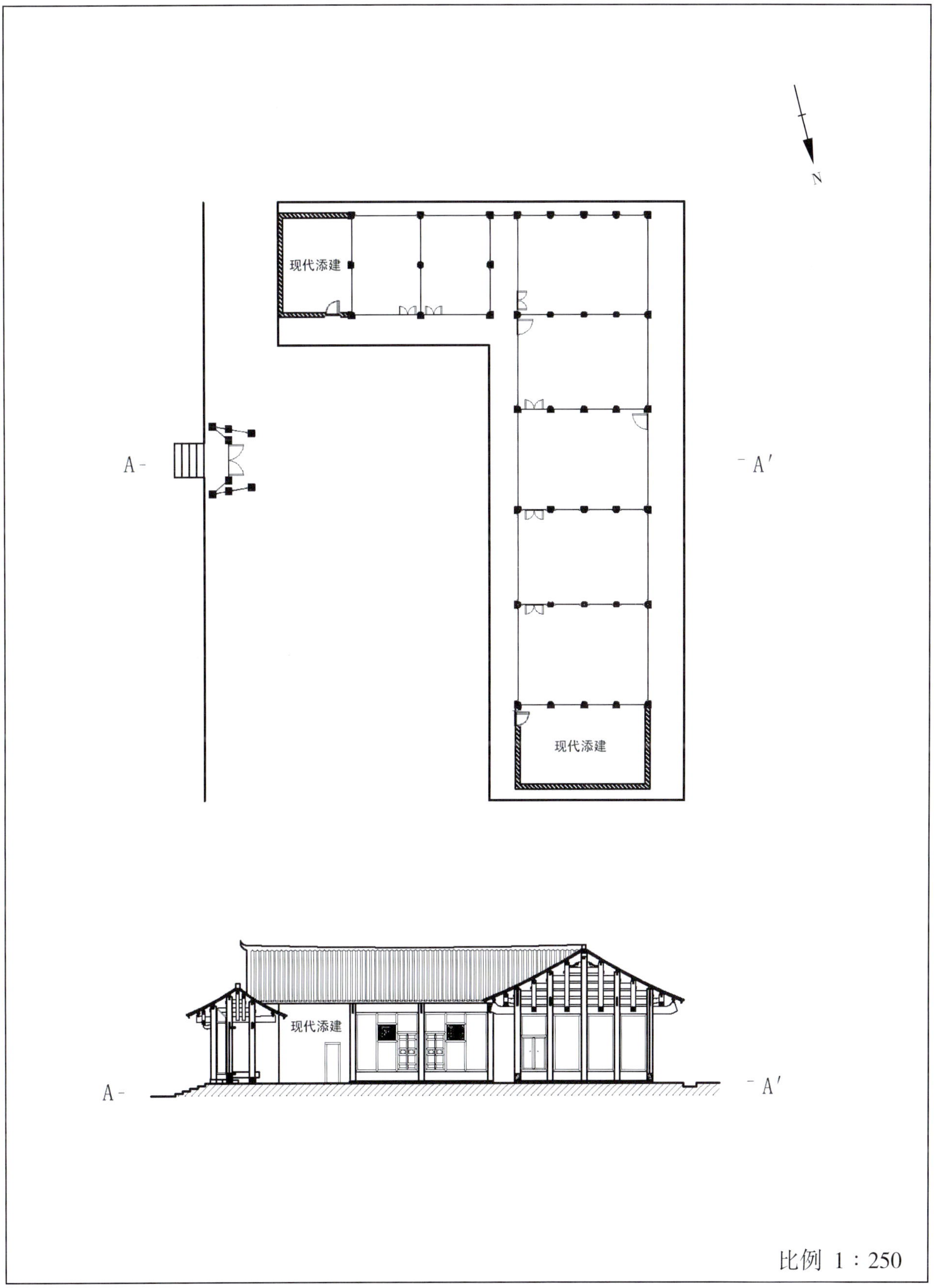

图五　西那向家大院平、剖面图

理台明与建筑的关系，通道、台明、天井等所用石材均为青石或红砂石，门窗格扇透雕各种山水、花鸟及人物故事。古街两旁的老宅仍保留着其鼎盛时期的商铺，古朴的家具与生产生活用具仍陈设和沿用，这一切都掩映在绿郁的翠竹丛中。现存的古树、古井和寺庙依在。老司岩城堡周边的交通形势及地理形貌跟《永顺宣慰司志》卷二关于麦着黄洞“襟山带河，西北控制，轱辘相望，商旅之所”的描述大体一致，另外，乾隆王伯麟《永顺县志》所载：“在麦着黄洞治六里许有桂竹山，其山多桂竹。又麦着黄洞东八里许有山田山，其山有泉可流灌数十里，因辟成田。”现今老司岩周边多桂竹，自然形貌与史载麦着黄洞极相一致，且百姓以黄姓居多。因此，老司岩城堡极有可能就是明麦着黄洞长官司的治所（图版二二，1、2）。

伏波宫与功德碑　伏波宫位于城堡西100米处，为硬山式砖木结构，因年久失修，局部梁架已断裂。宫内现存功德碑一通，断裂为3块，青石质，长1.7米，宽1.04米，厚0.1米。碑文主要记载东汉建武十年，马援被封为伏波将军，次年出征五溪，卒于壶头之事，谓将军西北人，而其神独灵于东南。伏波宫为后世追祀马援而建，候辅儒学黄萝笔书丹。

水井　位于城堡南50米处，系地下水自流而成，水量颇大，水质甘甜，常年不枯。井旁古树参天，蔚然成观。古井西侧石壁阴刻“宣统二年重建复修”8字。

花兰墓群　位于城堡西约3华里的“胡椒岭”和“大坝弄”，墓地周围群山绵延起伏。古墓葬坐南朝北，明显可辨的有20余座，多为明清时期墓葬。墓葬多以青石圈围，墓葬形制分为砖室和石室两类，部分有碑。从碑刻上看墓主人姓氏可分为瞿、黄两大姓。据实地调查，瞿姓墓主为花兰村当地已故村民，而黄姓则为老司岩现村民的先人。从墓碑落款年代看，一批墓葬主人生前在明末清初，另一批墓主人生卒年代不详。

小　结

上述9座城堡除谢圃城堡位于老司城北部3公里外，其余均分布于司城外围各重要方位。南部酉水流域有南渭州的芷州、麦着黄洞长官司的老司岩、占据天险的九龙蹬等沿守历史上酉水这一重要水路通道；在永顺土司腹地猛洞河下游一带设列夕、克必两城堡锁住河口；于石堤、高坪低山丘陵一带置西那、回龙堡、他砂城堡联守老司城北、东、南三面，形成环守永顺土司辖地各交通和山间盆地要害的防御网络，是老司城外围最具军事防御作用的防线。

三、要塞

其要素为处于重要交通隘口，有驻军和防御设施，不一定有城墙，但有系统的围防布局。目前分析有6处。

要塞统计表

编号		名称	地理位置	GPS测点	海拔（m）	面积(m^2)	现状	备注
序号	分类号							
16	1	喻家堡要塞	永顺县灵溪镇司城村喻家堡组	N：28° 59′ 36.5″ E：109° 58′ 23.9″	297	20000	差	
17	2	响塘要塞	永顺县灵溪镇司城村响塘组	N：29° 00′ 38.7″ E：109° 58′ 47.0″	448	4000	差	
18	3	博射坪要塞	永顺县灵溪镇司城村博射坪组	N：29° 00′ 54.5″ E：109° 56′ 41.2″	440	4500	差	
19	4	金鱼塘要塞	永顺县灵溪镇高峰村金鱼塘组	N：28° 59′ 50.5″ E：109° 53′ 46.5″	700	5000	差	
20	5	谢家坡要塞	永顺县灵溪镇泽树村谢家坡组	N：28° 58′ 23.8″ E：109° 52′ 36.7″	947	5000	差	
21	6	新庄要塞	永顺县石堤镇前进村新庄组	N：29° 00′ 00.6″ E：109° 59′ 50.7″	616	15000	差	

1. 喻家堡要塞

位于灵溪河西岸，绣屏山后，与老司城隔河相望，南北又有白砂河和来自骡子湾的溪流环抱，其西背枕万云山脚的桐油枯。喻家堡现有建筑依山而建，基本为悬山顶穿斗式木架结构，个别为庭院式布局，占地面积约2万平方米。现有居民二十余户，以喻、秦、向等姓为主。鱼肚街是要塞的主要干道，也是老司城水产交易的场所。要塞附近有观音阁、五谷庙等宗庙遗址。后山桐油枯山顶是一片较开阔的平地，又名教场坪，是昔日土兵练兵的场所，现在要塞内还遗留有土司时期的建筑墙基、柱础等。

喻家堡要塞往南，水、陆路均可达龙潭城。其与西北方的锡帽山、水井堡烽火台及周边军事设防相呼应，共同担负着拱卫老司城的作用，军事防御位置十分重要。

2. 响塘要塞

位于老司城北部灵溪河上游约3公里处，与谢圃城堡及附近军事防御遗存相互呼应，共同构成老司城北部的一道重要防线。该要塞地理位置险要，居高临下，断崖与陡坡交错，是扼守老司城北部水、陆路交通咽喉的关键。要塞两侧高山顶部各有烽火台一座，起着监视谢圃城堡周边的军情及向老司城后的凤凰山传递信息的作用，同时，也为周边墓园、作坊区及生产生活提供了有效安全保障（图版二三，1）。

3. 博射坪要塞

位于老司城西北约2.5公里的山谷之中，为出入老司城的必经之地。要塞有石板铺成的古道，经金鱼塘要塞往西通往永顺。其通往老司城段在送即坪有石拱桥一座，在沿公路桥下，现已毁。要塞最早居民为彭姓，现 “彭家湾”还有残留古民居房基。彭姓祖坟即在建且枯墓地，为单室或多室券顶砖室墓，部分土坑墓也为明代墓葬，由此推断土司时期该处要塞由土司家庭成员亲自镇守，这也反映出要塞在防御体系中的重要地位。据《永顺县志》载：“永顺司治西二里许，有校场坪，土人常于此演武，又西北五里，有博射坪，又西北五里曰谢圃，地势均较宽敞，土人每于此博射。”在土司时期，博射坪既是拱卫老司城西边极为重要的军事要塞，又是土司训练土兵的重要场所（图六、图七；图版二三，2）。在要塞附近的古道旁依地势设有卡门多处，兹介绍如下：

上卡门　位于博射坪西北约150米，两侧山嘴相合，左道由此穿过，俗称“穿过打桩围剁笼”之地，以表其险要。

下卡门　位于博射坪东南帕土湖200米处，古道由两侧山岗相合部位穿过。民国时地方曾于此驻兵，地势可谓重要。

官厅堡摆手堂遗址　位于寨中的小山包上，仅存遗址，现为学校。

关卡　2处。穿洞湾关卡位于博射坪西南约500米处的山岗，下有方形大洞，人为加工而成，东壁石灰墙和石砌基础残存，有古道经此穿洞可通往龙沙湖（联合）去抚志；另一处为和尚包关卡，处于利木湖至“鬼门关”之间的山岗，其接上卡门，往东北至“碧花山庄”，西面的堡子山和南面的锡帽山烽火台与各哨卡互应，共同监视博射坪周围及老司城的军情（图版二三，3、4）。

博射坪要塞位于山谷平地之中，两侧的山脊止于山谷，小河顺着山谷蜿蜒流经喻家堡汇入灵溪河。各条古道均可通博射坪，在通往老司城的古道两侧设有多个关卡和哨卡，与博射

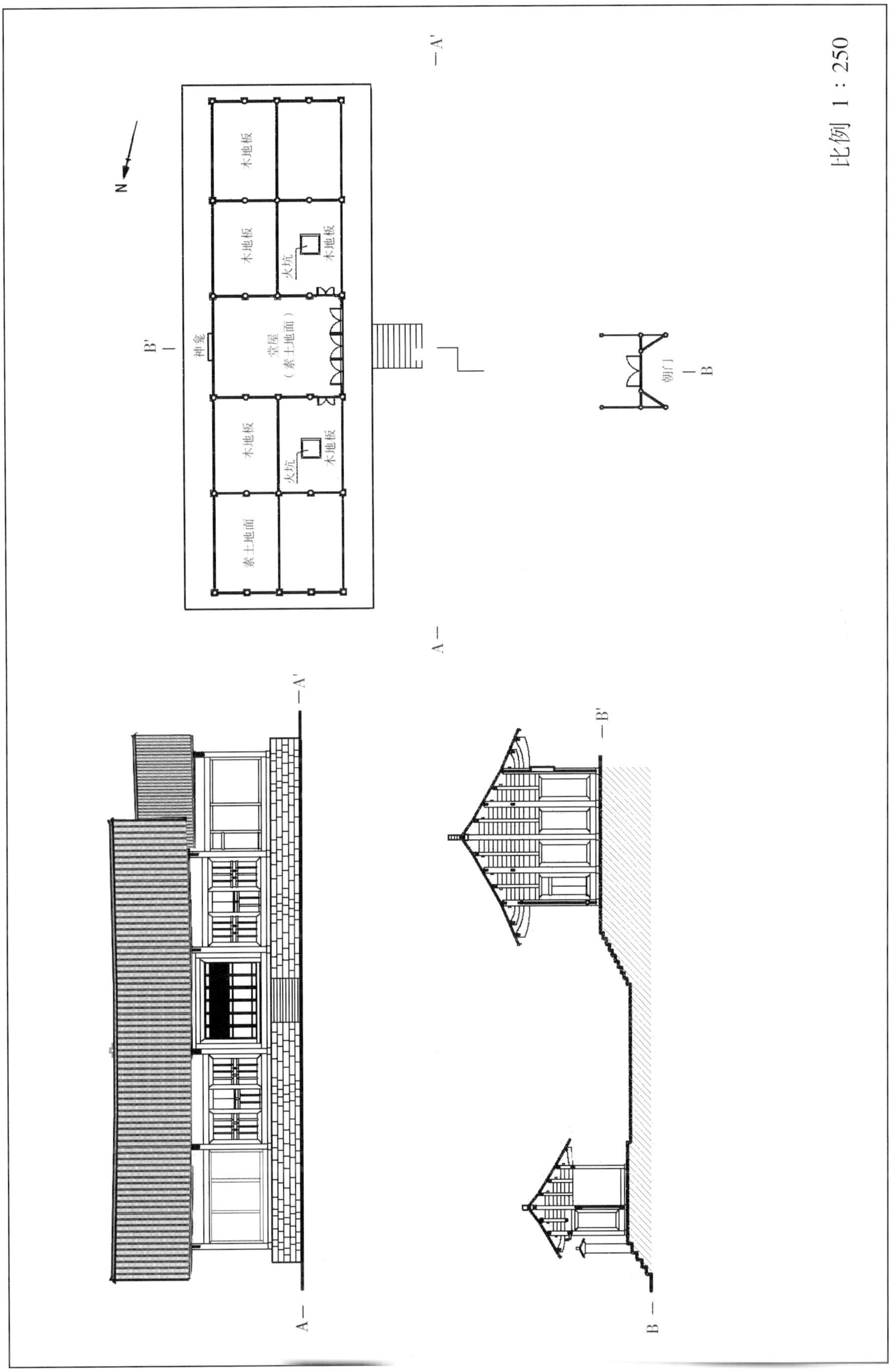

图六　张家大院一平、立、剖面图

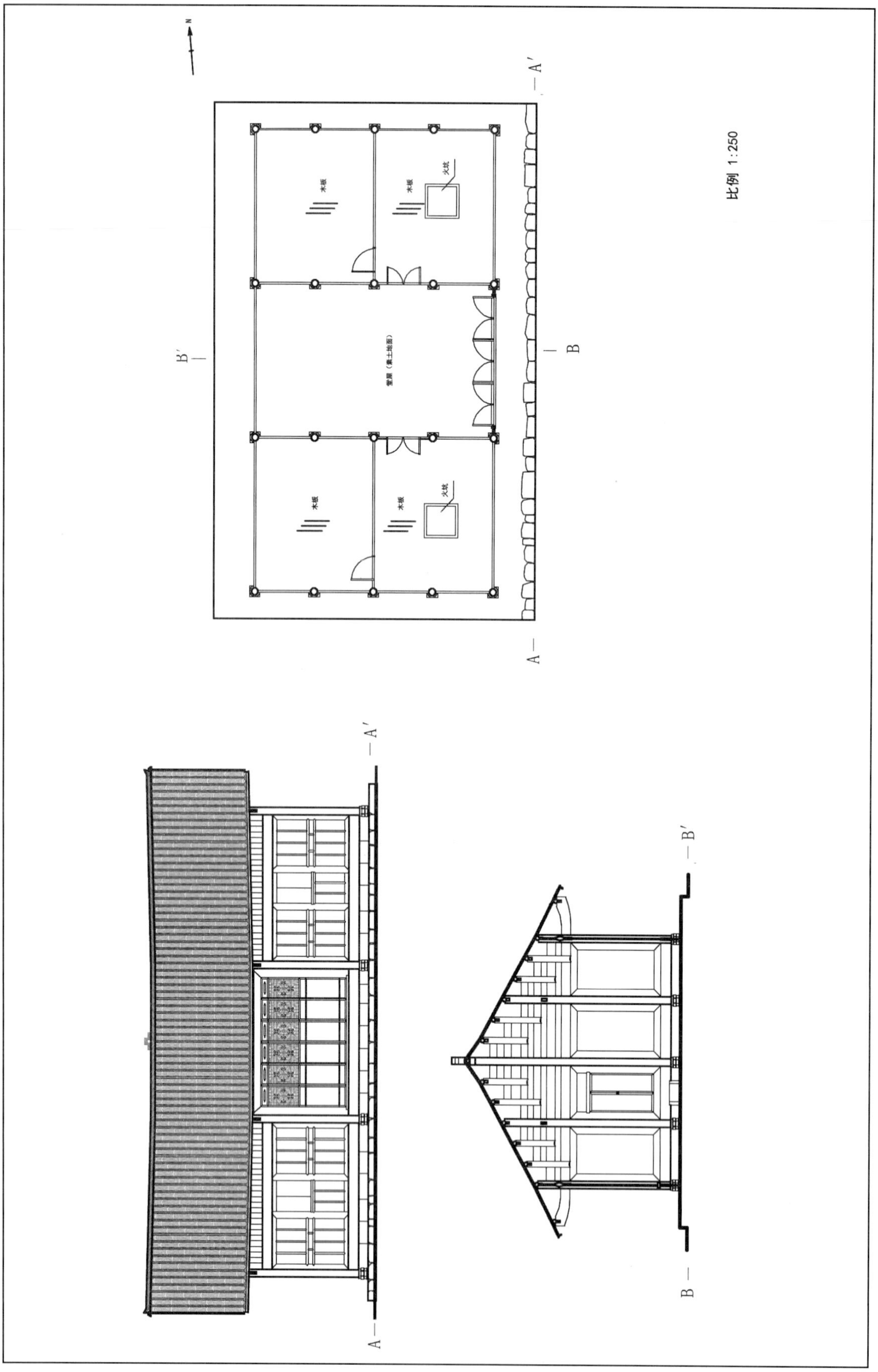

图七 张家大院二平、立、剖面图

坪要塞紧密配合，成为拱卫老司城西部的重要防线。

4. 金鱼塘要塞

位于灵溪镇高峰村金鱼塘组，整个要塞四面环山，中间是一典型的高山小盆地，要塞北依高峰坡，南临谢家坡大山，其东为“万马归朝”各系山峰，是“猛洞别墅”东去老司城，南到抚志主要干道上的站点，也是颗砂、吊井往抚志去王村的必经之地，是永顺土司的重要交通枢纽。要塞周边山势围合，正东面两座山上设有金鱼塘大垭关卡和小垭关卡，并在东南方向和西北方向设烟厅堡哨卡和田家湾哨卡，与西面的高峰哨卡和南面的枯丝老哨卡相呼应，军事地位非常重要。

金鱼塘要塞现有村民20余户，以彭、肖姓为主，分散居住，占地约5000平方米，原古迹大多已毁，尚存一口保存完好的古井。由于海拔在700米以上，视野开阔，可与东北方向的飞鸦阁烽火台、堡子山烽火台和谢家坡要塞相互呼应，与周边系列防御工事和西南群山共同构成老司城正面的军事防线，其军事地位非同一般（图版二三，5）。

金鱼塘要塞周边主要防御遗存略举下例：

官屋场遗址　位于花园门口堰塘东侧，原有石灰抹面墙，坎下是钓鱼台。堰塘为自然天坑，面积约4000平方米，现已辟为稻田。堰塘边有古井一口，泉水清凉甘甜，常年不枯。水井旁遗留有石碓等遗物。

大垭关卡　位于金鱼塘东侧，是去猛洞别墅（永顺）、老司城、抚志、王村方向的必经之地。这一带地势险要，陡崖交错，稍作防御工事，即具“一夫当关”之势，以致民国时地方仍在此驻军，以保境安民（图版二四，1）。

小垭关卡　在高峰山界上大垭南，与大垭关卡相距1华里地。去王村、抚志方向的一条近道须经过此关卡后，在下彻口处与卡壁湖古道汇合，复经鲁纳坡、榆腊树可达“猛洞别墅”。一般行人走小垭，天冷路冻及骡马驮重走大垭，彻口下曾建凉亭，现毁。

古井　即金鱼塘水井，在村东北，泉水从石缝中流出，最初井池为小石窝，仅在旁边岩体上打凿成台级。后砌井壁，封成井门，留有横牛口，传永顺土司所为，百姓可用流出井外的水，垮塌后被修整为现在样式。

墓地　共7处，分别为田家湾、官屋场、舍巴枯、杨曹湾、滕子枯、兀拉瓜、阿卡新基墓。田家湾位于金鱼塘南约200米处，大跃进时挖毁部分，系砖室券顶墓，分单室或双室，墓主身份不详。田家湾寨口有“田登整墓碑”，“生于嘉庆癸亥，殁于道光庚戌”。调查得知，金鱼塘古井后20米处原有砖室墓3座，1982年修公路时挖毁，出土有来自润雅的青砂石构件（可能是碑或墓志铭残件）。除此外，附近有地名“彭家寨”，现无人居住，土司时期可能有彭姓居此，后迁徙他地，田氏为后来迁入；官屋场遗址附近古墓葬分布较多，从形制、规模判断，均为土司时期墓葬，年代在明末清初，其中最大一处为舍巴枯，在摆手堂东侧山腰，原有大封土堆，有墓围，前有“八字拜台”，20世纪60年代初拆毁，后百姓又拆墓砖建烤烟房；杨曹湾、滕子枯、兀拉瓜等墓地均暴露有砖室券顶墓，分单室或双室。另在滕子枯墓地还发现乌龟脱壳石穴墓，系天然石洞，以巨石封墓门。

根据地方县志记载，现金鱼塘要塞在清代改土后设塘，其周边各山岗与山巅分布有民国时期的碉堡5处。碉堡多置于各交通要道必经之处，地势险要，与土司时期的选点设防几无差异，这些碉堡极有可能就建在土司遗存原址之上。

5. 谢家坡要塞

谢家坡要塞位于泽树村西高峰山与高立山界之间约2公里处，海拔947米，几近高峰山之巅，其西俯视永顺县城，东可眺望整个老司城周边山峦。猛洞河由永顺县城入不二门便进入峡谷区，绕着高峰山和高立山山脚曲折往东南汇灵溪河，注入西水。这一段河流两岸山峦叠嶂，断崖绝壁，地势绝险，成为老司城西南方向的天然屏障。

该要塞背枕高立山脊，顺着山势，背风向阳，建筑修建于三个台地上，面积约5000平方米。现有村民10余户，以郑氏为主。据传由泽树迁居于此。现场踏勘，发现大量明代瓷片、磨盘、碓盘等生产生活用具残件散布于居址区。要塞东北为坟山包墓地，分布着相应时期的墓葬4座，呈东西一列朝向南，封土尚存，直径达6米；西300米处为谢家坡古关卡，与要塞相望。要塞所处西可俯视“猛洞别墅”，南可监察“棒头坪”狩猎场，扼守南去“观猎台”往金鱼塘，东达泽树，西通“猛洞别墅”的古道交岔口。

由于谢家坡要塞位于山巅鞍部，其东西两侧视野开阔，南北有高立山、高峰山天险屏障，仅有一条石板古道出入，与金鱼塘要塞、飞鸦阁峰火台、堡子山烽火台等军事防御设施连成一体，既是老司城西部高峰湖、高立山山界的重要防线，又是守护永顺土司“猛洞别墅”门户，是理想的驻军屯兵之所（图版二四，2）。

6. 新庄要塞

位于老司城东，现属永顺县石堤镇前进村新庄组，现有村民30余户，以彭姓为主，自保坪迁入，为明代土司彭世麒第九子彭明义的后代。整个要塞集中在一宽阔台地上，坐西朝东，面积约1.5万平方米。该要塞道路四通八达，东约800米处为铜壁自然寨，南有古道通马洞、颗砂洞、茶湖、榔溪关等，西有古道经挖断山与司城紫金山相连，北有丝柳自然寨。新庄要塞作为老司城核心区的东门户，其地理位置的重要性不言而喻。根据《云鹏公遗令》的记载来分析，顺治年间的王马、高李二部袭击老司城，其最后的突破防线就是新庄要塞。

小　结

以上6处要塞均分布于老司城周围，依据地势和可视效果，从而达到全面抵御入侵势力，有力掌控防御局面的目的。老司城的防御之势在南面及西南、西北一带，因此，6大要塞布列于此，由近及远呈梯状组成了三级军事防线。一级军事防线由分布在司城东南和正南的新庄、喻家堡两处要塞，依据凤头山、堡子山、飞雅阁峰火台构成；二级军事防线由分布在司城南主要和东北方向的博射坪、响塘，依据堡子山、飞雅阁、凤头山、水井堡及屋后头峰火台构成；三级军事防线由分布在司城东南的金鱼塘、谢家坡要塞，依托高立山和高峰山的天险构成。三级防线中，金鱼塘和谢家坡要塞作为“猛洞别墅”和老司城之间的主要前沿阵地，肩负着统筹指挥和策应的重要军事作用。

四、关卡

关卡一般设在交通要道或占据自然天险的有利地势，同时有稳定和固定的防卫设施及驻军防守设施。目前调查发现关卡17处，其中有4处已在相关遗存中作了介绍，在此不再赘述。

关卡统计表

编号		名称	地理位置	GPS测点	海拔（m）	面积（m²）	现状	备注
序号	分类号							
22	1	河沟关卡	永顺县灵溪镇司城村博射坪	N：9° 01′ 42.6″ E：109° 56′ 51.1″	507	4000	差	
23	2	和尚包关卡	永顺县灵溪镇司城村博射坪	N：29° 01′ 21.9″ E：109° 56′ 46.6″	544	2400	差	在博射坪要塞中介绍
24	3	穿洞关卡	永顺县灵溪镇司城村博射坪	N：9° 00′ 54.5″ E：109° 56′ 41.2″	438	80	差	在博射坪要塞中介绍

编号		名称	地理位置	GPS测点	海拔（m）	面积（m²）	现状	备注
序号	分类号							
25	4	土地坳关卡	永顺县灵溪镇司城村龙沙湖	N：9° 00′ 46.7″ E：109° 54′ 41.8″	748	3000	差	
26	5	梨子坳关卡	永顺县灵溪镇司城村龙沙湖	N：9° 00′ 44.4″ E：109° 55′ 24.6″	610	50	差	
27	6	金鱼塘小垭关卡	永顺县灵溪镇高峰村小垭组	N：8° 59′ 39.1″ E：109° 53′ 30.4″	753	200	差	在金鱼塘要塞中介绍
28	7	快活岭关卡	永顺县灵溪镇雨联村蒴些组	N：8° 56′ 50.8″ E：109° 54′ 20.5″	747	800	差	
29	8	金鱼塘大垭关卡	永顺县灵溪镇高峰村小垭组	N：8° 56′ 50.8″ E：109° 54′ 20.5″	700	800	差	在金鱼塘要塞中介绍
30	9	五里铺风垭关卡	永顺县灵溪镇连洞村杨家田	N：9° 00′ 05.7″ E：109° 52′ 02.0″	328	200	差	
31	10	田家湾关卡	永顺县灵溪镇高峰村田家湾	N：8° 57′ 58.1″ E：109° 56′ 40.0″	389	40	一般	
32	11	茶湖卡山关卡	永顺县石堤镇前进村茶湖组	N：8° 57′ 54.0″ E：109° 59′ 36.4″	382	173	一般	
33	12	槲溪关卡	永顺县石堤镇前进村	N：8° 57′ 52.1″ E：109° 59′ 27.7″	284	635	一般	
34	13	偏岩关卡	永顺县石堤镇前进村茶湖组	N：8° 98′ 02.1″ E：109° 59′ 28.0″	289	40	好	
35	14	高家坳关卡	永顺县吊井乡花园村堂方上	N：9° 02′ 03.2″ E：109° 55′ 42.7″	690	400	差	
36	15	林家坳关卡	永顺县吊井乡花园村堂方上	N：9° 02′ 02.5″ E：109° 57′ 02.7″	634	5000	差	
37	16	龙爪关	永顺县青坪镇龙关村龙关组	N：9° 02′ 47.6″ E：110° 15′ 14.0″	365	25000	差	
38	17	王凤垭关卡	永顺县小溪乡小溪村	N：8° 49′ 23.8″ E：110° 19′ 39.0″	699	2345	一般	

1. 河沟关卡

位于灵溪河上游西北部的落塔坪通往岩门塘古道途中，从地势上看，该关卡位于山顶小平地，往北去岩门塘方向地势相对平坦，往南则穿行于陡峭的峡谷之间直达落塔坪。该关卡东部和西侧以自然山体作屏障，南端和北端各筑一道东西走向的墙体以截断进入落塔坪和博射坪的交通，仅开南北两门道可供通行，墙体与山体相连，平面呈长方形，面积约4000平方米。东部现存水井一口，残存南北两段墙体，南部墙体残长15米，高2.5米，宽0.6米，北部墙体残长约200米，残高1.2米，各墙体均以石灰填缝并抹面。

河沟关卡的设置，完全控制了自生桥到吊井以及岩门塘经花园去金鱼塘方向的古道，直接堵截了落塔坪至谢圃及博射坪进入老司城的来犯之敌，是老司城遗址西北部外围防御区的一处重要军事关卡（图版二四，3、4）。

2. 土地坳关卡

位于龙沙湖西1.5公里处高峰山界一坳口平地，龙沙湖至金鱼塘古道由此通过，遗址岩体裸露，以现存一土地堂命名。这里视野开阔，西可俯视永顺县城、连洞、树木咱一带，东可遥望梨子凹、龙沙湖、堡子山、锡帽山、泰平山一带，是据守博射坪往“猛洞别墅”以及金鱼塘往抚志等老司城西线防御区的重要关卡之一（图版二五，1）。

3. 梨子坳关卡

位于骡子湾西南1.5公里，现有向氏居民数户，原人丁兴旺时有48个堂屋，现居民多迁到永顺至老司城公路两侧。梨子坳关卡为上下骡子湾的必经之道，从关卡下骡子湾的古道仄曲险要。坳口北侧有小平台，人为加工痕迹明显，土司时期，曾屯兵设卡于此（图版二五，2）。

4. 快活岭关卡

位于雨联村蔚些组大堡与小堡之间的山坳，地势险要，是“猛洞别墅”经金鱼塘往抚志、王村的必经之地，为老司城西南防线重要关卡之一。民国时地方武装曾凭此天险修筑工事以备防御（图版二五，3）。

5. 五里铺风垭关卡

位于永顺城东五里地势险要的山坳，分上下两坳口，下坳口通往五里铺，坳口宽约10米，上坳口通“猛洞别墅”。坳口东古道旁有一口古井，现仍使用。该关卡是出“猛洞别墅”往东走老司城古道上的第一个关卡，位置十分重要（图版二五，4）。

6. 田家湾关卡

位于灵溪镇高峰村田家湾组，东临田家湾居宅，西距凉亭遗址200米，北距野猫包300米，南距小河8米。该关卡遗存破坏严重，唯田家湾至两岔河的古道保存较好，系青石板铺砌，其余基本荒废（图版二六，1）。

7. 茶湖卡山关卡

位于石堤镇前进村茶湖组卡山半山腰，所处位置险要，山脚为榔溪河与灵溪河的交汇处，有榔溪关、榔溪河渡口及拱桥湾石桥等遗存。该关卡现仅存部分保坎，为青石干砌。据当地村民介绍，此地民国时期曾经开过集市，多有清代、民国铜币出土。由榔溪渡口而上经此关卡到茶湖寨，青石铺就的石板路保存较好，路面宽0.5～1.2米，现仍在使用，是往东去筒瓦，往北通新庄、司城的重要干道（图版二六，2）。

8. 榔溪关卡

位于榔溪渡口西码头东北方向20米处，东为茶湖卡山，南为榔溪河，西临灵溪河，北为拱桥湾石拱桥，老司城至汪家庄古道、茶湖卡山到榔溪河渡口古道均会于此，为土司时期司城南大门的重要关卡。关卡至榔溪河古渡口为青石路面，此处遗留明代墙体，为青石干砌，现大部分已坍塌，荆棘丛生，墙体高约1.5～2米，宽0.3～0.5米，残长12.7米。遗址内现残存多段保坎，基本显现出当时的布局与规模。关卡西部现暴露竖穴土坑墓一座。该关卡依山面河，依势而建，居高临下，如虎踞，易守难攻，为防御隘口。

9. 偏岩关卡

位于老司城南约3公里的灵溪河左岸，面积210平方米。东为茶湖自然村寨，南距榔溪关和茶湖卡山关卡分别为500米、800米。西隔灵溪河望摆腊墓地，北为龙洞砖拱桥。该关卡修筑于司城通榔溪关古道途中，其势东北、南向平缓，司城方向险峻，古道北向窄急，坡度在45° 左右，有人工开凿岩壁古道长10余米，踏步面宽约0.4～0.45米，高0.2～0.1米，宽均1米，局部块石干砌。古道往北，路幅骤然降至0.5～1米，西绝于灵溪河，东为90° 悬崖，地势绝峭，攀援无可凭，紧容一人通过。从此往北，因哈妮宫库水上升，古道被淹没。关卡位于老司城至榔溪关古道最高点，其依偏岩山之奇峭，赖灵溪河之险峻，为水陆防御之关键（图版二六，3）。

10. 高家坳关卡

位于岩门塘西南的山脊坳口处，是由老司城至此分道西往“猛洞别墅”，东去自生桥、石堤、大庸的必经关卡，其东与林家坳关卡遥相呼应，西北遥望十里铺、凉水井至“猛洞别墅”古道，守护位置、监视范围及效果极佳（图版二七，1）。

11. 林家坳关卡

位于岩门塘东北方向500米处的山坳，西与林家坳关卡相视，由自生桥往老司城的古道在此通过，这里借助天险在两侧山包顶部设敌台，现残留部分墙基。解放初暂四、暂五两师在此设防，阻止国民党残兵进入永顺县城，可见其重要（图版二七，2）。

12. 龙爪关

关卡位于青坪镇龙关村龙关组，东西短促，南北狭长，面积2.5万平方米。其靠大坝坡，南对五个小山包，朝向笔架山，相传青龙、黄龙对吻五个山包，故民间谓之“二龙抢宝”之地，由东西的青龙山和黄龙山相交、形如龙爪而得名。其侧有马儿山烽火台遗址，遗址呈长方形，长25米，宽10米，面积250平方米，东、南、北三面有石围墙和夯筑的土墙，残高1米左右，地表有大量的瓦砾和部分陶瓷片。据调查，像这样的烽火台在龙爪关周围共有4处，其中以马儿山烽火台保存最好。

此关卡是后坪通向石堤到老司城的一处重要边界通关之地，古代设驿站，民国开集市，解放初设区政府，1953年搬至现青天坪镇。该关卡布局基本保留，建筑基址、保坎、街道、桥梁仍在使用，居民以彭、王姓为主，兼有他姓。该关卡既是永顺土司的东部门户，又是与朝廷划定辖地的标志，在战略与行政事务方面占有重要地位（图版二七，3）。

13. 王凤垭关卡

位于永顺县小溪乡小溪村王凤垭半山腰一天然石崖中，现残存石围墙约300米，墙体宽1.2米，残高1～3米。关卡东西两端残存有木门框，在遗址内发现有明代陶瓷片、水井等，东侧石壁上发现朱漆书就的“壬戌”、“辛西”等字迹。王凤垭关卡地势险要，周围古树参天，风景优美，古道保存较好，是施溶溪去往沅陵的必经之地（图版二八，1）。

小　结

各关卡主要设在出入老司城的交通要道途中，以及各城址、城堡、要塞的要害位置或岔道口，其所处位置一般地势险要，易守难攻，同时与周边的哨卡、烽火台以及其他防御遗存保持着密切联系，是军事防御体系中不可缺少的部分。它们规模虽小，或仅具备打击小股侵犯势力能力，但却相对机动灵活，在配合较大规模军队包抄围歼大股侵犯势力亦可发挥较大作用。

以上17处关卡与要塞、哨卡、烽火台等构成防卫老司城及附近城址、城堡等军事防御体系的重要部分。其主要作用是对过往行人进行盘查、询问或要地的驻守，是整个老司城前沿阵地的第一道防线，军事防卫功能明显。从地势上看，老司城周边的关卡充分利用了当地独有的山势为屏障，多在重要交通要道择险要地段，通过凿宽、堵窄或加固等形式，形成地势险阻、易守难攻的防御工事。从各关卡所处的位置上看，这17个关卡主要围绕要塞在老司城周边发挥重要作用，关卡则在独立位置上负以重任。诸如在进入金鱼塘要塞的周边古道险要地段设有快活林、田家湾、大垭、小垭、五里铺、土地坳关卡；在进入博射坪要塞的古道上设有梨子坳、和尚包、穿洞湾关卡；西北部由岩门塘进入司城古道的林家坳、高家坳、河沟关卡及响塘要塞和谢圃古城；南部的椰溪、茶湖、偏岩关控扼水陆干道等这一系列关卡，无不体现其在以老司城为中心的军事防御体系中的职能。

五、哨卡

哨卡一般设于城址、城堡周围或交通要道旁边的高地上，视觉通达，依具体情况或修筑简易的防御性墙体。哨卡一般有固定守兵，但其规模较关卡要小，与周边各军事防御遗存形成有机体。本次调查发现这类遗存11处，有5处在相关遗存中作了介绍，兹不赘述。

哨卡统计表

编号		名称	地理位置	GPS测点	海拔（m）	面积（m²）	现状	备注
序号	分类号							
39	1	姚家湾哨卡	永顺县灵溪镇司城村姚家湾	N:28° 58′ 46.0″ E:109° 57′ 24.0″	302	16.2	较好	
40	2	台厅堡哨卡	永顺县灵溪镇司城村博射坪组	N:29° 00′ 54.4″ E:109° 56′ 19.8″	583	200	差	
41	3	烟厅堡哨卡	永顺县灵溪镇高峰村金鱼塘组	N:28° 59′ 40.8″ E:109° 53′ 45.0″	713	12	差	金鱼塘要塞中已介绍
42	4	田家湾哨卡	永顺县灵溪镇高峰村金鱼塘组	N:28° 59′ 30.5″ E:109° 53′ 45.7″	768	30	差	金鱼塘要塞中已介绍

编号		名称	地理位置	GPS测点	海拔（m）	面积（m²）	现状	备注
序号	分类号							
43	5	高峰哨卡	永顺县灵溪镇高峰村高峰组	N:28° 59′ 05.8″ E:109° 53′ 26.5″	724	40	差	金鱼塘要塞中已介绍
44	6	枯丝老哨卡	永顺县灵溪镇雨联村蒴些堂组	N:28° 56′ 41.1″ E:109° 54′ 13.9″	739	30	差	张家寨中已介绍
45	7	团堡山哨卡	永顺县石堤镇麻岔村野鸡庄	N:29° 01′ 30.2″ E:110° 00′ 16.3″	614	160	一般	
46	8	虎头山哨卡	永顺县吊井乡毛坪村自生桥寨	N:29° 02′ 23.4″ E:109° 58′ 53.8″	449	100	一般	
47	9	彭家屋后头哨卡	永顺县吊井乡毛坪村自生桥寨	N:29° 02′ 07.6″ E:109° 58′ 52.6″	402	60	一般	
48	10	惹巴哨卡	永顺县吊井乡毛坪村自生桥寨	N:29° 02′ 20.6″ E:109° 58′ 31.7″	402	30	一般	
49	11	岩门哨卡	永顺县泽家镇南渭村李家组	N:28° 44′ 45.5″ E:109° 44′ 07.2″	403	540	好	已在南渭州城址中介绍

1. 姚家湾哨卡

位于灵溪河东岸，南距老司城遗址北门约1公里，北距碧花山庄约800米，平面呈长方形，东西长6米，南北宽2.7米，占地面积16.2平方米。基础接近河床，依地势以块石或卵石叠砌成台基，基高2～4米，以石灰浆抹面。台基西侧留有凹槽，应为支撑上层建筑起稳定作用的槽子。哨卡南连接老司城河街，北至碧花山庄遗址，沿途多为山崖，路面以卵石铺就，局部用青石铺垫，最宽达1.8米，现场采集有青砖、瓦砾等遗物。姚家湾哨卡不仅地势险要，而且位于老司城上至吴著厅古道的尽端，以及水路去碧花山庄遗址和险滩的要处，四周有茂密的松柏树作掩体，隐蔽性较强，是距老司城最近的一道关卡，同时也是监视灵溪河及对岸要道与监钦湾司法机构动静的重要哨卡之一（图版二八，2）。

2. 台厅堡哨卡

位于博射坪彭家湾后山顶，系人工打凿而成的半地穴式建筑，可远眺西北向的土地坳、测郎巴、张家湾、十八湾及大巴枯等地，北向可望卡毕湖高山及黎木湖方向山坳，东向可及帕土湖至博射坪全寨。山脚有老司城经博射坪至高峰湖古道，周边各遗存点尽在视野中。

3. 团堡山哨卡

位于石堤镇麻岔村野鸡庄团堡山顶部，由老司城经丝柳过野鸡庄到麻岔、石堤方面的石板古道从山顶两山包之间的坳口穿过。该哨卡由烽火台与驻军组成，分布在古道与岗地要害处，形成三个犄角互卫的要点，系一处综合型的防御工事。

烽火台位于团堡山右侧山包顶部，略呈长方形，东西长约20米，南北宽约8米，占地面积约160平方米。四周以山石干打垒砌墙，残宽0.5 ~ 1.2米，残高0.8 ~ 1.2米。

烽火台右下侧约20米处为驻军之地，平面略呈长方形，东西宽约15米，南北长约30米，总面积约450平方米，南、北两端有以山石干垒而成的围墙，残宽0.5 ~ 1米，残高0.5 ~ 1.2米，东、西两侧以自然山体作为围墙。其中南部围墙向东部山顶延伸与烽火台的围墙相接，在交接处有门基遗存。烽火台与驻兵点之间以宽约1.5米的青石铺砌的道路相连，长约20米，地面散见少量瓦砾。再下方30米处为大块石垒砌成一小平台，将古道阻截，东西长约8米，南北宽约4米，占地面积约32平方米，门道宽2.1米，南侧有2株径为30厘米的古柏树。

这一组防御遗存不仅地势险要，而且相对偏僻，但地理位置与防御功能的有机结合，在老司城北部发挥着重要防御作用（图版二八，3）。

4. 虎头山哨卡

哨卡位于吊井镇毛坪村自生桥寨雷公湾虎头山顶，西距自生桥寨约4公里，距十里冲河约100米，距灵溪河约4.5公里，南距辣椒山约200米。哨卡平面呈长方形，现残存夯土墙长12.5米，宽1.6米，高0.65米，占地面积约100平方米。该哨卡是老司城石堤至永顺、吊井至老司城古道间的重要哨卡之一。

5. 彭家屋后头哨卡

哨卡位于吊井镇毛坪村自生桥寨彭家屋后头山顶，西距自生桥寨子约3公里，东距尖堡山约50米，平面近方形，占地面积约60平方米，现残留夯筑土围墙一段，长24米，宽1.9米，高2米。由自生桥到石堤古道的十里冲段在该处拐弯，哨卡正位于拐点之上，其与虎头山哨卡遥相呼应，可直接监控自生桥一带的军情。

6. 惹巴哨卡

位于吊井镇毛坪村自生桥寨一组惹巴山顶，西距跑马坪、十里冲村道约50米，距十里冲河约100米，东距虎头哨卡约1000米，北距飞屋堡山约30米，南距彭家屋后头哨卡约500米。哨卡平面呈长方形，占地面积30平方米，周以土石围墙，残长12米，宽0.6米，高0.65米。此哨卡与虎头山哨卡、彭家屋后头哨卡形成品字形布局，共同守护自生桥一带（图版二八，4）。

小　结

哨卡主要以城址、城堡、要塞和关卡为依附，作为其前哨设立于通往城址、城堡、要塞和关卡的各条古道之上，驻兵少，与各军事要塞相距较近，且所占据的地势险要，易守难攻。哨卡的主要作用是向后方军事要塞传递信息，兼有盘查过往行人、纠察等功能。

老司城东、南、西、北古道网络上共有哨卡11处：东北部由麻岔经野鸡庄过丝柳到谢圃城堡的古道，上有野鸡庄段的团堡山哨卡；南部由西水入南渭州城堡的古道上有岩门哨卡；西部在金鱼塘要塞周边各条古道上有烟厅堡哨卡、高峰村哨卡、枯丝老哨卡、金鱼塘田家湾哨卡；北部由石堤西经麻岔过自生桥到岩门塘古道的自生桥十里冲路段有雷公湾虎头哨卡、彭家屋后头哨卡、惹巴哨卡；西北部的博射坪要塞古道上有台厅堡哨卡；老司城北门到碧花山庄古道上有姚家湾哨卡。各哨卡围绕着城址与军事要塞分布，从地势上看，都设立在古道的狭窄、险要之处，一般地势较高。

六、烽火台

目前发现的烽火台均分布于高耸山顶或视野开阔的山峦顶部，附近有相关遗存分布，且均为极便于联络的地点。目前在老司城周边发现烽火台9处，有3处在相关遗存中作了介绍，此不赘述。

烽火台统计表

编号		名称	地理位置	GPS测点	海拔（m）	面积（m^2）	现状	备注
序号	分类号							
50	1	锡帽山烽火台	永顺县灵溪镇司城村	N：29° 00′ 12.8″ E：109° 57′ 53.7″	638	240	差	

编号		名称	地理位置	GPS测点	海拔（m）	面积（m²）	现状	备注
序号	分类号							
51	2	凤头山烽火台	永顺县灵溪镇司城村姚家湾	N：28° 59′ 56.0″ E：109° 58′ 25.0″	449	350	较好	
52	3	堡子山烽火台	永顺县灵溪镇司城村博射坪	N：29° 00′ 19.1″ E：109° 56′ 42.5″	697	50	差	在博射坪要塞中已介绍
53	4	屋后头烽火台	永顺县灵溪镇司城村响塘寨	N：29° 00′ 38.7″ E：109° 58′ 47.0″	448	320	较好	在谢圃城堡中已介绍
54	5	水井堡烽火台	永顺县灵溪镇司城村响塘寨	N：29° 00′ 48.8″ E：109° 58′ 25.6″	572	60	较好	在谢圃城堡中已介绍
55	6	马师坝烽火台	永顺县石堤镇向阳村	N：29° 01′ 53.1″ E：110° 06′ 02.0″	599	80	较差	
56	7	老鹰顶烽火台	永顺县石堤镇向阳村	N：29° 02′ 11.6″ E：110° 05′ 58.3″	545	144	较差	
57	8	飞鸦阁烽火台	永顺县吊井乡花园村岩门塘	N：29° 02′ 32.5″ E：109° 56′ 06.9″	855	40	较好	
58	9	马儿山烽火台	永顺县青坪镇龙关村山边组	N：29° 02′ 33.2″ E：110° 14′ 59.6″	534	200	一般	

1. 锡帽山烽火台

位于老司城西北锡帽山顶，又名“墨里尾”。乾隆《永顺县志》载：“锡帽山在司治西北岸，形如纱帽，四时有花草。相传云此花草容茂异寻常，则朝廷有荣典。”纱帽山即锡帽山。烽火台所处山势西高东低，余脉延伸至“查闹院”遗址处，由监钦湾而上，仅一条小路通向山顶，曲折陡峭，仅两处岩壁可攀岩而上，有人工开凿痕迹（图版二九，1）。

经现场踏勘，山顶有一平地，呈葫芦形，因行人稀少，荒草、灌木丛生。调查发现有人为活动面依附于自然山体，四周为自然岩壁，高耸险峻。山顶视野开阔，向南可见祖师殿，岩老虎山横锁山口，东南泰平山脉南北连绵高耸，其下老司城遗址尽收眼底，向北对望“玉笋冲天”山峰及谢圃、丝柳、新基湾等，向西遥望飞鸦阁、龙沙湖、利木湖等地。在通往烽火台的古道上可见零星卵石，应为路面铺石。

2. 凤头山烽火台

位于老司城东凤头山山顶，其西面山下为老司城遗址，占地面积350平方米。烽火台所处地由北而西可与谢圃、响塘、喻家堡等城堡、要塞呼应，是老司城遗址最近的烽火台之一。

3. 马师坝烽火台

位于石堤镇南约600米的山顶，与其北约400米的老鹰顶烽火台相呼应，凭其险要地势和开阔的视野，在石堤西坝湖盆地与其他烽火台构成这里的信息传递网络。由于生产活动破坏，遗址被毁。

4. 老鹰顶烽火台

位于石堤镇南距镇政府约200米的小山包顶部，残存土筑围墙长约数米，残高0.6米。遗址所处视野开阔，往西可视牌楼城，北将整个石堤镇尽收眼底，南与马屎坝峰火台相呼应。

5. 飞鸦阁烽火台

位于飞鸦阁西南山脊的坳口处，残有石砌保坎和土地堂基础。这一带处高峰山界的西北端，地势相对较高，东北往南一线可望林家坳、自生桥、河沟里、老司城方向的古道和部分防御遗存，西北往南一线可及吊井城、“猛洞别墅”方向的各类防御遗存。因其地理位置的优势和开阔的视野，是老司城西北部最为重要的烽火台（图版二九，2）。

6. 马儿山烽火台

位于永顺县青坪镇龙关村南部山边组马儿山山顶，平面呈长方形，东西长25米，南北宽10米，东、南、北三面有石围墙和夯筑的土墙，残长约40米，残高0.5～1.5米。遗址内散布大量的瓦砾和宋元时期的夹砂硬陶及明清时期的青花瓷片。烽火台临近龙爪关，与周边防御遗存构成永顺土司东部军事防线的重要部分。

小　结

本次调查共发现烽火台9座，在通往老司城各古道两侧的高山上呈带状分布，老司城城址东部山顶的凤头山烽火台，与西部山顶锡帽山烽火台相呼应，接收东、南、西、北四方所传递的信息，并负责向城内驻军传报。城址附近的烽火台，负责监视东面吊井、颗砂、桑植一带的异常情况。南方山势相对较缓，主要依靠西方的烽火台进行瞭望。西方有位于司城村的锡帽山烽火台、博射坪的堡子山烽火台和吊井乡花园村岩门塘的飞鸦阁烽火台，这一带海拔最高，主要负责传递来自麻岔、抚志、王村、石堤、万坪、润雅方面的敌情。北方有响塘的屋后头烽火台和水井堡烽火台与石堤镇向阳村的马师坝烽火台、老鹰顶烽火台及青坪镇龙关村山边组的马儿山烽火台遥相呼应，可传递来自羊峰、石堤、大庸方向的信息。在所有的烽火台之中多数都已损毁，仅可见少量的山石墙基。

烽火台作为冷兵器时代的主要通信设施，在各驻防单位之中规模最小，驻兵最少，不直接参与战事，并以城址、城堡、要塞、关卡、哨卡为基地，相互呼应，从分布情况看，大部分烽火台都围绕老司城分布在四周高山顶上，海拔450～855米，部分烽火台分布于其他各城址、城堡、要塞附近，近可直接联系，远可在很短时间得到信息，在各驻防单位之间起着重要联系作用（图版二九，3、4）。

第二节　官署遗址

根据史料与碑文，能明确土司时期设有衙署，并根据现场调查情况也都相符。这类遗址，一般位于交通便利的经济发达区，外防方面相对安全稳定，故自身防御能力不是很强，主要侧重于行政作用。目前发现这类遗址共12处。

官署遗址统计表

编号		名称	地理位置	GPS测点	海拔（m）	面积(m^2)	现状	备注
序号	分类号							
59	1	腊惹洞遗址	永顺县芙蓉镇雨龙村院子组	N：28°48′59.8″ E：109°57′03.0″	476	6000	好	

编号		名称	地理位置	GPS测点	海拔（m）	面积(m²)	现状	备注
序号	分类号							
60	2	驴迟洞遗址	永顺县芙蓉镇保坪村大龙四、五组	N：28° 48′ 14.0″ E：110° 00′ 36.4″	457	35000	差	
61	3	王村遗址	永顺县芙蓉镇河半街社区	N：28° 44′ 40.3″ E：109° 56′ 18.4″	231	50000	差	
62	4	九官坪遗址	永顺县石堤镇九官坪村	N：29° 03′ 58.2″ E：110° 04′ 10.6″	471	8000	一般	
63	5	黄峒遗址	永顺县朗溪乡云盘村	N：28° 56′ 25.6″ E：110° 16′ 04.2″	610	6780	一般	
64	6	旧村遗址	永顺县润雅乡润雅村润雅组	N：29° 06′ 10.9″ E：110° 09′ 42.6″	333	18000	差	
65	7	田家洞遗址	古丈县断龙乡田家洞村铺二组	N：28° 40′ 45.6″ E：109° 49′ 00.4″	489	20000	差	
66	8	白岩洞遗址	龙山县桶车乡白岩村二组	N：29° 28′ 35.4″ E：109° 32′ 59.0″	548	40000	一般	

1. 腊惹洞长官司遗址

据《永顺宣慰司志》卷二载：腊惹洞“古诸蛮夷地，秦属黔中，汉属武陵，唐为溪州，五季为静边都大乡、三亭、陇西等县地，宋……永顺宣慰司。……山溪环抱，永顺要衙”。

腊惹洞长官司遗址位于芙蓉镇雨龙村院子组，两面环山，中间为山谷丘陵地带，小龙溪顺谷地往西经那丘南注猛洞河，居宅分布于溪流南北两侧的坡脚，现居民以唐姓为主，向、王、胡姓次之。土司时期，腊惹洞核心区为雨龙、那丘、他洞、那咱等村，与驴迟洞东西并列，两者分界线：自北为芙蓉镇毛冲村大咱组沿山脊南下至吴格、洞格、科洞、泽龙哈，下枫响塘，为一自然山脊，将两洞东西分开。腊惹洞长官向氏后裔在改土归流后大部分已搬迁至毛冲村大坝组。遗址内残存有石拱桥、砖石墓群、烽火台遗址、乌鸦庙遗址等遗迹（图版三〇，1、2、3）。

木溪墓葬　位于长官坪木溪，上有碑刻“向志德字孛烁……明洪武二年（1369）己酉岁以沅陵移居腊惹峒任六峒长官……”，据乾隆《永顺县志》卷三《秩官志·附土司世职》载：“向孛烁元时洞民总管，向世贵孛烁子袭任。明洪武三年（1370）改升长官……”

响塘卡枯墓葬　位于响塘卡枯柑橘园内，系清代墓葬，共10余冢，封土堆保存较为完好，高0.5～1.5米，直径1.5～2.5米，四周为山石或青条石圈护。部分封土堆已垮塌，大部分墓碑已无存，其中一碑正中阴刻“皇清诰封长官司向公讳宗国号观云墓”，两侧刻有“原命生于康熙己巳年（二十八年，1689年）五月十一日午时受生，大限殁于乾隆甲戌年（十九年，1755年）二月初一日未时正寝”。现立于司城土王祠内建于康熙五十二年的德政碑背面刻有“腊惹洞向宗国”。民国《永顺县志》载：“清腊惹洞长官司向忠和墓一冢在下榔保小龙村；清腊惹洞长官司向宗国墓一冢在下榔保响塘坪。”

根据文献与碑文，腊惹洞的地点、时间与人名均一致，可证其治所在小龙村。

2. 驴迟洞长官司遗址

据《永顺宣慰司志》卷二载：“驴迟洞沿革：古蛮夷地，秦属黔中，汉属武陵，唐为富州，五季为静边都大乡、三亭、陇西等县地，宋为下溪州，元因之。时向达迪踵、向莫踵元为洞民总管，明洪武三年内附，改为驴迟洞长官司，属永顺宣慰司。形胜：附近司城，地当要道。”

驴迟洞长官司遗址位于永顺县芙蓉镇保坪村大龙组，整个遗址呈椭圆形，面积约为4500平方米。现村民均为向姓，自称清代从腊惹洞（现雨龙村院子组）搬迁到此处居住。由于长期以来的生产活动破坏，遗址损毁较为严重，地表可见大量明清时期的残砖以及青条石、柱础等建筑构件，同时，在大咱组还发现有用青砖做围墙的院子两座（围墙大部分残损），从地表采集陶片等实物标本的特征分析，属明清时期遗物。另在遗址区发现文庙，村小学曾设于此，现已迁址，整个布局与基址保存尚好。武庙位于文庙南约百米许，现遗迹无存。另在大龙村的新基湾发现券顶砖室墓和墓冢，原有墓碑，毁于“文革”，墓主身份无考。

民国《永顺县志》：“上榔保大龙村驴迟洞右偏有古树古墓，封若堂坊，相传为长官宅兆，荆棘丛生，石刻翁仲及石狮皆卧颓松楸间，其碑碣亦复苔霾藓蚀，字迹模糊莫辨，殊属可惜。又捞子庄以多古冢，砖石封其面，前立片石有称皇明诰封永顺司总统委官向大廷字事章者，有称皇明诰封永顺统委官员向有芳者，有称永顺司军政厅向应朝字少松者，代远年湮，莫辨其后裔为谁。”

又民国《永顺县志》：“四大天王庙在上榔保大龙村，道光中向、彭、孔、孟、王五姓建，故又称五庙。相传其神飞鸟化身，自辽东来。因塑木像四尊，披曳蓑衣，脑后皆若鸟翼之覆，土人牲帛供奉，时伏腊禴属不绝。其左厢配享者为向宗彦。”

以上遗迹与史料记载的三州六洞之一的驴迟洞在原上榔保（现保坪乡）大龙村的史实是可信的（图版三〇，4；图版三一，1）。

3. 王村官署遗址

位于永顺县南酉水河北岸，距县城25公里，营盘溪小河自东向西流入酉水。因旅游开发需要，籍借名人刘晓庆主演的电影《芙蓉镇》，昔日的王村镇已更名为芙蓉镇。王村东西南三面环水，北靠大山，地势东高西低，一条5里长的青石板街从酉水河码头由西向东拾级而上至五里牌营盘，街道两旁青砖瓦房，鳞次栉比，商铺林立，错落有致。

王村原为西汉酉阳县治所，因得酉水舟楫之便，上通川黔，下达洞庭，自古为通商口岸，水、陆交通枢纽，素有“楚蜀通津”之称，享有“酉阳雄镇”、“小南京”之美誉，也是“湘西四大名镇”之一。据民国张文琴《永顺县志·地理志》载：“王村在县东南四十里，即施溶土知州旧地，上通川黔，下达辰常，为水路要津。雍正七年置施溶巡司，八年改王村，在北河北岸，傍山临水，磴道崎岖，为永顺门户。往永顺者，从此搭舟登岸，水路通衢。”其案语为“王村当是麦着黄洞长官司故地，《通志》作施溶上州者，误。施溶土知州在施溶保，已详。”根据既有的考古调查资料，民国县志所载王村为麦着黄洞长官司可能有误（麦着黄洞在老司岩，见老司岩城堡），不过，根据其便利的水陆交通及其所占据重要位置，其在土司时期的位置应当相当重要：一方面可以凭借便利的水运条件与外界互通有无；另一方面，因其处于老司城的南大门，充当彭氏土司的西南门户，军事地位亦当极其重要。至清改土归流后，雍正七年，在原施溶州地设巡检一员，寻改王村。九年，建制衙署[①]。

---

①民国《永顺县志》：“王村巡检旧署在王村，清雍正七年改土，廷议司治洞六十里之施溶州应设巡检一员，寻改王村。九年，巡检王讲孝领帑建大门，中□大堂。”

由于20世纪70年代初凤滩水电站的建设，王村一带酉水河两岸的台地与古遗址、遗迹亦随之淹没，现王村古镇还保留有土司时期的官署遗址，如校场坪、衙门坪、屯兵的营地以及战国、汉代的遗址和墓群等。

王村水、陆便利，自古以来就是重要交通枢纽。交通网络可谓四通八达，依水路可上通川黔，下达辰常，入洞庭进长江；依陆路，有古道东可到羊峰卫至永定卫，北可达石堤吊井进入老司城，南可通过克必进入列夕古镇。王村凭借重要的战略位置成为历代兵家必争之地，也是土司时期的重点防控区域，在水域防御方面可直接扼控酉水，与腊惹洞、驴迟洞、施溶州洞、麦着黄洞诸长官司遥相呼应，自成一体（图版三一，3）。

4. 九官坪官署遗址

位于石堤镇九官坪村，据《彭氏族谱》载："九官坪系永顺土司后裔彭明义居住地，系彭世麒第九子，其在此定居后与当地百姓关系融洽，深受百姓爱戴，尊称明义为'九官人'。"其居处也被人们称为九官坪。

由于地处居民集中区，长期生产生活活动，遗址破坏较为严重。现仅存清代牛王庙一座。原庙为三进，"文革"期间拆毁前两进，残存最后一进，保存较好，现为村民的杂物房。建筑为歇山顶穿斗抬梁式砖木结构，以红砂石为基础，此类型建筑保存至今实属少见。

彭明义墓　位于古村寨后山山腰，20世纪90年代末，由彭氏后裔重修。墓碑上刻："公讳明义，考谱系唐代□君公二十三世孙，湖广都司指挥使诰封龙虎将军永顺等处军民宣慰使世麒之第九公子也。兄明辅公承袭司职后，公乃营别墅于九官坪，与文人学士游□□书□学，有孔子杏坛朱□鹿洞风，人所共仰，今犹啧啧称焉。公德配向夫人，性娴淑，治家谨严，内助有方，人称女中尧舜。生五子，长宗道，其后嗣洪源迁居砂坝何家村，现有子孙一百八十人。次宗□，长孙翼冲，其后嗣洪源迁居车坪业湖中坪，文魁迁居三宗田彭家坡，次孙翼劲其嗣无镇，迁居石堤岩溪，现有子孙六百二十六人。次宗明后嗣洪源迁车坪，现有子孙一百二十人，五宗相迁居塔卧九冲。唯三宗德其后嗣住址不详。"

5. 黄峒官署遗址

位于永顺县朗溪乡黄洞村旧村小组，南距乡级公路约50米。遗址呈不规则形，面积约6780平方米。西北部有石板铺就的"官道"，因年代久远及村民的生产活动，遗址内原地面建筑已损毁，仅存原官署石墙基，分析应为四合院式建筑。遗址东有一条小河由黄洞西北向东南流过，周边分布有寺庙和遗址。

土司营盘遗址　位于永顺县朗溪乡营盘村，属黄洞土司时期遗址，地处一小河冲积的台地上，呈不规则形，面积约3000平方米。遗址内文化层堆积较厚，地表散布明代瓷片，当时的地面建筑已完全损毁，仅存部分石墙与土墙。遗址内现有居民40多户，现存建筑大多为悬山顶穿斗式木架结构，部分区域依地势还建有吊脚楼。

玉皇山古庙遗址　位于永顺县朗溪乡营盘村玉皇山山顶东部，坐北朝南，面积580平方米。现庙宇房顶已全部损坏，仅存六间用条石建造的墙壁。该古庙做工考究，每间房均有石门，现残存墙体高3.5米，墙厚1米，面阔22米，进深8米，四周有石砌围墙。另有十一块记事碑，据石碑上记载，该古庙始建于明代，清中期毁于火灾，清光绪年间重建。该庙址三面为悬崖绝壁，于山顶可遥望永顺、大庸、沅陵三县市。

6. 旧村官署遗址

位于润雅乡润雅村润雅组，南有大基老山，东有燕子山，北依茶园佬山，润雅小河从寨中由东向西流过，整个官署遗址坐落于三面环山的谷地，坐北朝南，面积约1.8万平方米，现存建筑20余栋，多为彭姓家族后人居住。离旧村官署西方约3里有一小溪叫“下马溪”，据当地百姓传言当时是文官下轿武官下马的地方。最近彭氏后人所修的润雅《彭氏族谱》引述《永顺彭氏土司历代稽勋录》称：早在彭世麟时，便将儿子彭明仁派往润雅，建署立政。润雅因其山川秀美、风水吉祥而被民间称为“三个半屋场”之一，土司时期便有“润雅称官舍二房，闰衙者二府也”之称，足见其在土司时期的重要性。

现存旧村官署遗址当为土司彭世麟之子明仁公署，现残留大门基石、石柱础、昆仑庙遗址、围墙、大基老石室墓等。润雅官署是永顺土司自澧水干流通桑植、大庸的重要军事防御前沿行政官署，也是其出入东北门户的重要陆地驿站。

7. 田家洞长官司遗址

位于古丈县断龙乡田家洞村三组，南有断龙山，北有龙霸溪山，西有塘上包，呈三面环山之地，村民普遍居住于山腰或山顶。田家洞具体治所正史虽未载及，目前对其地理方位的判断，只能够依据于田野考古调查及有限的地方志乘。

《永顺宣慰司志》卷二载：“田家洞沿革：古诸蛮夷地，秦属黔中，汉属武陵，唐为溪州，五季为静边都大乡、三亭、陇西等县地，宋为下溪州，元因之。田胜祖元为洞民县官，明洪武三年内附，陞为田家洞长官司，属永顺宣慰司。形胜：危峰窈谷，鸟道云栈。襟带北河，控引保靖。”又据乾隆《永顺县志·沿革》记载：“田家洞，今永顺县南一百里，田家堡地。”同时，乾隆《永顺县志·沿革·市村》也载：“田家洞，在县南，离城一百里，为苗洞总路，居民聚集，重岗叠巘，亦要区也。”又据严如熤《苗防备览·险要》载：“田家洞，西南一百一十里，旧设长官司，为永保土人寨落，攒簇排列，重岗叠嶂，地险民勤，奸苗不敢轻犯。”

以上的记载基本吻合，据此分析，田家洞长官司治所位于今界连保靖的古丈县断龙乡田家洞村应无多大问题。在清雍正年改土归流之后，撤司设保，在基层推行保甲制度，田家洞地区设田家保，是当时所设置的永顺八保之一（图八）。

此外，田野考古调查资料也给我们提供很多极为重要的证据，现今的田家洞村居民主要以田姓为主，虽杂有黄、彭等姓，但是田姓仍然占据村落人口的70％。田家洞边喜哈村罗洞祖的“新基垄”，发现一砖室券顶墓，墓主为田包才，墓碑及墓门封砖残塌，田姓后人曾于1998年重新砌补立碑。根据当地记述先祖世系名录的《思遗簿》抄本，田家洞及嘻哈村一带的田氏皆以田炮才（“包才”）为祖公，且其簿本中多有“祖公：四赖、和善、田荩臣、包才、马才……”之类的称谓。另外当地人田福祖编纂《田氏族谱》所载世系：“田乃有—田河尚—田炮才—田万魁、万星、万胜、万利、万柄、万金、万林、万凤……”称田万胜世居田家洞。现存于老司城土王祠内的德政碑也载有“田家洞田万胜”一目。结合上述谱书所载世系，炮才为田荩臣别号当无问题。因此，地方史乘关于田家洞的记载应该是可信的，这也与严如熤《苗防备览·舆图·苗疆全图》中所标示的田家洞的位置大体一致。

此村寨原为田姓土司屯兵镇守的要塞，为三州六洞之一。由于现代城镇建设，田家洞原有寺庙均被拆毁另辟他用，仅存官署局部围墙与台阶。田家洞末代土司田荩臣（当地人亦称“包才”或“炮才”）之墓还保留在衙署区东北约200米的新基垄。这一墓地距离田家洞遗址较近，第四纪网纹土堆积较厚，按当时风水理念，是一处理想墓地。该墓冢较大，青块石围砌，据封土规模推测，可能为合葬墓。邻近的古代和现代墓葬多安葬于此，且排列有序。参考永顺土司墓葬形制分析，此种排列很接近于永顺土司末期家族墓地排列的规律。官署遗址区域内现遗留有石柱础、房屋基础以及田氏家族墓地。

8. 白岩洞遗址

位于龙山县桶车乡白岩村二组，南北两边为大山，中间是较为平坦的谷地,白岩小溪从

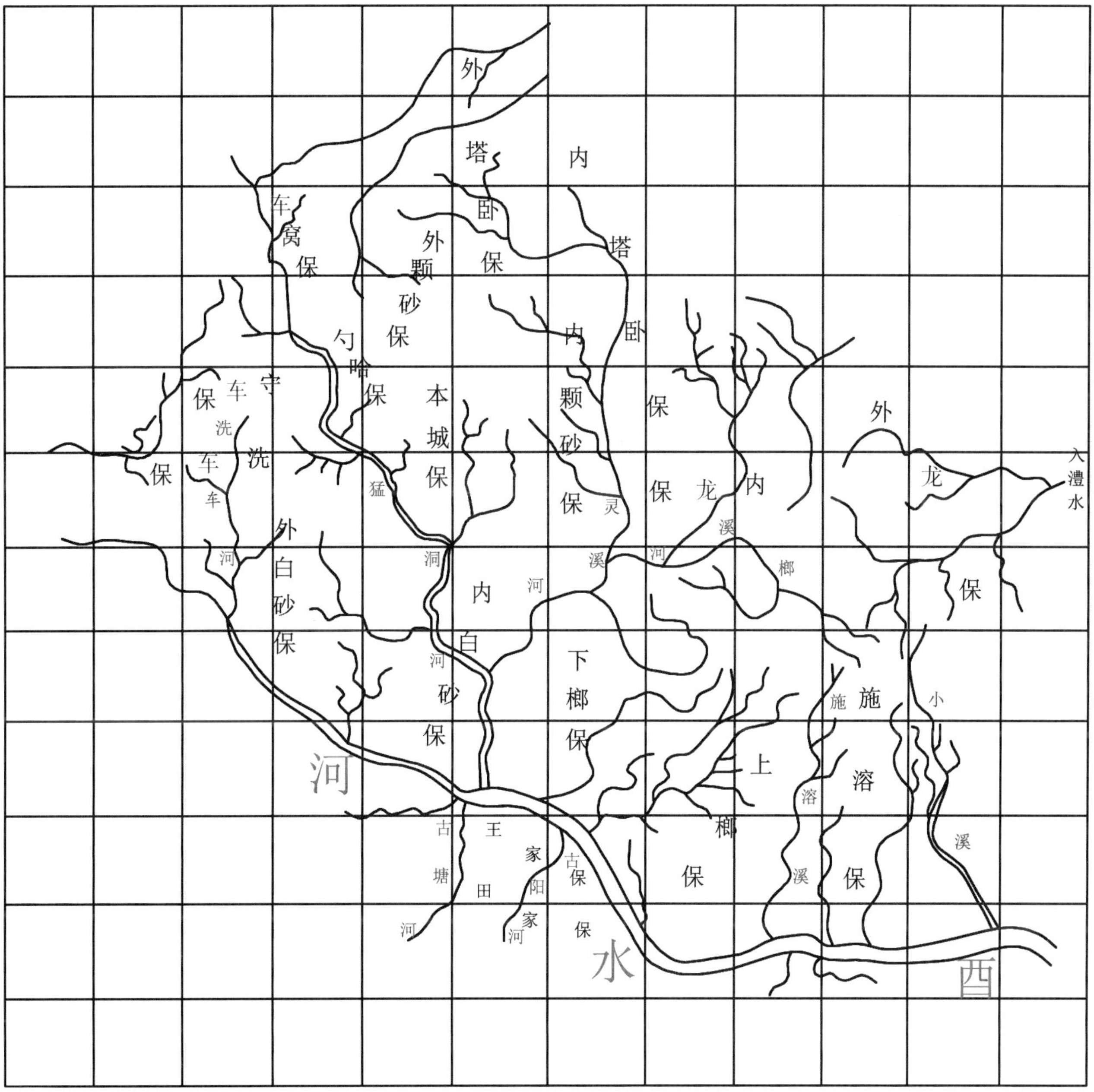

图八　永顺略图（每方二十里　民国《永顺县志》）

村中自西向东流过，占地面积约4万平方米。据乾隆《永顺县志》载：“白崖洞长官司，古诸蛮地，秦属黔中，汉属武陵，唐为锦州，五季为静边都大乡、三亭、陇西等县地，宋为上溪州，元因之。张那律为洞民总管，明洪武三年内附，改升白崖洞长官司。”民国《永顺县志》载：“白岩洞长官司，元曰白崖洞，属新添葛蛮安抚司，隶湖广行省。明洪武三年改属永顺军民宣慰使司。清初仍旧，改土后为龙山县地，谓之白崖里。”

白岩洞长官司辖地为龙山县境东北部，现桶车乡境内有司城堡、长官桥等相关地名遗存，其司治应位于今桶车一带，白岩洞遗址可能即其治所。遗址内发现有小石拱桥5处，土夯墙1处长约10米，明代柱础2个，明清时期青砖券顶墓4座，其他均已损毁。

小 结

在永顺司境内，按永顺土司地理位置和水陆交通便捷情况，将主要的行政长官衙署设立在东南沿澧水、酉水、施溶溪一带的交通枢纽、贸易繁华的集镇。东有润雅旧村行政官署，主要负责东部澧水一带的行政事务，是经澧水出入张家界的主要行政官署。东南有黄峒官署，主要负责施溶溪流域的行政事务，是陆路进入张家界、沅陵等地区的行政官署。南部田家洞官署和腊惹洞官署、驴迟洞官署遥遥相对，其中腊惹洞官署、驴迟洞官署又呈东西对应，是扼守在酉水北岸的两个综合性行政官署，酉水交通便利，王村又是很重要的古镇，地理位置非常重要，是古代兵家必争之地。田家洞官署在酉水南岸古丈的断龙，主要作用也是为了更好加强酉水两岸的行政管理，负责保靖、古丈等地的行政事务，并镇防苗民。

土司官署多设立在水陆交通发达、经济发展较好、自然条件优越的地区，发挥着经济上供给老司城、军事上拱卫老司城、行政上维护老司城这一核心地位的重要作用（图九）。

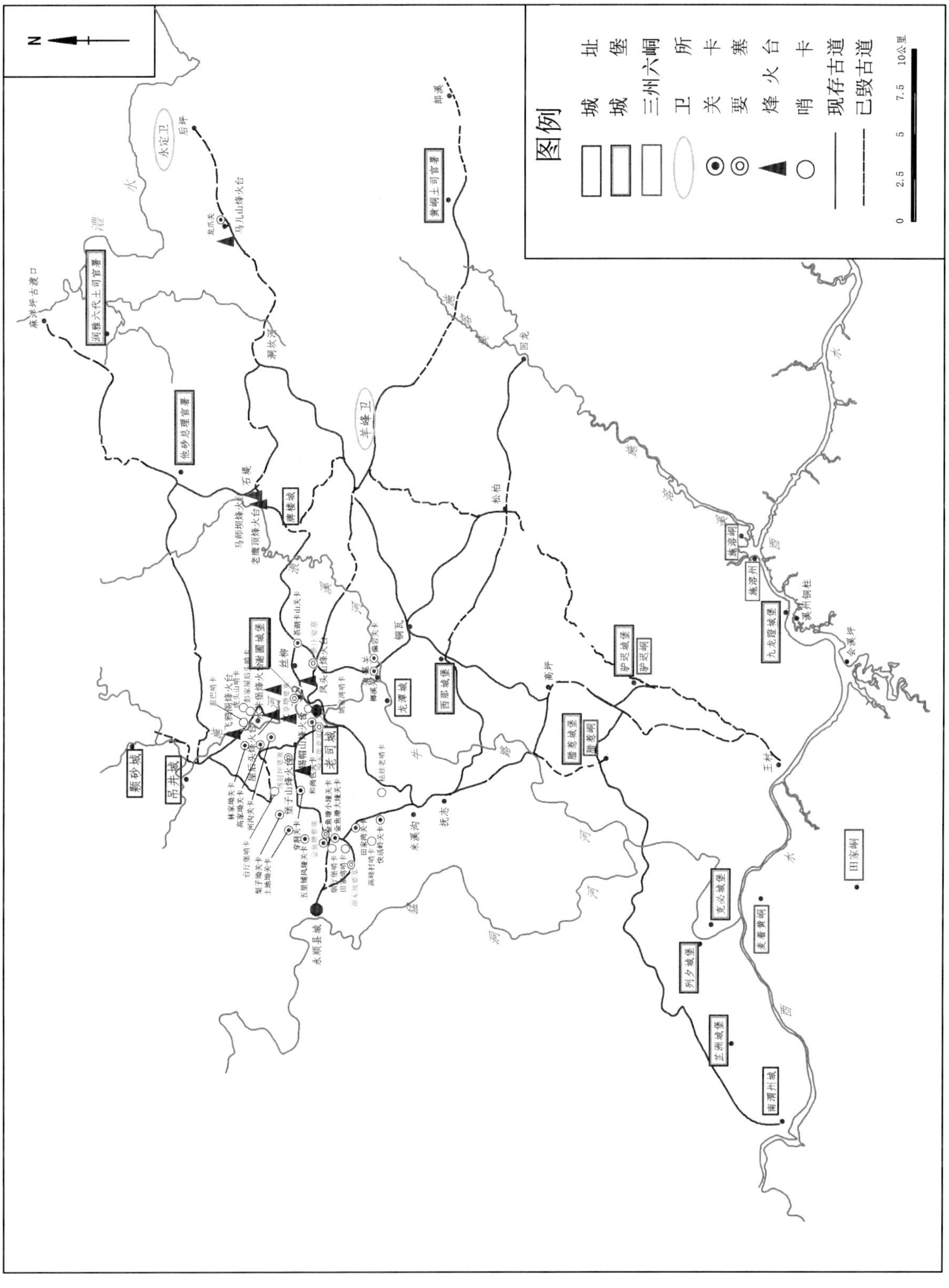

图九　永顺土司要塞、关卡、哨卡、烽火台分布图

第三节 古村寨

古村寨统计表

编号		名称	地理位置	GPS测点	海拔（m）	面积（m^2）	现状	备注
序号	分类号							
67	1	骡子湾古村寨	永顺县灵溪镇司城村骡子湾组	N：29° 00′ 29.5″ E：109° 56′ 57.2″	385	7000	一般	
68	2	泽树古村寨	永顺县灵溪镇泽树村	N：28° 58′ 03.7″ E：109° 53′ 05.1″	512	20000	差	
69	3	卡壁湖古村寨	永顺县灵溪镇鲁纳村卡壁湖	N：29° 00′ 11.8″ E：109° 54′ 08.2″	554	11000	差	
70	4	鲁纳坡古村寨	永顺县灵溪镇鲁纳村	N：29° 00′ 11.4″ E：109° 54′ 08.6″	583	15000	一般	
71	5	张家寨古村寨	永顺县灵溪镇金鱼塘村	N：28° 56′ 41.1″ E：109° 54′ 13.9″	518	9000	一般	
72	6	葥些塘古村寨	永顺县灵溪镇金鱼塘村	N：28° 57′ 04.9″ E：109° 54′ 23.1″	526	8500	差	
73	7	皮匠铺古村寨	永顺县灵溪镇雨联村	N：28° 57′ 51.4″ E：109° 53′ 56.3″	567	10000	一般	
74	8	高峰坡古村寨	永顺县灵溪镇高峰村	N：28° 59′ 17.1″ E：109° 53′ 26.7″	538	18000	一般	
75	9	葥些上寨古村寨	永顺县灵溪镇高峰村葥些上寨	N：28° 58′ 45.7″ E：109° 56′ 32.1″	423	15000	较好	
76	10	葥些下寨古村寨	永顺县灵溪镇高峰村葥些下寨	N：28° 59′ 01.9″ E：109° 56′ 56.1″	382	10000	较好	
77	11	他洞古村寨	永顺县高坪乡那丘村他洞组	N：28° 49′ 03.2″ E：109° 54′ 57.2″	450	11000	好	
78	12	海泽沟古村寨	永顺县高坪乡三角岩村	N：28° 57′ 11.3″ E：109° 58′ 41.0″	444	1300	一般	
79	13	雨禾古村寨	永顺县高坪乡雨禾村铺上组	N：28° 52′ 00.0″ E：109° 55′ 51.3″	477	3500	好	
80	14	大咱古村寨	永顺县芙蓉镇毛冲村大咱组	N：28° 49′ 52.6″ E：110° 00′ 23.5″	569	550	好	

编号		名称	地理位置	GPS测点	海拔（m）	面积（m^2）	现状	备注
序号	分类号							
81	15	且茶古村寨	永顺县芙蓉镇发树村且茶组	N：28° 46′ 04.2″ E：110° 01′ 10.6″	782	56000	一般	
82	16	那丘古村寨	永顺县芙蓉镇那丘村院子组	N：28° 48′ 27.2″ E：109° 54′ 53.3″	474	11000	较好	
83	17	集六古村寨	永顺县长官镇集六村中寨组	N：28° 47′ 17.1″ E：110° 05′ 08.7″	285	20000	较好	
84	18	集坪古村寨	永顺县长官镇长官居委会中寨组	N：28° 48′ 05.4″ E：110° 06′ 17.3″	235	20000	较好	
85	19	自生桥古村寨	永顺县吊井乡自生桥村	N：29° 57′ 50.0″ E：109° 02′ 12.9″	335	12000	差	
86	20	马洞古村寨	永顺县石堤镇前进村马洞寨	N：28° 59′ 40.2″ E：109° 59′ 42.5″	567	45000	好	
87	21	科洞古村寨	永顺县抚志乡合作村科洞组	N：28° 56′ 15.7″ E：109° 56′ 15.7″	461	7000	好	
88	22	观房湾古村寨	永顺县松柏镇大桥村五组	N：28° 51′ 22.5″ E：110° 04′ 45.0″	693	65000	一般	
89	23	五官坪古村寨	永顺县润雅乡五官坪村五官坪组	N：29° 06′ 09.3″ E：110° 07′ 22.3″	408	16000	差	
90	24	洗车河古镇	龙山县洗车河镇	N：29° 04′ 31.3″ E：109° 31′ 53.8″	288	30000	一般	
91	25	老洞古村寨	龙山县洗车镇老洞村谢家寨组	N：29° 05′ 42.0″ E：109° 32′ 37.2″	250	30000	一般	
92	26	捞车河古村寨	龙山县苗儿滩镇捞车河村	N：28° 59′ 47.2″ E：109° 30′ 16.1″	261	60000	一般	
93	27	石牌洞古村寨	龙山县石牌镇上母村4组	N：29° 36′ 19.5″ E：109° 36′ 12.7″	590	15000	一般	
94	28	隆头古镇	龙山县隆头镇隆头村	N：28° 52′ 14.9″ E：109° 26′ 34.3″	264	5000		淹没大半
95	29	大喇司古村寨	龙山县隆头镇大喇司村	N：28° 51′ 30.6″ E：109° 27′ 34.9″	230	5000		淹没

1. 骡子湾古村寨

位于司城村博射坪西南1公里处，相传该地是永顺土司关骡子的地方，现有居民10余户，面积约7000平方米，古道由骡子湾上梨子坳经龙沙湖至金鱼塘。此村寨曾设客栈为过往商旅提供食宿，早期居民多田、王姓，田姓居民为田尔根后裔，因田尔根负罪为朝廷杀害，田姓迁走，田氏祖屋卖予沈家。现遗存有晚清时期雕花石柱础、大巴枯杨泗庙遗址和明清墓葬等。墓葬多为土坑墓，部分保存完好，少量砖室墓，多被盗掘。村口东侧有田公□□墓碑，刻有“生于嘉庆甲子□殁于同治”，年代与田家屋场雕花石柱础相近。

2. 泽树古村寨

位于高峰村西南约2公里，老司城至高立山观猎台古道经此过，村落分三片区集中于小溪旁，约60户，占地面积约2万平方米，居民最初为彭姓，现多杂姓。这一带山峦起伏，地形复杂且地下水丰富，多见有天坑、山塘和水井，茂密的植被与丰富的水源，加之兼有宽敞的平地增添了高山上的日照，成为禽兽嬉戏觅食的最佳天然动物园，故明代土司喜于此围猎，现高立山还有土司彭世麒围猎时留下的勒石刻“观猎台”。该村寨可能就是专为土司狩猎设置的休闲场所之一，现村寨附近发现土司时期的遗址2处，墓地3处。

彭家老屋场遗址　位于村落内，据村民讲述此处曾建有四合院大屋，有马栏、楼子，下有水塘，主人可在楼上钓鱼，现毁。

官厅岭摆手堂遗址　位于村寨西南官厅岭前的台地上，现存寺庙一间，前有坪场及古柏树若干，老辈人曾于此跳摆手舞，庙内供菩萨四个，有灵官。据村民介绍，1950年拆除摆手堂时内供有彭士愁神位。1961年大旱，村民曾聚集于此祈神求雨。

彭应惠墓　位于村中马溪枯公路坎上，现存封土，有墓碑，上铭记墓主“生于雍正乙巳年，殁于嘉庆庚申年”，乙巳年即雍正三年（1725），传为此地彭氏祖坟之一。

新基包墓地　在田夹枯对面，为青石灰岩券顶墓，原有封土五座，现已开垦为耕地。

田夹枯湾墓地　暴露砖室券顶双室墓一座，封土以岩石围砌，石灰粘合，墓砖及圈岩石于20世纪70年代被生产队拆除修筑河堤，现残存部分方砖，应为墓室内的铺地砖，墓葬出土物不详。

从现有各遗存分析，该村寨在土司时期至改土归流后相当一段时间为土司族属及后裔居住。解放后，人口流动加速，外地人逐渐迁居于此，形成杂居局面。

3. 卡壁湖古村寨

翻越高峰山界，由土地坳西南盘山而下1公里至卡壁湖。居民为潘姓，从猛岗迁来。古道从中穿过村寨，其中村口至鲁纳坡一段被破坏。村口西南有古井一口，泉自岩缝出，量大，清澈甘甜，现砌成方井取水。此外，20世纪90年代，村民潘承贵整理屋场时挖出汉代錞于一件（移交原永顺县文物管理所），说明这一带自古以来人类活动较为频繁。

4. 鲁纳坡古村寨

位于卡壁湖山腰下1.5公里处，又称“落银坡”，据传旧时村民追赶抢劫犯，银子掉落于此而故名。蒴些塘经榆腊树至“猛洞别墅”古道穿寨而过，居民以朱姓为主，自称祖先由慈利迁来。寨内现存摆手堂遗址、古树、古井等；村北的油房哨卡因公路建设而破坏；在杨家坟和茶洞一带发现有石灰岩砌的古墓葬。

5. 张家寨古村寨

位于快活岭西南山坳内，米溪沟、飞砂坡至蒴些塘石板古道穿寨而过。原居民以张姓为主，村寨兴盛时，人口多达三四百，堂屋百余个，现已衰落，仅剩10户。寨内现有水井一口，附近有关卡、墓葬等遗存。

快活岭关卡　位于张家寨东北300米的坳口，为永顺、蒴些塘去米溪沟、抚志、王村方向的唯一通道。石板古道从蒴些塘寨中直上经该关卡，关卡东侧小山包顶上存有碉堡，西侧大山包顶上还有战壕，直接管控关卡及快活岭经蒴些塘古道。据当地村民反映，该关卡原设有驿站，古道上有凉亭，往来商旅熙攘不息，于此休憩。

枯丝佬哨卡　位于张家寨东北枯丝佬山上，东北正对快活岭关卡，与大包、小包呼应。古道经其山脚而过，南下飞砂坡山谷，西南有道路通往七可罗、竹根坡、泽树、高立山、猛洞河方向。尽管遗存多为民国时期，但与土司时期防御遗存重叠，这也说明其历史以来军事防御位置的重要性。

墓葬　位于寨西南长代枯山岗上的马家照，系石室券顶双室墓，传为张姓祖坟。

6. 蒴些塘古村寨

位于快活岭东北的山坳中，昔为彭、田二姓聚族而居之地，后迁往他处，此地局部被开辟为耕地，现有数户居民仍居于西山脚。据村中老人讲述从金鱼塘至蒴些塘，每间距15里设一塘，这里是老司城西部由王村去“猛洞别墅”的必经之地。现村寨周围山岗存有多处石室券顶墓和其他遗址4处。

田家水井　在田家湾坎下，条石券顶，有纪年“嘉庆十二年冬月，田姓修整”。

岩井湾水井　在田家湾东南山脚下，为长方形石穴，泉水从石缝中渗出，为当地居民饮用水源之一。

田家湾遗址　在药些塘东北山湾台地，曾为田姓聚居之地，后田姓迁往万坪，现仅存居民2户。遗址内有水井一口名田家水井，水井旁有题刻"嘉庆十二年冬月，田应远、田［应］奇、田启德"。

摆手堂遗址　在天堰西南的一块平地，原建筑面对天堰，旧时遇旱村民祈雨于此，解放后此俗废弃。

那丘湾里遗址　在西北寨口山湾，遗址的建筑基址2米以下发现砖、瓦、瓷片、柱础等建筑残件。据村民反映此处原有四合院建筑。

天堰遗址　位于村寨西部，村民建房挖基础时，五六米未见底，出土有瓦片、瓷片、石板等，原有石板古道经此，现毁。

黄土坡墓葬　块石券顶双室墓，被盗，仅遗有人骨。

岩井湾墓葬　块石券顶双室墓，被盗，遗有人骨，墓主不详，推测为彭家湾人的墓地。

田家祖坟　碑文记"生于乾隆"、"卒于咸丰"，此处采集有嘉靖中晚期标本若干。

7. 皮匠铺古村寨

即雨洞，分上下两寨，在药些塘北4里处，古道沿小溪沟贯通两寨，现居民有5户，皆杂姓，多沿公路而居，最早居此者为彭姓。村寨附近现存有古井2口，遗址、墓葬各1处。

下寨水井　在小溪沟东边，距石拱桥50米，泉水清澈，原石拱坍塌，后修整。

茶田水井　在皮匠铺公路坎下，原古道经此，水量大，常年不枯，清澈甘甜，原为块石井圈，现用水泥加固。

摆手堂遗址　在雨洞彭超定屋后，现已荒废，残留岩穴两处，用途不详，疑为摆手堂遗存。遗址前有坪场，据村民反映前辈人即于此跳摆手舞。

墓葬　即雨洞上寨新基，为此地彭姓祖坟，位于公路西侧山腰，砖室券顶，封土表面用块石封砌，已被盗，残有墓主遗骸，墓前有古红豆杉1株，直径1米。

8. 高峰坡古村寨

从皮匠铺往东北，经连山坡，下至高峰坡约7里，地势平缓。该村寨位于一山窝内，西靠高峰山界，东面为山谷，可下五马头、罗家寨、卡拿坎、下药些至老司城。西南为一低矮山岗，经马屎坝翻过山岗，去泽树、树起科（即高峰湖）、观猎台至猛洞河岸。现居民以张姓居多，兼有朱、谢两姓。据村民讲述，改土归流后，张姓最先定居于此，散居金鱼塘、蒴些塘等地，后朱、谢姓迁居于此，聚居于高峰山界西侧袁家坡半山腰和连洞、禁果庄一带。在村寨内外，现存古井、墓葬、寺庙等遗存。

水井　位于古树坪西北50米处的全家湾，原为一岩罅，水从石缝中渗出，现砌有井池、井门，泉水清澈爽口。

向家湾遗址　位于高峰坡西北大山界的坳湾中，南北山脊在此几乎全部合围，形成的缺口不足10米，为进出路口。遗址地势较高，可俯视全寨，湾内台地多，面积大，长约300米，宽约200米，现为稻田与旱地，稻田后坎有水井，现为蓄水坑。在遗址处采集有明代晚期遗物，另发现有古墓葬，封土明显，传为向家祖坟，现已无人祭扫。相传这里曾一度人畜兴旺，鸣锣开餐。

马屎坝遗址　在村西南山脚，传为土司养马场。有古道经此通往泽树，此处地下水丰富，曾设碾房。遗址现为稻田和旱地，居民均迁往交通便利地带。现场采集有清代遗物。

摆手堂遗址　在向家湾前的古树坪，原有古树数株，1958年伐毁。据村民讲述，摆手堂建于该坪地，木构建筑一间，西北—东南朝向，解放前焚毁。

五谷庙遗址　在村东南山谷处的小山岗上，解放前毁，现为旱地。相传旧时玩龙灯，必先于摆手堂及五谷庙前祭拜。

高峰哨卡　位于马屎坝遗址前平地中隆起的山包顶部，可监控金鱼塘、皮匠铺、泽树、五马头方向的情况。

墓葬　位于马屎坝遗址北边小山岗的梅山包上，为石室券顶墓，20世纪60年代被掘开，墓主与随葬品不详。

9. 他洞古村寨

位于高坪乡那丘村他洞组。古村寨坐落于群山之中，东为卡木枯，南通没贴自然寨，西并那丘，北靠啊弄。

古村寨原为向氏族人聚居，现存20余栋民居，多为穿斗式木架结构，少量四合院式建筑。寨内普见石灰勾缝的大青条石保坎，青石板铺砌的巷道串通每户，明沟排水设施也极为考究。在村寨东100米处原有榨油房，现已作耕地。油坊东70米处为向氏家族墓地，能识别的墓葬有40余座，其中暴露双室券顶砖室墓1座，余者大多为青石券顶单室或土坑墓。土司王族之间联姻自当惯例，相传土司王之女曾嫁于此地向氏祖公，赠有牌匾、对联等，实物毁于20世纪70年代。这一带是腊惹洞和驴迟洞土司活动频繁的地带，也是陆路交通枢纽之地。

10. 那丘古村寨

位于芙蓉镇那丘村院子组，坐北朝南，东西为山岗，南北狭长，北高南低，呈坡状台地，整个村落占地面积约11000平方米。居民多以向姓为主。生活水源为村边几口古井。

寨内现存清代民宅10余栋，建筑风格以穿斗式木架结构为主，现存四合院、三合院式建筑数栋，其中最典型的建筑为抗日英雄向民师故居，其布局科学合理，用材硕大，举架高挑，醒目处无不作以雕饰，既华丽美观而又通透采光，堪称当时建筑的典型标本。现村落内有大量明清时期的石柱础、青条石屋基和围墙等遗迹，历史风貌与自然环境保存较好（图十）。

11. 集六古村寨

位于长官镇集六村中寨组，东西两面是神仙湾和锁湖来大山，集六小溪由北向南流出村寨数公里注入酉水，民居傍小溪依山而建，错落有致，堪称人文与自然完美结合的代表。现寨中居民以汪姓为主，张、贾姓次之。

该村落占地面积约2万平方米，现存清代建筑20余栋，一堵青条石墙沿溪扶起东岸的居宅，高挑的吊楼骑在这堵古铜色的护堤上，更衬托出其内在秀色，掩映的花窗，开敞的门庭，通透的宅院，毫无掩饰地绽放奇彩，真感叹于先辈们的妙笔。

12. 集坪古村寨

位于长官镇长官居委会中寨组，施溶溪中游西岸长翅凤山脚下的二级台地，东隔施溶溪与簸箕山相望，焦柳铁路、通乡公路均从该村南北而过，民居依山而建，占地面积约2万平方米。

据当地村民介绍，20世纪70年代因凤滩电站的建设，老长官居民集体移民到附近村寨，部分迁居于集坪，现居民以汪、向姓为主，由于水陆交通便利，社会经济发展较快，所有古建筑均已消失，仅发现明清时期的砖室券顶墓3座，古井一口。老长官即施溶洞长官司，原址内有寺庙两座，长约200米的石板街一条。文昌阁、汪氏祠堂、上司殿等宗教建筑均毁于20世纪50年代和“文革”时期，以上遗存均淹没于库区（图版三一，4）。

13. 自生桥古村寨

位于司城北部的灵溪河上游约12公里处，与吊井古城、岩门塘、老司城相连形成“弓”

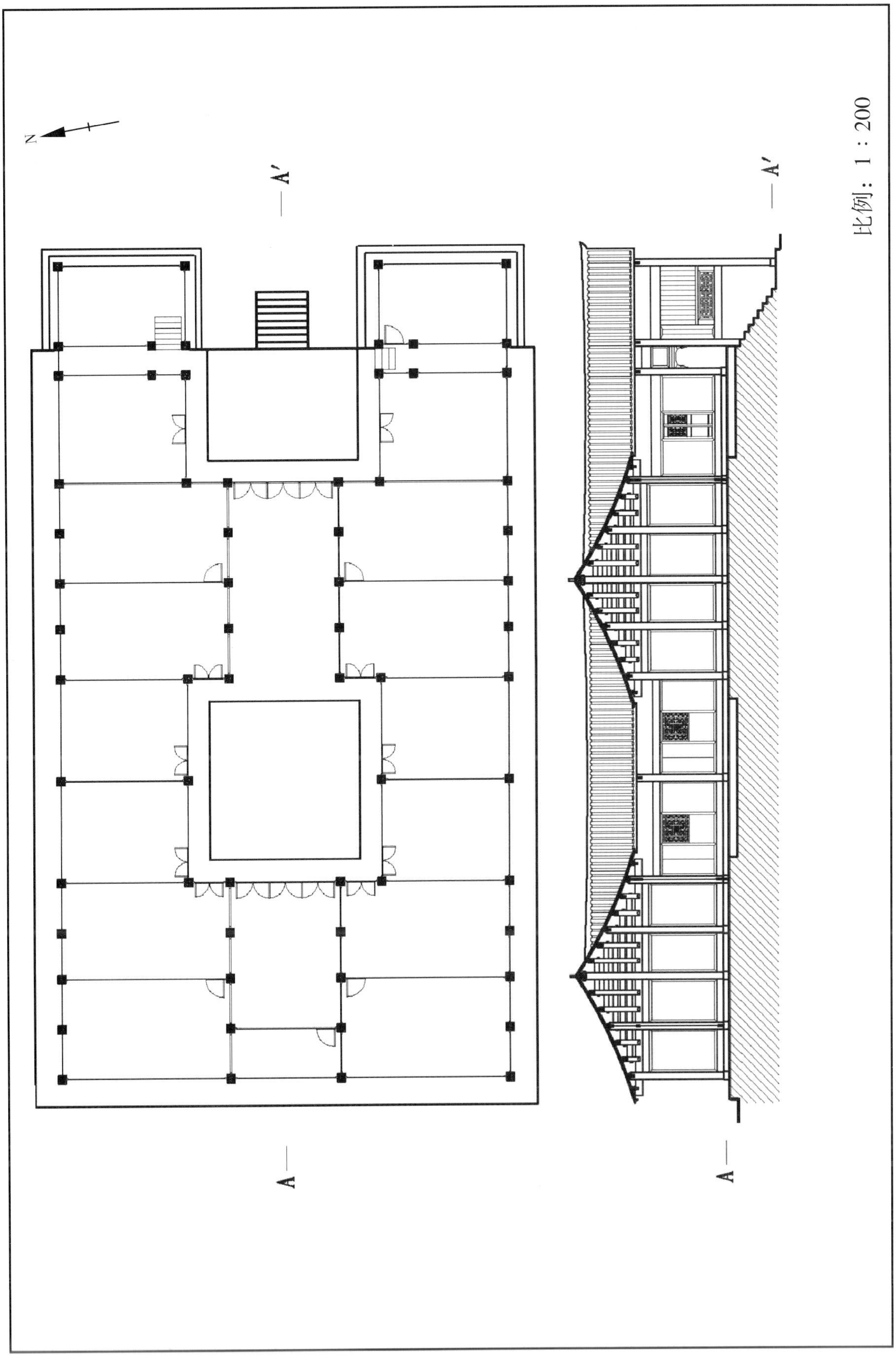

图十　向民师故居平、剖面图

状，吊井古城址与老司城立于弓背两端，自生桥位于弓背中部。该村寨分上下两寨，上寨为黎家湾，以黎姓为主，下寨为揭家寨子，以揭姓为主。因古寨位于水陆交通的三岔口，地理位置十分重要，往南沿河而下途经洛塔坪、谢圃城堡至老司城；向西跨灵溪河，越阿坝坡，上林家坳经岩门塘达吊井古城；往东沿十里冲古道通麻岔抵石堤。现村寨附近分布有洞穴遗址1处（含题刻2处）、古道3条、墓群2处，另有哨卡3处（见前文遗存类之哨卡）。

遗址及题刻　村寨附近有溶洞，洞内以山石和卵石垒砌保坎共三级，均以石灰填缝和抹面，残高1～1.5米，残长5～10米。石壁上阴刻“石桥仙渡”，“弘治十年重阳，宣慰使思垒……”等字。

自生桥至石堤古道　古道宽约2米，石板铺砌，向东途经十里冲、细作湖、龙榨坪、马拉、土地包、麻岔到石堤。

自生桥至谢圃古道　古道宽约2米，向南沿灵溪河而下途经洛塔坪到谢圃城堡。

自生桥至岩门塘古道　古道宽约2米，向西过灵溪河途经阿坝坡、林家坳到岩门塘，系石板铺砌。在临河处保存有残宽1米、残长10米的卵石古道。

彭家屋后头墓地　占地面积约500平方米，现为耕地，系砖室券顶墓，墓砖已被村民拆为他用，部分墓穴被填。另在山脚田坎发现大量青砂石和青砖，均系墓葬构件，由于损毁程度严重，具体情况不明。

王家坡墓地　位于王家坡半山腰，占地面积600平方米，现为耕地，暴露墓葬3座，均为砖室券顶，其中一座墓室长3.5米，宽1.8米，高2米。由于破坏较严重，未发现其他遗物。

14. 马洞古村寨

村寨西距老司城约5公里，东为帕竹溪，南为颗砂洞，北为丝柳组，现有居民200余人。据当地老人反映及族谱所载，村寨曾为土司喂养马的地方，也是过往客旅存放马匹的场所，故称“马洞”，现留存马槽遗迹及碓坑各一处。居民为彭世麒第六子后代，大致于彭廷椿时由保坪搬迁于此，之后，由于彭氏家族内部发生分裂，形成肇、柏、梅三支。该村寨水路可由颗砂洞经平长湾于下寨进入榔溪河；陆路主要由平长湾至祖师殿，与老司城互通；另有经新庄、铜壁通石堤的古道与外界联系。

马槽、碓坑遗址位于马洞自然寨半坡处，原为自然寨，后村民迁居他地，此处荒废，现为旱地，地势平坦。马槽开凿于呈伏牛状的自然山石上，槽位凿于头部宽平处，长0.54米，宽0.26米，深0.1米；碓坑凿于不规则的自然基岩，边长约1.4米，碓坑开口直径0.25米，底径0.1米，深0.2米。

墓地位于马洞东部的七套，东为毕鸡枯，南为迭扎枯，北为东堡，坐东朝西，前后均有通村公路。墓砖大多已被附近村民拆为他用，部分封土尚存。

15. 科洞古村寨

位于松柏西米（西那）去永顺县城古道之间的哈妮宫古渡口上方1公里处。寨子坐西朝东，四面环山，其山势素有“小万马归朝”之称，东临哈妮宫，南为且地坝，西至格老，北抵界上马拉组。寨中有石板街道和干砌墙基，寨内居民全为彭姓，约有140人。后山有榉木、王灵香两株古树。寨上相传有科洞毛人墓尚存，为砖室券顶。同治《永顺府志》载：“毛人者，宣慰彭肇槐之麾下将也，身长丈二，有力，制铁盔重十余斤，为征战所戴，现存科洞彭姓家。”

除相传的科洞毛人墓外，在村民孔凡富茶园中还有庙上墓地，东为摩天岭，南至水井坡，西临科洞寨，北抵姚家铺。墓葬坐东朝西，方向276°，为双室两层券顶砖室墓，青条石封顶，前立墓碑一通，字迹朽蚀严重，仅见“皇清”、“孔世禄”字样，疑为清代早期孔氏家族墓。另一座墓位于庙上墓地北约200米处，青条石封顶。前立墓碑一通，阴刻“明故清□向门汪氏□□□墓”，推测为清代早期向氏家族墓。

科洞古道北通老司城，东连西米至松柏，村寨西下方至灵溪河，有古道至哈妮宫渡口，路宽0.9～2.1米，多为青条石铺砌，遇基岩则开凿踏步，现道路两旁多见古柏树。该村寨是老司城南方陆路出口的重要村落，凭借复杂险要的地势，成为扼守哈妮宫古渡口的主要据点。

16. 洗车河古镇

位于龙山县境内的酉水支流洗车河中游，是湘西名镇之一，红岩溪河、猛溪河在该镇交汇成洗车河，流经捞车、苗儿滩，于龙头注入酉水。洗车河土家语称“席泽”，“席”汉语意译为“草”，“泽”汉语意译为“水”。

洗车河以“津通巴蜀，水达辰沅”之地利，一度成为湘鄂渝黔边区水陆交接、人货出入的重要通道。雍正六年（1728），清政府实行改土归流，解除了“蛮不出峒，汉不入境”的历史禁令，外地商人纷纷进入这一地区进行购销活动。清嘉庆《龙山县志》载：“邑惟桐油为大宗，籍人力搬运，南至隆头镇、洗车河载通小舟，入白河（酉水）以达辰常。江右闽广及山陕皮货客亦贸易于此，归皆易桐油转售他处。”据当时商会统计，仅洗车河的桐油年输出量就达25000桶左右（每桶140斤），成为桐油在本埠交易之冠。为装卸、停泊方便，地方乡绅先后捐资兴修了河东的老码头及王家巷子、关帝宫、万寿宫、乌龟岩、刘家潭、胡家桥码头，以及河西的大河桥、小河桥、巷子口、曾家等10多处码头，均以青石为阶连通街巷。停泊在各个码头上的乌蓬船首尾相衔，舷舭相抵，可想当时的繁忙景象。

经地方相关部门调查统计，在20世纪50年代以前，该流域曾有土家大摆手堂3处，小摆手堂150多处，由此可窥土司时期该流域经济文化繁盛的景象。

17. 老洞古村寨

位于龙山县洗车镇老洞村谢家寨组的阶地，坐南朝北，三面环水，背靠大山，洗车河自东向西环绕而过，整个遗址呈弓背型，占地面积约3万平方米。遗址内发现大量宋代陶瓷片、六朝时期的花纹砖，以及明清时期的石朝门、石柱础、山墙等建筑遗存，另有少量清代古民居和墓葬。

18. 捞车河古村寨

捞车河原称“捞尺车”，土家语 “捞尺”即太阳，“车”即水或溪河之意。“捞尺车”译成汉语指“太阳河”。这里地势开阔，溪流如梳，土地肥沃，是湘西山区少见的平川大坝。靛房河在此与捞车河交汇，形成沿河三岸的惹巴拉、捞车、梁家寨三个自然村寨，数百户青瓦木楼土石院落浑然一体，气势恢宏。

五代时期，这一带是部落首领“惹巴冲”的势力中心，“惹巴”即美男子，“冲”是王或首领的意思。清嘉庆《龙山县志》载：“其先有老蛮头吴著冲，今邑之本城、洗洛、辰旗、董补、洛塔、他砂诸里皆其世土。又有惹巴冲者，今邑之明溪、五寨、坡脚、捞车、二梭、三甲、四甲诸里皆其世土。”又嘉庆《龙山县志·风俗》亦称这里“女勤于织，户多机声”，“土妇善织锦，裙被之属，或经纬皆丝，或丝经棉纬，挑刺花纹，斑斓五色，其丝并家出，树桑饲蚕皆有术”。这种植桑养蚕、自缫自织的生产方式在捞车河一带薪火相传，时至民国，这里的土家织锦成为“东西各国备品陈列”的手工品。现捞车河流域养育了一代代心灵手巧、内美外秀的土家织女。

19. 石牌洞古村寨

位于龙山县石牌镇上母村四组，南北两边为大山，中间是较为广阔平坦的谷地,一条小溪自西向东流过，通村公路与之平行穿村而过，占地面积约1.5万平方米。

石牌洞属于典型的山区丘陵盆地，广阔平坦，光照充足，适宜种植水稻和药材，据当地老百姓传此处曾是当时土司的主要产粮和药材基地。现村落内保留有晚清时期的古建筑数栋，另发现土司时期浮雕红砂岩石板封砌的双室墓、古井等不易损毁的遗迹。

20. 隆头古镇

位于龙山县隆头镇隆头村，古称两江口，洗车河与酉水河交汇于此。两江口为明代两江口长官司治所。史载，元至正二十四年（1364）保靖宣慰彭世雄的长子彭万里，即任宣抚使。明洪武二年（1369），世雄公第三子莫古送（《明史》称麦谷踵）因招讨有功授两江长官职。明永乐元年（1403），莫古送长子可宜（俗称“大虫可宜”）任保靖司副宣慰使，正德年间，保靖两宣慰为争两江口地盘事引起相互仇杀，保靖宣慰乐哈俾（《明史》为药哈俾）被杀，可宜夺权。宣德元年（1426），保靖宣慰大虫可宜曾遣子彭顺进京朝贡。宣德四年（1429），大虫可宜杀药哈俾事觉而逮死狱，革去宣慰职。自此双方仇杀不休，乃撤销两江口长官司。直至正统十四年（1449）大虫可宜孙彭武因战功卓著而复袭两江口长官使职。彭武子胜祖在成化六年（1470）因征断滕峡等地屡建奇功，钦授前职并晋“武略将军”。至弘治初，胜祖已年迈随司理事，但无署印，虑子世英无官，恐保靖宣慰仕珑夺其地，乃奏请世袭，钦允，但仕珑辄沮之，于是仇杀愈深。弘治十年（1497）巡抚沈晖奏请让世英袭文职，而仕珑奏讦不止。是时敕调世英从征贵州，而兵部移文有“两江口长官”字，仕珑疑世英得设官署，不听约束，复奏言之。于是巡抚阎仲宇、巡按王约等，请以前后奏章下兵部、都察院议。令世英归据小江七寨于仕珑，只顾大江七寨听仕珑约束。其原居的两江口，系襟喉要地，请调清水溪堡官兵守之，而涉世英于沱碑，以绝争端。自此，才有大喇司。

由于2002年保靖碗米坡水电站修建，古镇大部分遗迹与遗存被库水淹没。少部分古建筑与个别寺庙现仍保留（图版三二，1）。

21. 大喇司古村寨

位于龙山县隆头镇大喇司村，地处酉水河北岸，西与隆头镇相距约1公里，系原大喇司长官司治所。《龙山县志》载:“大喇司旧为保靖司两江口地，今隶龙山，先是明正德十四年，可宜孙彭惠授两江口土舍，因与保靖宣慰彭九霄不睦连年仇杀，前后许奏累八十余章，御史吴廷举奏请，以大江之右五寨归保靖，大江之左二寨属辰州，设大喇巡检司流官一员主之，惠仍居沱碑，以两江口土舍名目协理巡检事务。”由于2002年保靖碗米坡水电站修建，所有的遗迹遗存被水淹没，现在居民全移居在西水北岸的半山坡（图版三二，2）。

小　结

古村寨主要体现的是从古到今的居民生活，充满着古代原始的生活痕迹，无论是人文或自然景观仍保留有古香古色的韵味。作为少数民族土司地区的居民生活区域，本次调查仅收录统计与土司相关的古村寨29处，其实远不止此，只是初步梳理一些线索。

以上介绍的古村寨多位于老司城通往周边城堡、要塞、关卡、哨卡的古道旁或这些遗存的附近。经调查，在老司城的西部及西北部有泽树、卡壁湖、鲁纳坡、高峰坡、张家寨、莿些塘、皮匠铺、莿些上寨和下寨、骡子湾古村寨10处；东部及东北部有自生桥、观房、五官坪、马洞、科洞、那丘、石牌洞古村寨7处；东南部有他洞、海泽沟、雨禾、大咱、且茶古村寨5处；施溶溪流域有集六、集坪等古村寨2处；洗车河流域有老洞、洗车河、捞车河、隆头、大喇司5处。居于古村寨中的各姓居民，长期以来由于人口的繁衍，外来人口的迁入，生活环境的改变和基本建设，村寨中大部分古建筑和年久失修的老宅已被现代楼房所取代，原有的祭祀等场所也随之消失，现仅存少量明清时期的古建筑局部，以及一些残垣、石朝门基础、石柱础等。这些有限的遗迹与遗物，也是探寻与土司有关历史信息的重要线索。有的古村寨极有可能是当时的城堡或要塞驻军联防站，有的可能是发挥后勤服务保障作用的交通驿站，有的可能专门从事农业和手工业的生产，成为土司集团物资供应基地，还有珍贵木材和药材的砍伐与采集，土漆、桐油、茶油、茶叶等经济作物的生产基地等等，大量物资的储存与贸易，使得一些重要交通津口成为集镇，直接维系着永顺土司政权的生存和运转（图十一）。

第四节　其他遗存

其他类文化遗存包括古道、桥梁、渡口码头、碑刻等。

一、古道

重要古道共28条，依取材方便和主次关系，一般铺块石或卵石。

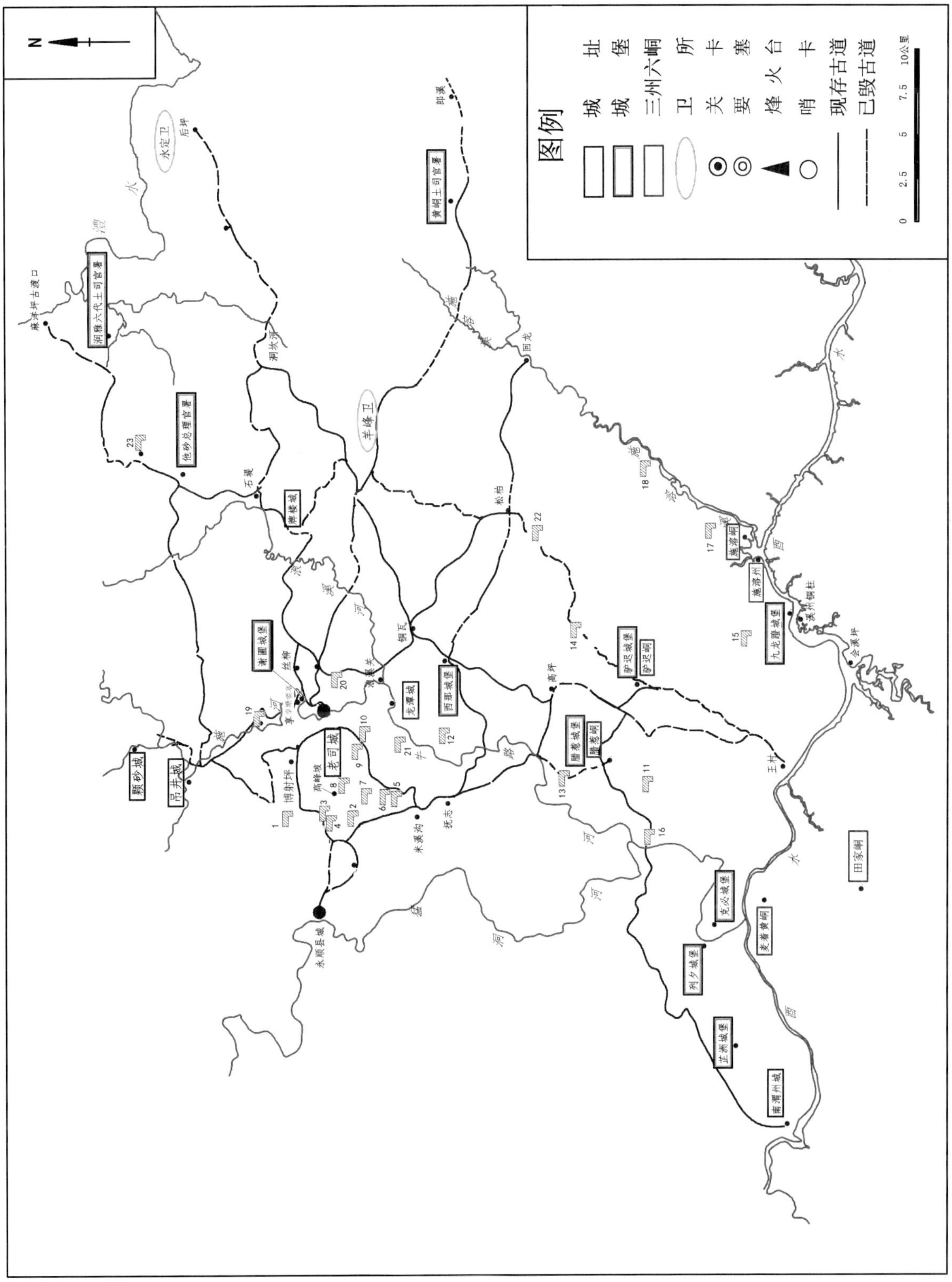

图十一　永顺土司古村寨分布图

古道统计表

编号		名称	地理位置	GPS测点	海拔（m）	长度（m）	现状	备注
序号	分类号							
96	1	老司城至谢圃卵石古道	永顺县灵溪镇司城村响塘寨	N：29° 01′ 30.2″ E：110° 00′ 16.3″	310	4000	一般	
97	2	姚家湾古道	永顺县灵溪镇司城村姚家湾	N：28° 58′ 46.0″ E：109° 57′ 24.0″	302	2000	较好	
98	3	榔溪关至老司城古道	永顺县灵溪镇、石堤镇	N：28° 57′ 44.3″ E：109° 59′ 43.0″	420	6000	好	大部分水淹
99	4	周家湾至马洞古道	永顺县灵溪镇周家湾组	N：28° 59′ 30.3″ E：109° 58′ 37.5″	507	3500	一般	
100	5	十里铺至金鱼塘古道	永顺县灵溪镇孟岗村十里铺组	N：29° 00′ 42.5″ E：109° 54′ 03.3″	503	500	差	
101	6	鲁那村卡毕湖石板古道	永顺县灵溪镇鲁那村卡毕湖组	N：29° 00′ 11.8″ E：109° 54′ 08.2″	724	3000	良	
102	7	鲁那坡古道	永顺县灵溪镇鲁那村	N：28° 59′ 44.2″ E：109° 52′ 50.5″	580	1500	差	
103	8	永顺至岩门塘古道	永顺县灵溪镇孟岗村十里铺组	N：29° 00′ 54.3″ E：109° 54′ 13.4″	508	5000	良	
104	9	老司城至新庄古道	永顺县灵溪镇前进村新庄、司城村司城组	N：28° 59′ 53.9″ E：109° 58′ 41.7″	419	6500	好	
105	10	飞沙坡古道	永顺县灵溪镇雨联村张家寨组	N：28° 56′ 32.4″ E：109° 54′ 13.4″	717	1000	良	
106	11	龙沙湖古道	永顺县灵溪镇司城村龙沙湖组	N：29° 00′ 47.9″ E：109° 54′ 50.6″	698	2000	良	
107	12	岩门塘杜家湾石板古道	永顺县吊井乡花园村岩门塘组	N：29° 02′ 13.7″ E：109° 56′ 22.1″	550	4000	良	
108	13	岩门塘南浩卵石古道	永顺县吊井乡花园村岩门塘组	N：29° 02′ 20.2″ E：109° 56′ 35.4″	532	3000	良	

编号		名称	地理位置	GPS测点	海拔（m）	长度（m）	现状	备注
序号	分类号							
109	14	岩门塘岩场坪卵石古道	永顺县吊井乡花园村岩门塘组	N：29° 02′ 19.0″ E：109° 56′ 36.9″	539	70	良	
110	15	花园门上古道	永顺县吊井乡花园村花园坑组	N：29° 01′ 37.5″ E：109° 55′ 35.0″	690	200	良	
111	16	万世枯茶古道	永顺县吊井乡花园村花园坑组	N：29° 01′ 23.2″ E：109° 55′ 29.3″	683	500	良	
112	17	自生桥古道	永顺县吊井乡毛坪村自生桥寨	N：29° 57′ 50.0″ E：109° 02′ 12.9″	335	200	一般	
113	18	小河沟古道	永顺县吊井乡吊井村6组	N：29° 03′ 52.7″ E：109° 56′ 02.7″	372	1000	较好	
114	19	吊井古道	永顺县吊井乡吊井村6组	N：29° 03′ 38.8″ E：109° 55′ 51.4″	271	3000	较好	
115	20	下颗砂古道	永顺县吊井乡吊井村下颗砂寨	N：29° 04′ 01.9″ E：109° 55′ 31.8″	298	3000	一般	
116	21	吊井至石堤古道	永顺县吊井乡吊井村栗子坳寨	N：29° 04′ 21.2″ E：109° 57′ 58.4″	563	4000	较好	
117	22	皮匠铺至合作古道	永顺县抚志乡合作村	N：28° 57′ 25.7″ E：109° 54′ 57.5″	691	1950	一般	
118	23	科洞古道	永顺县抚志乡合作村科洞组	N：28° 56′ 31.5″ E：109° 56′ 08.0″	507	9000	好	
119	24	打洞古道	永顺县抚志乡打洞村彭家组	N：28° 51′ 26.8″ E：109° 51′ 49.5″	256	200	一般	
120	25	颗砂洞至祖师殿古道	永顺县石堤镇前进村	N：28° 58′ 32.3″ E：110° 00′ 03.9″	504	7500	好	
121	26	茶湖古道	永顺县石堤镇前进村茶湖组	N：28° 57′ 54.0″ E：109° 59′ 36.4″	382	200	一般	
122	27	皮匠铺至王村古道	永顺县高坪乡雨禾村	N：28° 52′ 22.9″ E：109° 55′ 54.1″	401	8000	较差	
123	28	那咱古道	永顺县高坪乡雨禾村那木、那咱组	N：28° 50′ 25.9″ E：109° 58′ 50.1″	576	1000	好	

古道分水路与陆路两大主干道体系。多以老司城为中心，向四周辐射。

水路　溯灵溪河而上，沿岸经谢圃、自生桥、吊井、颗砂、塔卧等重要据点，水路全长约32公里。老司城至颗砂段两岸及断崖石壁多有土司时期的题刻和钓鱼台，可见这一带是土司时期活动频繁的休闲区；由老司城顺灵溪河而下至酉水河，全长约40公里。这一段河床狭窄，两岸多悬崖陡壁，较开阔的台地仅榔溪关和龙潭城遗址一带。其余重要据点均位于灵溪河两岸陡崖高台地，如列夕、克必城堡等，龙潭城以下沿岸既无古道又不见其他遗存，说明这一段水路除非常时期运输而外，更侧重于军事防御方面。

陆路　主要为东、南、西、北四向和西北方向5条干道。

东部古干道　自老司城遗址东南肖家湾出，经新庄要塞、牌楼古城、青天坪、龙爪关至永定卫，全长约63公里。现残存有4段石板古道，约23公里，大多已废弃，其中有2.5公里仍在使用，其余大多毁于公路建设。

南部古干道　自东门出，沿灵溪河左岸，经祖师殿、榔溪关、高家寨至筒瓦接王村至羊峰卫古道达永定卫，全长约61.3公里，现残存古道5段约12.8公里，其余已毁，其中有6公里被哈里宫水库淹没。

西部古干道　自喻家堡始，沿白砂溪而上，经万代屋场、高峰的上寨、田家湾、米溪沟、抚志、雨龙等地，在小龙村接王村至永定卫古道，全长约28.7公里，现残存3段约11公里，其余全毁于公路建设。

西北古干道　由老司城经博射坪、金鱼塘、鲁纳到"猛洞别墅"，全长约15公里。现残存石板古道3段，约7公里，其余大多毁于公路建设。

北部古干道　自监钦湾始，沿灵溪河而上，在谢圃分道，往北经响塘、落塔坪、自生桥、吊井、颗砂；往东北经丝柳、野鸡庄、麻岔、石堤、五官坪、润雅至澧水麻洋坪码头，现残存3段卵石古道及2段石板古道约24.5公里,其余因生产建设所毁，全长约70.1公里（图版三二，3、4）。

另有两条即由永顺"猛洞别墅"经吊井、石堤、龙爪关、永定卫和由王村经铜瓦、羊峰卫到永定卫的古道（图版三三，3）。在这两条线上分布有战国、秦汉甚至商周时期遗址，因此，可以推测这两条古道修建的时间至少推及战国、秦汉时期。

其他几条重要古道　老司城西部有南北贯线两条，一条由小龙村开始经抚志、米溪沟、飞砂坡、张家寨、高峰村的葫些塘、雨联村的皮羊铺至金鱼塘，全长约32.6公里，现残存石板古道7段约24公里,其中有18公里仍在使用，其余损毁。

另一条由抚志三角岩经泽龙坪、泽树、谢家坡至永顺“猛洞别墅”，全长约30公里，现残存石板古道6段约25公里，其中20公里仍在沿用。

老司城北部东西贯线一条，由石堤经吊井、禁果庄、凉水井、花园门上、龙沙湖达博射坪，全长约28公里。现残存石板古道4段约12公里，其余均毁。

小　结

土司时期，永顺土司出入的交通一是靠灵溪河、猛洞河、酉水、沅水、澧水等水路出入洞庭湖，进长江联系京城；二是靠四通八达的陆路古道体系联系外界。即以老司城为核心，本次调查共发现古道28条，其东部古道10条，主要连接沅陵、辰州、永定卫；南部有古道4条，沿河而下可直达抚志通王村入古丈；西部有古道8条，可直通保靖、龙山入酉阳司境；北部有古道6条，经万坪、塔卧进龙山、桑植与湖北土司地区相接。古道作为土司时期联系外界主要通道，不仅商贸繁华，还具有重要的军事作用，在各条古道上，不仅设有哨卡、关卡、要塞等军事设施，还分布着大量商铺、歇铺等便民设施，商旅熙攘，商贸的发展既促进永顺土司经济的发展，又有利于民族间文化的交流和融合。古道体系在运输物资，维持军事防御体系运转等方面发挥着重要作用。

值得注意的是，大庸至永顺古道应为改土归流后永顺府在永顺县城至老司城及石堤至老司城古道的基础上另有新辟。得此结论原因有三：第一，永顺至大庸古道从永顺县城出发经岩门塘后撇开老司城直接通往吊井自生桥，经石堤至大庸，表明老司城作为古道体系中心地位被永顺县城所替代；第二，古道部分路段的宽度达1～2米，且为石板路面，规模之大，应为改土归流后的做法。同时，调查中发现大量清代、民国时期的碉堡、石桥及瓦砾标本，表明人类活动明显多于土司时期；第三，古道的局部改道、扩宽，加大了货物的运输量，更加促进了地方的经济发展。正因有永顺土司的治理与建设，才有后来永顺府的成立，实则功及后世（图十二）。

二、桥梁

本次调查共发现桥梁12座，基本为石拱桥，个别为砖拱桥。依拱数分为单拱、双拱，个别三拱，大多设于城址、官署遗址和村寨周围，与古道相连。

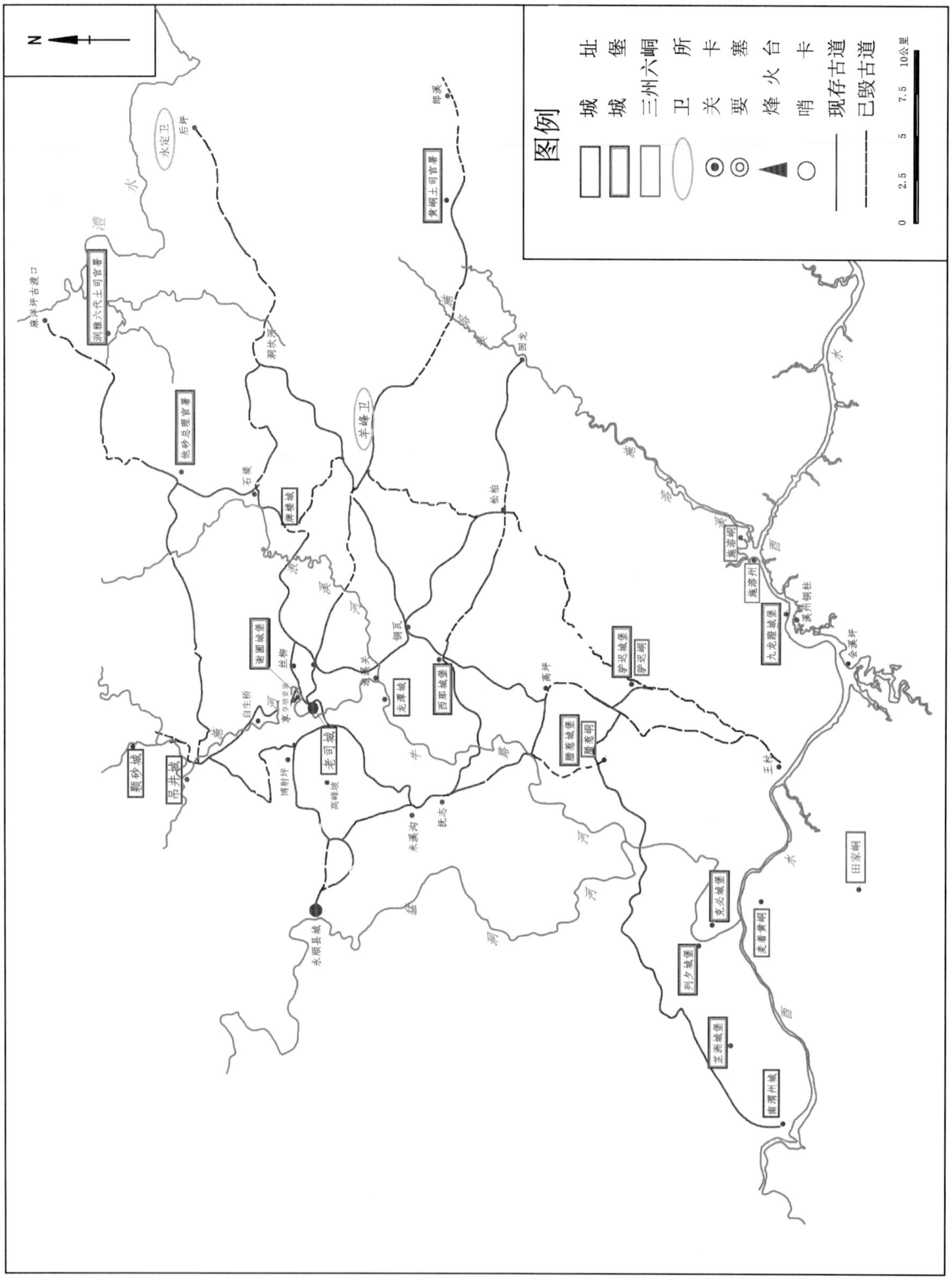

图十二　永顺土司水、陆干道分布图

桥梁统计表

编号		名称	地理位置	GPS测点	海拔（m）	面积（m²）	现状	备注
序号	分类号							
124	1	龙洞砖拱桥	永顺县灵溪镇司城村左街组	N：28° 59′ 01.8″ E：109° 58′ 41.9″	291	13.9	好	
125	2	真祖山石拱桥	永顺县灵溪镇司城村左街组	N：28° 59′ 10.9″ E：109° 58′ 36.6″	297	12	好	
126	3	五里铺石拱桥	永顺县灵溪镇连洞村杨家田组	N：29° 00′ 13.2″ E：109° 52′ 16.7″	304	108	好	
127	4	茶湖拱桥湾石拱桥	永顺县石堤镇前进村茶湖组拱桥湾	N：28° 57′ 54.3″ E：109° 59′ 28.9″	279	10	好	
128	5	新庄坡桐街石拱桥	永顺县石堤镇前进村新庄组	N：29° 00′ 04.2″ E：110° 00′ 09.6″	591	30	一般	
129	6	三步两拱桥	永顺县石堤镇冷水村冷水组	N：29° 04′ 44.0″ E：110° 06′ 25.8″	471	12	好	
130	7	风洞河石拱桥	永顺县吊井乡吊井村全家坳	N：29° 03′ 48.6″ E：109° 55′ 48.6″	375	114	较好	
131	8	洳溪石拱桥	永顺县润雅乡润雅村洳溪组	N：29° 06′ 45.6″ E：110° 10′ 18.1″	275	21	好	
132	9	孟家桥	永顺县芙蓉镇保坪村保坪组	N：28° 49′ 21.0″ E：110° 02′ 09.5″	582	12	好	
133	10	米溪沟石拱桥	永顺县抚志乡合作村米溪组	N：28° 55′ 46.4″ E：109° 54′ 37.2″	467	32.47	较好	
134	11	龙须桥	永顺县松柏镇龙须村五组	N：28° 52′ 00.5″ E：110° 05′ 09.9″	709	30.2	好	
135	12	贺虎桥	永顺县青坪镇洞坎村桥上组	N：29° 02′ 45.1″ E：110° 12′ 06.8″	258	25	差	

1. 龙洞砖拱桥

位于老司城南约3公里的龙洞出水口外侧15米处，东为坪长湾，南为偏岩关卡，西眺望乡台，北依真祖山。该桥为单拱青砖结构，双层青砖起券，桐油石灰勾缝，做工精细。桥面宽2.6米，长3.2米，拱跨2.2米，拱高1.7米，现保存完好，是老司城至榔溪关古道上的唯一砖拱桥。

2. 真祖山石拱桥

位于老司城南约2公里的灵溪河东岸，北距祖师殿400米，东依真祖山，西望观音阁，南1公里处为龙洞砖拱桥，是老司城至榔溪关古道上目前保留的第一座石拱桥。该桥系青条石错缝叠砌起券，桐油石灰勾缝，桥面宽1.6米，长4.8米，其构造精细，保存完好。

3. 五里铺石拱桥

位于五里铺至“猛洞别墅”的古道上，跨度长13米，高10米，桥体横立于河流两岸的自然基岩上，以青条石错缝叠砌起券，桐油石灰勾缝，桥两端设台阶5级，桥面铺石板，栏杆为长条石，至今坚固完好。

4. 茶湖拱桥湾石拱桥

位于石堤镇前进村由茶湖往卡山关卡的古道途中，东距卡山关卡约500米，南距榔溪关卡约200米，西接古道通向老司城，北连偏岩关卡。桥身以青条石干打垒砌，横立于溪流两侧的自然岩石上，基础悬高出水面3.5米，至桥面通高5.3米，宽2米，跨度长2.8米，是目前发现的桥梁中跨度最高且不作黏合处理的桥梁。

5. 新庄坡桐街石拱桥

位于石堤镇前进村新庄至麻岔的古道途中，桥身南北长3.5米，单拱高1.78米,宽1.79米, 由青条石干打垒砌而成，桥面现被水泥所覆盖。

6. 三步两拱桥

位于石堤镇冷水村，因冷水溪与另一溪流相汇于此，两单拱石桥东西南北横跨之而得名。东西一桥横跨冷水溪，桥身长3.18米，宽2.5米，高出水面2.87米，青条石错缝起拱，油灰勾缝，两端各设台阶7级；另一小石拱桥在冷水溪西侧，南北横跨溪沟，桥身长1.3米，高0.8米，宽1.2米，系青石条干打垒砌而成，桥面与道路置齐。此桥是连接润雅麻洋坪古码头与他沙、石堤的主道贯通，此地也是昔日重要驿站之一。

7. 风洞河石拱桥

位于吊井镇吊井村的风洞河上，东距吊井村约3公里，西距飞砂坡约80米，北距龙子湾约200米。桥长15.5米，宽3.5米，桥面高出水面4.96米，两侧青石护栏长6米，宽0.5米，桥南侧修有下河石阶，共21级，青石板铺砌。此桥由于年久失修，桥体损毁严重。2008年吊井村委会为了保护文物及方便群众通行，集资对该桥进行维修。古桥两侧原有石碑两块，现已丢失，原桥名不详，而因20世纪30年代贺龙率红军路过此桥，故名“贺红桥”。此桥是吊井东连永定卫、西接“猛洞别墅”的必经之地，交通位置十分重要。

8. 沏溪石拱桥

位于润雅乡政府东北约300米处，南北横跨沏溪河，青条石错缝叠砌，单拱，桐油石灰勾缝，桥身长4.5米，桥面宽3.5米,高出河面3.3米，原桥两端踏步因修公路而覆盖，桥两侧石栏杆亦毁。由此而始，北抵澧水南岸麻洋坪古码头，往南经润雅官署遗址到石堤，是老司城东北部通澧水必经的桥梁之一（图版三三，1）。

9. 孟家桥

位于芙蓉镇保坪村，东西横跨村前一小溪，西南方与大青山相望，桥身长3.5米,桥面宽2.5米,高出水面2.7米,青条石错缝叠砌，单拱,油石灰勾缝，桥两端各设五级踏步，两侧护栏已毁，桥两端古柏成荫。该桥是老司城东部各洞寨往来于施溶溪一带的必经桥梁。

10. 米溪沟石拱桥

位于抚志乡合作村前一小溪，以原始基岩为桥基，青条石错缝叠砌，单拱，桐油石灰为黏合剂，整体保存较好，是老司城南部通王村及各峒寨的必经之地，现仍沿用。

11. 龙须桥

位于松柏镇龙须村两岔小溪的交汇处，西距乡村公路约50米。该桥选用当地青条石建成，桐油石灰勾缝，桥面长10.78米，宽2.8米，高3.6米，两端各三级台阶，两侧护栏已毁，是龙须村杉树湾自然寨往南经高坪至王村，往东穿青坪到永定，西去老司城的必经之地。

12. 贺虎桥

贺虎桥原为三拱桥，位于青坪镇洞河村桥上二组，东西横跨贺虎溪，其东为贺虎脑大山，西为枞树湾。整个地貌为南北狭长的河谷地带，于此架桥，十分便捷合理。整个桥体以青条石砌成，油石灰勾缝，桥面宽4米，跨长达46米，垂直高度约10米，是目前发现古桥梁中体量最大、跨度最长的石拱桥。1993年7月因洪水爆发而冲毁，现仅存河床中两个桥墩和西岸的踏步。从整个遗存分析，此桥曾修过两次，第一次是在现桥址的略上方，河床中残留桥墩基础，形制基本雷同，只是桥面较窄；第二次修建的桥墩打破原桥墩的尾部，用材与做法无大区别。

此桥两端现仍有村落若干。据传此地原建有“天主堂”和“福音堂”，也曾开设伙铺，每天必宰一头生猪供于往来行人，繁华异常。由此往东十里便是龙爪关，是老司城及东部一线各部通往永定达澧水的重要驿站之一。

小 结

桥梁是跨越河流连接古道与各村寨、哨卡、关卡、要塞等贯通的特殊交通建筑，也大多是古道的必经之地。老司城周边共有各类桥梁12座，基本都是青石、砂石或青砖券拱而成，石灰勾缝，做工精细、考究，河面跨度小的一拱，跨度较大的有双拱或三拱。经调查发现明清时期的较多，在石堤、青坪至龙爪关这一条古道上，曾有“三步两拱桥，五里九拱桥，十里金锁桥”之说法，说明当时的造桥技术与交通的繁荣发达（图版三一，2）。

由于现代交通迅速发展，多数桥梁或废弃或损毁，只有少数村寨中心地带的古桥经当地百姓精心维修，仍在继续使用。

三、渡口码头

渡口、码头即为一体，是连接各古道、物资转运的重要场地，起水陆交通枢纽的作用。

渡口码头统计表

编号		名称	地理位置	GPS测点	海拔（m）	面积（m²）	现状	备注
序号	分类号							
136	1	马蝗口渡口	永顺县灵溪镇司城村喻家堡组	N：28° 59′ 42.4″ E：109° 58′ 20.3″	292	100	较好	
137	2	南门码头	永顺县灵溪镇司城村左街组	N：28° 59′ 36.0″ E：109° 58′ 28.8″	290	200	差	
138	3	周家湾码头	永顺县灵溪镇司城村左街组	N：28° 59′ 23.7″ E：109° 58′ 37.8″	302	100	较好	

编号		名称	地理位置	GPS测点	海拔（m）	面积（m^2）	现状	备注
序号	分类号							
139	4	榔溪关古渡口	永顺县灵溪镇前进村茶湖组、三角岩村泽龙组	N：28° 57′ 50.8″ E：109° 59′ 31.0″	284	250	一般	
140	5	牛路河渡口	永顺县抚志乡三河村牛路河组	N：28° 52′ 34.0″ E：109° 55′ 56.5″	218	250	好	
141	6	丝柳渡口	永顺县石堤镇麻岔村丝柳组	N：29° 00′ 26.6″ E：109° 58′ 40.5″	258	300	差	
142	7	麻洋坪码头	永顺县润雅乡麻洋坪村友谊组	N：29° 09′ 05.6″ E：110° 12′ 16.3″	209	500	较好	

1. 马蝗口渡口

位于灵溪河西岸马蝗口，与老司城遗址相望。土司时期，由西岸进入老司城须经此渡口，村民俗称“接官渡”。渡口处为宽3米的自然岩石，稍加修凿以便上下船。渡口河岸为司城旧街巷之一的“鱼肚街”，由此入喻家堡，路面或凿踏步，或以河卵石嵌铺而成。改土归流后，此渡口改为官渡，仍是出入老司城的重要通津。

2. 南门码头

位于老司城遗址南门处，与马蝗口渡口隔河相望，南门处河面现为浅滩，行人可涉水过河。上游为河湾水潭，沿岸为旧时河街，岸边岩体上凿有人工石窝，当与码头建筑遗迹相关。

3. 周家湾码头

位于老司城下游周家湾小溪与灵溪河交汇处，为一深潭河湾。码头处为自然岩体，有人工修凿而成的台阶共4级，各级长0.4米，宽0.3米，为老司城东门外村民使用的小码头。由此码头上到周家湾和肖家湾，入老司城东门，下可经灵溪河达榔溪关。

4. 榔溪关古渡口

位于榔溪河与灵溪河交汇处上游150余米处，有东、西二码头，河面宽约30米。渡口东码头岩石笔立，地势峻峭，存有古人开凿之石洞，为登船、抛锚停船之用。码头长8米，高1

米；西码头地势稍缓，往上约25米为榔溪关卡，为去茶湖卡山、拱桥湾石拱桥、茶湖关卡、偏岩关卡及老司城的必经之地，因其又串联东西古道，为东往羊峰城要津。改土归流后，永顺县衙设渡船一只，渡夫二名，每年领官渡银四两。

由东码头沿青石古道而上10余米处，地势较为平坦，有摆渡屋、凉亭及榔溪河自然寨位于此。因年代久远，凉亭已毁，仅存台基，长6.9米，宽4.3米，高1.3米。台基系青石叠砌，石灰勾缝。摆渡屋朝榔溪河而建，坐北朝南，正对榔溪关卡，视野开阔，留有土司时期石灰抹面的青石基础，长6.8米，宽4.3米，岩石基础高0.76米，台明高0.82米。因年代久远，抹灰脱落严重。

摆渡屋东侧为榔溪河自然寨屋场，20世纪60年代，村民集体搬迁至高坪乡三角岩村泽龙组。现存有古建筑两栋，其中一栋为彭继彬老人居住。该建筑形制为三柱二瓜穿斗式木结构，存有土司时期伏盆式石柱础，有莲花瓣浮雕，镂空雕花十分精致，但房屋整体保存状况较差。

5. 牛路河古渡口

位于牛路河大桥下游80米处"猛洞河漂流"终点站码头，为老司城至王村古道必经之渡口。渡口南接高坪乡雨禾村铺上组，北连抚志乡山河村牛路河组。渡口有南北二码头，南码头因修建漂流码头被毁。北码头相对保存完好，为整体山石开凿台阶，台阶宽1.5～3.5米，留有开凿痕迹。在四级台阶后坎山石壁上刻有"水涨到此，禁止扒渡"八个大字。改土归流后，永顺县衙设渡船一只，渡夫二名，每年领官渡银四两。摆渡人为牛路河谢氏，代代相传（图版三三，2）。

6. 丝柳渡口

位于灵溪河岸响塘组，保存较差，仅存栓船用的人工凿洞一个。在灵溪河南岸立有清代石碑一通，系改土归流后，当地村民自发捐款，重新修缮古道、渡口的功德碑。由此渡口经丝柳、野鸡庄、麻岔、石堤可达永定卫，顺河而下抵谢圃。

7. 麻洋坪码头及储仓遗址

位于润雅乡麻洋坪村友谊组，是澧水南岸的一个重要水陆码头。其背依牛栏山界，与张家界的温塘镇隔河相望，顺澧水冲积形成的河滩与原生基岩附为一体，宽敞而牢固。麻洋坪处于牛栏山界边缘广阔的平地上，生产条件优越，生产水平较高，加上水陆交通极为便利，永顺土司曾于码头东侧高台建有储仓。根据考古调查，此处还发现有商周遗址、土司墓群、古渡口记事碑、火龙山庙、火龙山石刻等。此外，在现友谊组火龙山脚澧水边有温泉一眼，常年水温40～45度，是历史以来当地居民沐浴的天然场所。

同时，渡口是永顺土司从永定卫、大庸所输入稻谷的关口。永顺土司地，山多田少，土地贫瘠，生产方式较落后，以种植小米、䅟等耐旱作物为主，产量低，粮食多依赖永定卫、大庸所供输。乾隆《永顺县志》载“稻谷多仰给永定卫、大庸所”。麻洋坪作为澧水上的一个重要码头，是永顺土司与外界互通有无，输入粮食的关口。改土归流以后，当地乡绅屡次组织修缮，仍为当地百姓使用。此外，麻阳坪码头附近的澧水沿线存有大量民国时期的修路碑。由此可知，到民国时期由麻阳坪码头进入永顺县境的古道依然繁忙，其背面依靠大山，前临澧水，是石堤、润雅通往大庸古道的重要关口和军事要道，战略位置也十分重要。

小　结

渡口通常分布于比较大的河边，是联系古道、古码头的特殊交通设施，多数仍沿用。这次调查发现的渡口，多数分布在老司城周边灵溪河、施河、澧水、酉水流域。具体而言，一是司城东北方向澧水的麻洋坪古渡口，是老司城通往大庸方向的主要通道；二是司城南方进入抚志王村的椰溪关古渡口、牛路河渡口；三是司城北部灵溪河东岸的丝柳古渡口，是进入吊井、石堤的重要通道之一。渡口一般为连接因河道阻隔道路的重要节点，同时亦是连接水陆网络的重要枢纽，在依靠水路交通的古代社会，渡口、码头也是重要的军事设施。

四、金石

出自45个地点，共45件，分四大类别，即铭文、墓志铭、碑刻、题刻。

金石统计表

编号		名称	地理位置	GPS测点	海拔（m）	面积（m²）	现状	备注
序号	分类号							
143	1	铜柱铭文	古丈县罗依溪镇会溪坪村	N：28° 44′ 40.3″ E：109° 58′ 16.4″	231	30	较好	现存芙蓉镇
144	2	德政碑1	永顺县灵溪镇司城村	N：28° 59′ 52.3″ E：109° 58′ 14.6″	314	3	好	现存老司城

编号		名称	地理位置	GPS测点	海拔（m）	面积（㎡）	现状	备注
序号	分类号							
145	3	德政碑2	永顺县灵溪镇司城村	N：28°59′46.0″ E：109°58′19.3″	304	3.4	较差	现存老司城
146	4	重修永镇庵碑记	龙山县龙头镇粮站	N：28°52′14.9″ E：109°26′34.3″	264	1	一般	现存原隆头镇
147	5	土知州城堡碑刻	永顺县列夕乡芷州组	N：28°45′57.2″ E：109°47′05.2″	481	1	较好	原地保存
148	6	双峰户茄洞坎修路碑	永顺县大坝乡双峰村	N：28°58′31.6″ E：109°47′05.2″	612	3	较好	原地保存
149	7	麻洋坪百祥桥碑刻	永顺县润雅乡麻阳村干溪组	N：29°08′52.5″ E：110°11′42.8″	245	12	一般	原地保存
150	8	保路碑	永顺县高坪乡雨禾村	N：28°50′25.9″ E：109°58′50.1″	516	3	完好	原地保存
151	9	大庸城同行公议碑志	张家界市永定区后坪镇	N：29°05′25.6″ E：110°21′05.3″	207	1	残缺	原地保存
152	10	盖闻佛为太魔碑	张家界市永定区后坪镇武溪村	同一地点		1	残缺	村委集中保护
153	11	关圣庙捐田碑记	张家界市永定区后坪镇武溪村	同一地点		2	完好	原地保存
154	12	罗翁酬神碑记	张家界市永定区后坪镇武溪村	同一地点		3.2	完好	原地保存
155	13	募化装彩□引碑	张家界市永定区后坪镇武溪村	同一地点		2.4	较好	原地保存
156	14	庆祝财神大王圣诞碑	张家界市永定区后坪镇武溪村	同一地点		4.5	完好	原地保存

编号		名称	地理位置	GPS测点	海拔（m）	面积（m^2）	现状	备注
序号	分类号							
157	15	太阳神祀田碑记	张家界市永定区后坪镇武溪村	同一地点		2.4	残缺	村委集中保护
158	16	湖北施南唐崖岑公德政碑	湖北省咸丰县唐崖村张飞庙内	同一地点		2.5	较好	原地保存
159	17	田民安捐修城隍庙碑记	张家界市永定区后坪镇武溪村	同一地点		1.5	残缺	村委集中保护
160	18	兴建金龙前殿序	张家界市永定区后坪镇武溪村	同一地点		2.1	完好	原地保存
161	19	修复武溪古桥碑序	张家界市永定区后坪镇武溪村	同一地点		12.8	完好	村委集中保护
162	20	张飞庙捐资碑	湖北省咸丰县唐崖村张飞庙内	张王庙内		1.6	一般	原地保存
163	21	整修左右砖墙序	张家界市永定区后坪镇武溪村	同一地点		3.5	完好	村委集中保护
164	22	重修张王庙碑记	湖北省咸丰县唐崖村张飞庙内	张王庙内		2.4	较好	原地保存
165	23	祖师会置田碑记	张家界市永定区后坪镇武溪村	同一地点		1.5	一般	村委集中保护
166	24	作善降之百祥碑	张家界市永定区后坪镇武溪村	同一地点			残缺	村委集中保护
167	25	永顺县正堂严禁衙役滋扰碑	永顺县石堤镇铜瓦村	N：28° 56′ 22.4″ E：110° 01′ 22.7″	598	12	好	原地保存

编号		名称	地理位置	GPS测点	海拔（m）	面积（m²）	现状	备注
序号	分类号							
168	26	万福攸同碑	龙山县前锋村迟格峒组	N：29° 12′ 39.2″ E：109° 19′ 50.0″	780	1.5	一般	原地保存
169	27	明溪新寨题名记	沅陵县明溪口镇明溪村夏坪组	N：28° 42′ 09.8 E：110° 14.8′ 22.0″	140	3	一般	原地保存
170	28	松云潭题刻	永顺县颗砂乡颗砂村	N：29° 05′ 06.6″ E：109° 57′ 01.1″	332	80	差	原地保存
171	29	谢圃题刻1	永顺县灵溪镇司城村谢圃寨	N：29° 00′ 38.7″ E：109° 58′ 47.0″	448	1	较好	原地保存
172	30	谢圃题刻2	永顺县灵溪镇司城村谢圃寨	N：29° 00′ 38.7″ E：109° 58′ 47.0″	448	1	较好	原地保存
173	31	谢圃题刻3	永顺县灵溪镇司城村谢圃寨	N：29° 00′ 26.0″ E：109° 58′ 40.4″	262	1	较好	原地保存
174	32	谢圃题刻4	永顺县灵溪镇司城村谢圃寨	N：29° 00′ 26.0″ E：109° 58′ 40.4″	262	1	较好	原地保存
175	33	司城古栈道题刻	永顺县灵溪镇司城村	N：29° 00′ 11.6″ E：109° 58′ 08.3″	287	1	较好	原地保存
176	34	爽岩洞题刻	永顺县颗砂乡颗砂村	N：29° 05′ 09.7″ E：109° 57′ 25.4″	387	30	好	原地保存
177	35	钟灵山题刻	永顺县万坪镇下坪组	N：29° 13′ 17.5″ E：109° 50′ 04.5″	509	2	一般	原地保存
178	36	自生桥题刻	永顺县吊井乡毛坪村自生桥组	N：29° 01′ 56.6″ E：109° 57′ 44.9″	303	2	好	原地保存

编号		名称	地理位置	GPS测点	海拔（m）	面积（m²）	现状	备注
序号	分类号							
179	37	观猎台题刻	永顺县灵溪镇泽树村棒头坪组	N：28° 57′ 11.6″ E：109° 52′ 04.6″	825	42	好	原地保存
180	38	兰花山题刻	永顺县高坪乡高坪村天坪组	N：28° 50′ 23.7″ E：109° 58′ 16.1″	630	70	好	原地保存
181	39	明故永顺宣慰使彭思斋墓志铭	永顺县灵溪镇司城村	紫金山墓地出土			好	现存永顺县文物局
182	40	麦坡墓志铭	永顺县灵溪镇司城村	紫金山墓地出土			好	现存永顺县文物局
183	41	彭宗舜墓志铭	永顺县灵溪镇司城村	紫金山墓地出土			好	现存永顺县文物局
184	42	彭翼南墓志铭	永顺县灵溪镇司城村	紫金山墓地出土			好	现存永顺县文物局
185	43	彭明义墓志铭	永顺县灵溪镇司城村	九官坪出土			好	现存永顺县文物局
186	44	敕进阶昭毅将军思垒彭侯故室淑人向氏墓志铭	永顺县灵溪镇司城村	紫金山墓地出土			好	现存永顺县文物局
187	45	彭淑人刘氏墓志铭	永顺县灵溪镇司城村	紫金山墓地出土			好	现存永顺县文物局

1. 铭文

铭文有二，一出自溪州铜柱，八面均刻字，铭文总数2614字（图版三三，4）。另一铜钟铭文出自司城关帝庙，实物已毁。

复溪州铜柱记

天策上将军江南诸道都统楚王希范

天策府学士江南诸道都统掌书记通议大夫检校尚书左仆射兼御史大夫上柱国赐紫金鱼袋李弘皋撰

粤以天福五年（940），岁在庚子，夏五月，楚王召天策府学士李弘皋谓曰："我烈祖昭灵王，汉建武十八年平征侧于龙编，树铜柱于象浦。其铭曰：'金人汗出，铁马蹄坚，子孙相连，九九百年。'是知吾祖宗之庆，胤绪绵远，则九九百年之运，昌于南夏者乎？今五溪初宁，群帅内附。古者天子铭德、诸侯计功、大夫称伐，必有刊勒，垂诸简编，将立标题，式昭恩信。敢继前烈，为吾纪焉。"弘皋承教濡毫，载叙厥事。

盖闻牂牁接境，盘瓠遗风，因六子以分居，入五溪而聚族。上古以之要服，中古渐尔羁縻。洎帅号精天（夫），相名姎氏，汉则宋均置吏，稍静溪山，唐则杨思兴师，遂开辰、锦。迩来豪右，时恣陆梁，去就在心，否臧由己。

溪州彭士愁，世传郡印，家总州兵，布惠立威，识恩知劝，故能历三四代，长千万夫。非德教之所加，岂简书而可畏？亦无辜于大国，亦不虐于小民。多自生知，因而善处。无何，忽承间隙，俄至动摇。我王每示含弘，尝加姑息。渐为边患，深入郊圻。剽掠耕桑，侵暴辰澧。疆吏告逼，郡人失宁。非萌作孽之心，偶昧戢兵之法。焉知纵火，果至自焚。

时晋天子肇创丕基，倚注雄德，以文皇帝之徽号，继武穆王之令谟。册命我王，开天策府。天人降止，备物在庭。方振声明，又当昭泰。眷言僻陋，可俟绥怀。而边鄙上言，各请效命。王乃以静江军指挥使刘勍，率诸部将，讨以偏师。钲鼓之声，震动溪谷。彼乃弃州保险，结寨凭高，唯有鸟飞，谓无人到。而刘勍虔遵庙算，密运神机，跨壑披崖，临危下瞰。梯冲既合，水泉无汲引之门，樵采莫通，粮糗乏转输之路。固甘衿甲，岂暇投戈？彭师杲为父输诚，束身纳款。我王愍其通变，爰降招携。崇侯感德以归周，孟获畏威而事蜀。

王曰：“古者叛而伐之，服而柔之，不夺其财，不贪其土。前王典故，后代著龟。吾伐叛怀柔，敢无师古？夺财贪地，实所不为。”乃依前奏，授彭士愁溪州刺史，就加检校太保。诸子将吏，咸复职员。锡赉有差，俾安其土。仍颁廪粟，大赈贫民。乃迁州城，下于平岸。溪之将佐，衔恩向化，请立柱以誓焉。

於戏！王者之师，贵谋贱战，兵不染锷，士无告劳，肃清五溪，震慑百越，底平疆理，保乂邦家。尔宜无扰耕桑，无焚庐舍，无害樵牧，无阻川涂，勿矜激濑飞湍，勿恃悬崖绝壁。荷君亲之厚施，我不征求，感天地之至仁，尔怀宁抚。苟违诫誓，是昧神祇。垂于子孙，庇尔族类。铁碑可立，敢忘贤哲之踪？铜柱堪铭，愿奉祖宗之德！弘皋仰遵王命，谨作颂焉。其词曰：昭灵铸柱垂英烈，手执干戈征百越。我王铸柱庇黔黎，指画风雷开五溪。五溪之险不足恃，我旅争登若平地。五溪之众不足凭，我师轻蹑如春冰。溪人畏威仍感惠，纳质归明求立誓。誓山川兮告鬼神，保子孙兮千万春。

天福五年正月十九日，溪州刺史彭士愁与五姓归明，众具件状，饮血求誓。楚王略其词，镌于柱之一隅。

右据状，溪州静边都，自古已来，代无违背。天福四年九月，蒙王庭发军收讨不顺之人，当都愿将本管诸团百姓军人及父祖本分田场土产，归明王化。当州大乡、三亭两县，苦无税课，归顺之后，请只依旧额供输。不许管界团保、军人、百姓，乱入诸州四界，劫掠玹盗，逃走户人。凡是王庭差纲，收买溪货，并都幕采伐土产，不许辄有庇占。其五姓主首、州县职掌有罪，本都申上科惩，如别无罪名，请不降官军攻讨。若有违誓约，甘请准前差发大军诛伐。一心归顺王化，永事明庭。上对三十三天明神，下将宣祇为证者。

王曰：“尔能恭顺，我无科徭。本州赋租，自为供赡，本都兵士，亦不抽差。永无金革之虞，克保耕桑之业。皇天后土，山川鬼神，吾之推诚，可以玄鉴。”

静边都指挥使、金紫光禄大夫、检校太保、使持节溪州诸军事、守溪州刺史兼御史大夫、上柱国、陇西县开国男、食邑三百户彭士愁；武安军节度、左押衙、开江都指挥使、知使防遏营、金紫光禄大夫、检校司徒、前溪州诸军事、守溪州刺史兼御史大夫、上柱国彭允瑫；武安军节度、左押衙、充静寇都指挥使、金紫光禄大夫、检校司徒、前溪州诸军事、守溪州刺史兼御史大夫、上柱国田宏祐；武安军节度、左押衙、金紫光禄大夫、检校司徒、前溪州诸军事、守溪州刺史兼御史大夫、上柱国彭师佐；武安军节度、左押衙、金紫光禄大夫、检校司徒、前溪州诸军事、守溪州刺史兼御史大夫、上柱国田幸晖；武安军节度、左押衙、充砂井镇遏使、银青光禄大夫、检校尚书左仆射兼御史大夫、上柱国彭师梿；武安军节度、左押衙、前砂井遏使、三井都管使、银青光禄大夫、检校尚书左仆射兼御史大夫、上柱国龚明芝；武安军节度、右押衙、充溪州副使、银青光禄大夫、检校尚书右仆射、守溪州三亭县令兼御史大夫、上柱国彭师俗；武安军节度、左押衙、充金涧里指挥使、银青光禄大夫、检校尚书左仆射兼御史大夫、上柱国覃彦胜；武安军节度、左押衙、银青光禄大夫、检校尚书左仆射兼御史大夫、上柱国田宏赟；武安军节度、左押衙、左义胜第三都都将、银青光禄大夫、检校刑部尚书、前守富州别驾兼御史大夫、上柱国彭师杲；武安军节度、讨击副使、左归义第三都都将、银青光禄大夫、检校左散骑常侍兼御史大夫、上柱国彭师晃；武安军节度、卫前兵马使、前溪州左厢都押衙、银青光禄大夫、检校太子宾客兼御史大夫、上柱国向宗彦；武安军节度、同十将、前溪州左厢都虞候、银青光禄大夫、检校太子宾客兼监察御史、上柱国龚贵；前溪州大乡县令、将仕郎、试大理评事兼监察御史、赐绯鱼袋彭允臻；武宁军同节度副使、摄溪州司马、银青光禄大夫、检校左散骑常侍兼御史大夫、上柱国覃彦仙；武安军同节度副使、前摄大乡县令、银青光禄大夫、检校左散骑常侍兼御史大夫、上柱国覃彦富；武安军节度、摄押衙、充静寇都副兵马使、银青光禄大夫、检校右散骑常侍兼御史大夫、上柱国田思道；武安军节度副将、充溪州知后官、银青光禄大夫、检校国子祭酒兼御史大夫、上柱国朱彦蝺。

大晋天福五年，岁次庚子，七月甲子朔十八日辛巳铸。八月甲午朔九日壬寅镌。十二月壬辰朔二十日亥立。

（宋代加刻铭文）

维天禧元年十一月十五日移到，至十六日竖立讫，铜柱高壹丈贰尺，内入地陆尺。重伍千斤，并石莲花台及下有石頳。

金紫光禄大夫、检校兵部尚书、使持节溪州诸军事、溪州刺史兼御史大夫、上柱国长沙县开国伯、食邑九百户、五溪□□团练使彭如□，银青光禄大夫、检校国子祭酒、知溶州军州事兼监察御史、武骑尉彭□□，知夷州军州事彭君霄，知忠彭州军州事彭文绾，知南州军州事彭光明，知州彭文傥，团练彭如迁，前三亭县令彭如喜，三亭县令彭文雅，都监彭文威，溪州都监彭如兴，溶州都监彭仕明。

2. 碑刻

（1）钦命世镇湖广永顺等处军民宣慰使司宣慰使都督府致仕恩爵主爷德政碑

钦命世镇湖广永顺等处军民宣慰使司宣慰使都督府致仕恩爵主爷德政碑

尝闻恩可结民心，不能使民心之不忘；功可显当时，不能使后世之取法。苟能如是矣，而得之于人者，犹难得之于天。此数者，求之往古，亦不多遇，况以论于斯世乎！

使君中涵彭公致仕之明年，余过灵溪，适有属辖之五十八旗、三百八十洞之军民，扶老携幼，蚁集司城，向余告曰：吾永建自东汉，为朝廷南服世臣，迄于今且千载，其间执圭守土，代不乏人。咸以苗蛮之故，用法峻严，服民以威，不以德也。是以治乱相寻，无息肩日。自我恩爵嗣世，天性仁厚，举无失轨，去猛存宽，用贤退吝，易杀戮为鞭朴，而犴狴形消，开入告以听民，覆盆无枉。虑民之荒于业也，而自勤稼穑。恐俗之流于顽也，而申之孝悌，节用以恤民膏，轻赋而□物力。崇俭抑奢，弋绨之袍不厌。修文偃武，刀斗之警无闻，和邻而睚眦之边寡；自弥乐天，而虞芮之质成屡至。凡举措设施，皆以养民、守土为本，以故民乐宽仁镇静之恩，生息庶富甲于诸司。四十年，徒见祥风化日，皆其赐也。民曷敢忘？又若自捐军糈三次，摄苗于镇筸，亲随王师，身先开闵于辰龙，闻兴殿工采木以贡，诸如此类，虽兴师动众，民不知劳，皆由抚循之得其法也。故功在朝廷，而恩晋疆土，亦足以垂法于后世者。民曷敢忘？

今恩爵以民社之重，授之新使君，而率由旧章，孰非奉训有自哉。故谢世虽已一载，而恩德自在百世。咏歌感叹，有难忘诸民心者，敢乞文人之笔，勒诸金石。以志民心之不忘，庶其可乎！

余既诺之，退而有深思焉。夫楚之南北，列茅土者比比，余尝挟策而游，殆有年矣。有一至者焉，又胜过之则非旧矣；有再至三至者焉，而往过之则非旧矣。问其故，则曰：刑之不惜，而民不堪命也。苛政无时而户口逃亡也；好兵仇邻而宗社不守也；贻谋不善，而令绪无闻也。若而然者，恩未及民，何有乎去思？功无可纪，何有乎取法？其在人者尚不能得，况望得之天耶。兹若使君真不啻天壤矣。德既若彼，功复若此，无怪乎阖司黎庶，爱戴之深，依恋之切，有如赤子之于慈父母。故于驰驱绿野之日，倘不忍忘邵伯之甘棠①，非余所谓结民心而不忘者耶，显当时而法后世者耶！

---

①典出《诗经·国风·召南·甘棠》。

况使君晚得令嗣，牟乎茍龙之半。而新使君徽迈德行，将仪羽天朝，是又后先济美，世难多有，皆使君盛德所致，岂非得之于人者，而复得之于天耶！然则是碑也，不特为军民申依恋不忘之诚，抑可风诸有土者奉为典型，毋有失度，得以永守世业，则使君之丰功盛德，宁有涯哉！乐此盛举，余不敢以不文辞，因拜手而为之记。

己卯科举人天门年家眷晚生朱鸿飞顿首拜撰

皇清康熙五十二年（1713）一月　榖旦立

计开建碑各官各头领姓名于后：

标员中军官向华，副中军王启忠，旗长彭宗国，家政彭芳，□□彭荫祖，旗长陈廷谟、向应魁、彭弘济，撰文魏先修，书碑魏国佐。

州司：南渭州彭启尧[1]，上溪州张宗文，施溶州田应朝，白岩洞张宗略，驴迟洞向鼎铉，腊惹洞向宗国，施溶洞汪泽长，麦着黄洞黄明勋，田家洞田万胜，马罗洞[2]田选。

职员：彭弘耀、彭启周、向宗礼、朱宋儒、彭弘浩、田种绿、向文宋、王宗智、张宗乔、田尔耕、彭元、彭桓、彭升、张承杰、彭登云。

督工职员：向应朝、张宗龄、彭宗汉、彭启舜、王□。登记：石王柱、周良佐、胡廷诲。

加柯料工：张志孝，列取彭干，克必向文翰，述西可向文述、向高，打巨车王明，列巴向有良，车窝彭志明，（昔文）母彭志贵、彭有清、王□，马刺彭宝。

内外白砂：田国宝、彭□易、彭仲荣、彭寿、彭宗良、萧仲旺、彭白光、彭宗礼、陈文孝。七寨苗：张国□、向应奇、符国明、向文干、刺普迪、彭志明、王□、彭有德。

徐□、王宗明、王梁、彭应富、王正。溪东山：彭廷哲、王文忠、彭承柱、彭启政。着胡：彭永相、彭永仁、龙神保、彭王生。车戏：付以明、彭忠、彭思尧、梁志宝。

加柯：彭文圣、罗文、彭有胜、张文、王大。茶胡：丁逢明、□二哥。岩弄已：彭大用、彭宗贤、彭忠道。别些：彭腊鼎、男志清、彭有祥、彭康惹。

比耳里耶：彭永禄、彭永忠、彭志禄、彭永贵、张朝庆、张启明、田志清、田志高、

---

①彭凌高孙，彭启舜兄。

②未在六洞之列。据光绪《龙山县志》载：“马罗洞系马、罗二姓古蛮世土，与永顺土司接壤，明嘉靖年间，施溶州舍把田滋为巡边总官，与诸邻交睦，边民爱戴，遂自授长官世职，未颁请印信，不得与六长官司同列。”转引自王承尧、罗午等《土家族土司史录》，岳麓书社，1991年，第27页。

彭相、彭□干、彭承爵、向守爵、吴朝贵、彭贞、田有丰、吴成贵、张楚廷、杨明海。

洛塔：向启龙、向启凤、向启鹏、向爵、向士宝、向志鸾、向大干、田志旺、田孝、野老虎、蛮老虎、向廷中、田世明、向乔保、向五付、向三哥。

五洞：彭朝、田志明、田寿、向金、□政、彭贵、彭坤、彭世哥、田兴寿、王志贵、田以明、田旺、田惹洛、李司保、王保仔、田五哥。

他砂： 向士忠、向士宝、向干、向文、符万荣、吴冬光、梁文斌、王应鸾、李惹洛、彭高、向礼、符腊苟、张国文、梁文才、张应中、张国甫、向大古。惹洛：彭高。

田王二洞：祁秉先、吴国清、向志仓、彭国相、田孔明、向金、向□、田忠、彭国安、彭英道、王文、向其奉。

上下榔溪：王建明、田有、彭应祖、向魁、向祥、向文干、向其用、向子凤、向志仁、孔□良、向拱明。施溶：向易、向有志、向良。

内外龙爪：王言、向廷元、张坤、胡文志、张良胜、白正元、向淮荣、胡应登、向应朝、秦启良、龙志良、向君相、彭有文、田俊、彭启仁、胡以先、彭志忠、向中达、张亚荣。

猛洞：向文升、杨中华、五世松、龙得胜、向通、鲁大才、王国林、鲁心照、只哥、向文魁、张奉贤、迪洛、向干、包以、张文忠、符高寿、向顺、向文彬。

董补：田亮、王保、彭志中、田志清、刘□、彭志亮、彭志忠、张志忠、诺舍、王清、三哥、田家保。

六洞：叶松、向志富、向进坤、黎朝臣、向有清、魏朝奉、向奇、向文禄、罗五、梁守礼、向忠、向永爵、向有忠、向文得、张八哥、高有仓、向明、惹洛。

五寨：王亮、向志林、田五明、张叔贤、王文先、三付、王世忠、黎圣、向有贵、日哥、向成、向新环、向荣、王□、彭忠、雷志□、朱国相、彭万富、向启崖。

黑洞：符万真、张明海、张君伯、张君美、向君□。洗罗：彭世国、田大相、彭有志、田太林。功冲：鲁启朝、向其正、□志富、向贤、向文正、鲁□武、张心照、张启武、张应君。

内外柯砂： 彭干、彭大成、彭可成、吴大受、彭志了、彭志荣、田朝、向有□、 罗成、黑老虎、□志明、王言、陈诺舍、田旺孝、田跨只、彭志清、彭三州、□万、马□。

内外塔卧：王应先、王世爵、向清、向志高、彭观音、刘应甫、龙太宁、张仲贤、王柏、刘应祥、彭有先、[illegible]、彭忠、彭志清、[illegible]、张志胜。

马罗洞署事：田善继、田右贞、毛有名、殷子荣、唐志亮。四十八寨：田之相、田明甫、殷得祥、宴文□、鲁文得、王成宗、田仁周、田宗固、余良相、吴有圣。

上下二梭：向京、田守荣、向国□、向中臣、张君林、向志□、田应林、田文□、向思元、向志干、田世明、田思廷、田楚伯、向明道、向中廷、田应□。

四班班长：萧乐路、应祖、杨文贤、郑文盛、刘继忠、内□、向有禄、李春元。石匠：孙承尧、孙承训。

（2）世守湖广永顺等处军民宣慰使司彭公德政碑

世守湖广永顺等处军民宣慰使司彭公德政碑

赐进士第翰林院检讨年家乡眷徐日暄撰

从来任民牧者，三载考绩，三年报最，有□□以绳其始，有监司以律其继。以故夙夜靖共，称循良者比比也；溥德惠□□□□□□□□□□□□□□心爱戴，颂父母者比比也。若乃专制一方，得便宜于境内，名位世守，卜选建于庭除，□其□□无忝厥志，往往难焉。况以□□□□□□□□□□□所与闻，恩施未即广洽，求其意感于中而现于外，如□□之去其故乡，如子孙之念其祖考，夫岂易易与！我宣慰使君彭老先生缵累叶之鸿图，光前贤之式郭，奉命镇守扶绥盖有年矣，其丰功伟烈铭彝鼎而被弦歌者，政府藏之，兹不具论。论其近事，公性情醇朴，智勇深沉，每遇贤豪则心焉契许，遇庸众则淡然茹纳而不烦色，相之纷呈。所以，幕僚下英才倾诚乐附，至一长一技亦殷殷□□□□□□此存乎养士也。□□□□□□□□□□旁敷率由向化，固乐易于老安少怀，即顽梗愚□，罔不宽恤，轸念劳来□直以见刑赏，忠厚之至。而武键严酷销归，何有政之□□□□□□□□□。公优容并包，涵宏拓落，固吾围也而开疆辟壤之谋息，佚吾民也而饮马带甲之风清。因嘱臣僚力勉安贞，使妄据□成者。感而□□□□□□□□□□□存乎睦邻也，如此且崇俭易奢，□物力于有余，而不以度支扰民。台欤沼竭，视游观为可辍，而不以功作厉下；辅弱全孤□□□□□□介意，凡此类皆本其天真以光昭治体，积数十年如一日而无斁焉者。余承乏内院，在食心仪，匪朝伊夕，既而江西文子□□□□□□京师备述其详。谓彭侯之深仁厚泽，非独土著编民，一世二世，洽肌沦髓，我异乡游族，市廛逐末，寤寐饮食之私，口不能得□□，嗣君赐宠佑启咸正，保艾维新，林泉诗酒之乐，眉寿期颐之介，公实享之。我宁忘岘首之已事□□□□□□耶。愿假惠于文人，铭诸金石，□□□□□□母斯民之下取古循良，以笃官箴，以答圣眷，因叹楚南长者震累怀柔，风之有位世臣矣，宜乎声教四迄，遐迩戴德也哉。

案此碑沉霾于竹林中，剥落者十二三，仅就可识者录之以备考核。

现碑在老司城紫金山牌坊左侧，许多文字多脱落或漫漶不清。以上碑文转抄自民国《永顺县志》。

（3）隆头镇重修永镇庵碑记

重修永镇庵碑记

……曰："能捍大灾御大患者，祀之；有功德于民者，祀之。"是祀典之设，原以福庇斯民，所谓人□于

……意也。龙头之地，界当川楚，为本司六马头之一。自绿湖而下，山势委蛇，右□大江，左抱溪水，此山

……头所由名也。南望保靖，东分大剌，舟帆之所往来，货财之所屯积，阛阓喧攘，莫不交市于此。苟非

……而福吾民乎？故本司先代建庙此山，名曰"永镇"，崇奉

……有在，非他淫祀可比也。奈何年代既久，风雨飘摇，当日之金碧辉煌，行且莓苔剥落欹，求邀

……可得乎？雍正三年乙巳岁（1725），有募僧名照聪者，以重修之意来告。予曰：古之治民人

……休征于是乎，生乐利于是乎。洽况兹龙头为本司之市镇，此庵为市镇之

……朽坏崩尘埃妙相乎。夫祀典不修，为政之缺，守土之责，诚□□□也。于是捐资董理，并令合属

……跃资助，以勷厥功。鸠工命匠，刻日庀材，朽者易之，□□□□□□□□□□□□□□□□□□务

此碑现存龙山县隆头镇粮站的墙壁上，残长0.6米，宽0.4米，上部、左侧残缺。

（4）土知州城堡碑刻

土知州城堡碑刻

祉舍屋基原属旧治，世届在邻境，弃荒多载。及先考公相其地可以营室，乃修葺

之。甃石砌补，垒基使高，将为城堡，以备邻邦寇之不虞也。工已半，蒙王恩擢录总裁，遂往司，公冗未果，命舜等继理之。今舜等不敢忘先志，勉励趋事，始于岁之桂月告成。敢志之诸石，以明继述意也。时雍正四年（1726）八月朔谷旦彭启舜[1]立。

（5）双峰户茄洞坎修路碑

永志勿谖

郡城西三十里许，户茄洞坎坡大路，上抵龙头、里耶，直达四川诸属，为永顺西隅之孔道。峻岭巉崖，山从人面，羊肠鸟道，雪傍马头，雨□虑其泥泞，晴亦嗟其坎□，行旅多虞，舆马难过，洵千百年岖崎之□，今未经修凿者也。向来遇有大宪巡行示下，除道不过高铲低填，转瞬如故，欲求其破□囊而倡美举者不数□也。

兹小老向公讳齐□□俊，性任侠而好善，承先人余业而家于此。往来是路而触目惊心者，匪朝往夕。将欲慕众公修，虑非任怨子者不可遂，既慨然独任。指囷口之粟，行募鸠工，而嗣君有仁亦克体，乃心□亲董，率相度修砌，不数月而工竣。尤虑□□不常，索言于余，勒石以示来兹，而翼后之君子踵而修补。俾如坻长歌而坦途永适。余以不文固辞不免，因嘉其好善之诚，爰缀数言以志不朽云。

地临　　唐国明　唐国应　李元造　罗放玉艮五两

王世比艮七两

彭廷□　王国珍艮五两

粟仲文　彭进达艮五两

石匠何达理

灵溪后学彭学寿撰

乾隆二十年（1755）岁次乙亥孟夏月中浣　谷旦立

此碑现存于永顺县双峰村户茄洞坎过道边，碑高0.8米，宽0.5米，保存较好。

（6）麻洋坪百祥桥碑刻

百祥桥

□□□老司空平道途修闾防践蹈，诚以正直坦平，帝王郡治之端也。本年泰西各

---

①彭启舜，彭凌高孙。

国皆设工部局，以嗣葺道路桥梁，化险阻为平□□欹侧为整齐，奇欤休哉，诚盛举也。予心向往者久之，时在癸卯夏，有乐善之田君、刘君、张君各诣余家而言曰："我地干溪一溪，首注大河，尼蟠荒陬，雨集川盈，行者阻隔，故前人始为木桥，继修石桥。由是民无病涉，及壬辰夏洪水泛滥，桥倾石裂，延年至今，嗣修不果，以致往来行旅过水生色，往往退缩不前者，有历年矣，余等募化嗣修，汝以为何如？"余感诸君善心，愿为同襄。于是募化士庶，召募工匠，不数月而功告竣，诸君乃推余为序，予曰："序者，所以序其事也。从是地上通永（指永顺）保，下达永（指永定）慈，为往来要道。其虹彩宜高腾者，前人之碑文朗甚矣。至若我等继前人盛事，得成砥道，致行旅无濡轨之虑，盖得登云之路者，无非诸善人□善心出善缘以成其善事也。此岂我等之功？是作善者之功耳。因名之曰百祥桥。即书所谓作善者之百祥也。夫是为序。"

首人　刘智庠　张印书　田心徽　胡庆吉　田存思　各捐钱贰仟文

向明珠　向士娓　向士舟　各捐钱八千文

刘天忠　刘天舟　捐钱六千文

张昌□　张荣浩　各捐钱伍千文

胡元善　张元□　张元超　张元昌　张元杰　各捐钱贰千文

张光成　张庆松　张庆舒　张庆缘　郁春□　田思恩　郑士昆　秦登汉

秦登甲　李源顺　以上各捐钱贰千文

田存思　张万顺　田存元　胡字鸾　向万和　向其□　石开谅　石开珍

张顺楚　李承润　梁元□　张心武　以上各捐钱贰千文

张三和　胡元惠　扬心润　胡元瑞　张学光　彭永茂　雷明富　胡光贤

胡光三　张荣珍　张元振　张光成　张元□　张元辉　张元凤　张元勋

以上各捐钱一千文

彭庆柱　彭庆善　彭庆辉　彭连成　田省吾　彭连登　彭连忠　张惠薄

彭庆化　卢经五　雷明贤　胡宏春　石忠和　张学富　尚开科

以上各捐一千文

彭国士　黄四成　张光瑞　张光惠　张□□　□光□　向天龙　向天□

张庆□　张光□　张庆品　张庆山　张光才　彭庆献　张九松　彭连甫

以上各捐一千文

朱继川 □德安 秦士兴 □启齐 彭庆基 □心田 张光□ 彭庆祖
彭善俭 彭善髡 □兆玺 田开卷 胡宗财 丁启来 向光德
以上各捐四百文
李长兴 杜国□ □宏清 胡光来 胡光胜 叶振维 张九阶 各捐钱四百文
张成山 梁元铭 胡庆知 □载运 张元坤 胡宗来 田心润 石恒和
以上各捐钱二百文
梁元吉 彭楚□ 向祖惠 向祖志 黄兴发 张元甲 胡光松 罗大喜
胡庆元 彭连茂 彭承仕 彭武仁 田存□ 罗大定 以上各捐钱二百文

（7）保路碑

保路碑

钦加四品衔赏戴花翎补用直隶州知州署永顺县正堂加五级汪为修路善后事宜出示严禁开挖事。照得文生杨志鲲、向道龙、符新泉，监生熊茂源，禀称牛酪河至枫香塘为永郡出入官道，自改土归流以来未经补修，坎坷异常，行人苦之，若逢雨泞尤甚。经生等各出微赀，创首修理，复得同志多人，慷慨捐千余金，越三载功始告竣。然道途虽臻平易，而榛茨旋见丛生。维是文生道龙复捐钱十八千，新泉捐优给油局薪水、典钱十千，志鲲捐钱四千，监生茂源捐钱十三千，公同生息，为历年雇工斫修之资。有沿地主罔知同加保护，两旁任意开挖，以致坦平大道即形崩塞。特此具禀恳示，严禁以后路上下尺许之地，如有恃强开挖损坏者，准团保指名禀县，除令赔整外，定行重罚等情。该绅等于牛酪河至枫香塘，路长四千余里，修整现已告，或劳苦功高，良用慰佩。本县因公下乡，往来察堪，该路甫经修整，已间有倾颓，大致分为三种：一，筑土未坚，石块塌陷；二，旁有高岸，崩土塞途；三，下有低坑，挖穴坠落。自应严行出示，饬沿路地主公同保护，有开挖砌石者，有损官路者，准该团保随时禀究，罚令赔修，刊石永禁。至该绅等请筹款生息，雇工常年修治，尤为久远之策。应再由本县捐廉，发给钱五十串，合之该绅等所筹，一并掌积备用。抑本县更有所谕者，现款有限而修费无穷，他日修虞不继。应饬该绅等设一路局，买购桐茶树秧，沿路两旁栽种，路旁除民田不种外，其余或山地或旷土即非官地，亦得由局借栽，所占不过盈尺之地，各该地主不准扰抗，一并出示晓谕。其牛酪河上至郡城石路亦略有基础，并候另谕内保妥绅等统筹修整。枫香响（塘）下至王村三路，即由该绅等合并办理，将来百里孔道，一律坦平，绿树成林，佳气葱郁，观者叹为如砥，行者愿意出途，本县有厚望焉。特示。公项买金俊贤水田一丘，名小分水溪。出钱四十。　右仰通知。

光绪三十二年（1906）二月　日　晓谕

（8）大庸城同行公议碑志

大庸城同行公议碑志

规定永垂

同行公议碑志

庸城以通片为生活者久矣，先……

殆尽，出处维艰，价昂难举，以致……

价，莫为筹展。合同公议，请列铺……

剪价十二文以为常规。倘生意……

有越规私犯者，罚钱弍千文充……

神。今特立碑，永垂是行。

同行众姓难以悉载仅……

王耀廷　汤天奇

嘉庆二十一年丙子岁（1816）十二……

此碑现存于张家界市永定区后坪镇武溪村，原永定卫大庸所遗址内，碑残长0.5米，宽0.5米，厚0.05米，下部缺失。

（9）盖闻佛为太魔碑

福有攸归

盖闻佛为太魔，众号……

建自明季洪武之廿一……

故历年以来递加装……

迨后康熙壬子年复……

于其后。一时圣像金……

暗淡。远近檀那志切装……

备衣钵，不能余积。后于……

者，愿以齿积银两所置田……

而先是刘君所纳田租，得以……

除装修天花板、罗汉，置田之外……

全身装彩。功竣开眸，嘱予为序……

孟绶理　总五

昌开甲　兰芳

首士　王文思 字 名士

陈至善　道盛

王登桂　凤□

乾隆六十年乙卯岁（1795）九……

此碑现存于张家界市永定区后坪镇武溪村，原永定卫大庸所遗址内，碑残长0.5米，宽0.4米，厚0.05米，下部缺失。

（10）关圣庙捐田碑记

万古流芳

关圣庙捐田碑记

大庸所关庙，创制已久，住持颇多，从未有……师来是庙侍奉香灯，将及三十载，远近……于乾隆四十年，见庙内无以培植，缺乏鼎……十千，铸立鼎炉一座，添铁铸钟一口，神磬大小者五。功竣之后，至四十二年方为清算，除所费，余得钱一十六千。众首将欲给师以充衣钵，而师偏不以利，是□转□，席付托老成生息。适谢公云□、张公联魁堪为是托，均称其善。而二公即领受焉。生息数载，及至四十七年秋，合算归结，将此项□买受下拿必坪长田一坵，计种四斗，载粮水系长牌，永为是庙灯功衣钵费。然其中田价有不足者，则是师又将己所积，帮贴一十五千，方成其事。众善功德名勒钟鼎。不但此也，先年比丘氏法秀，曾制衣钵田于竹园坪。不期是师踵事增华，将屡年所积文钱，复于乾隆四十八，买受东门坪长田二斗五升一坵，载粮五升，制入庙内，以为后来住持衣钵费。是师不惟与法秀师相为颉颃，即方之给孤，捐布地之金，大士舍双林之室何多让焉！□就镌□。众嘱予序，不揣□陋，略为志是师之善于不朽云。

邑庠王政熉字其黄撰并书

王以楠 邑庠 字王公亮

首人　　金君德　袁登武

　　　　袁廷侯　王以正

　　　　陈道盛　孟总五

镌师　　胡文明

乾隆四十九年甲辰岁（1784）闰三月吉日

此碑现存于张家界市永定区后坪镇武溪村，原永定卫大庸所遗址内，碑残长1米，宽0.5米，厚0.06米，嵌于墙内，保存状况完好。

另有残碑嵌墙上，上部缺失，下部仅存人名、年号：

王龙波

许政璠　功圆另捐钱一千文

杨之宽

吴秀峰

石匠　胡文明

乾隆四十五年（1780）十二月立

（11）罗翁酬神碑记

罗翁酬神碑记

恩酬再造

窃闻福善祸淫果报，虽由于天道而消灾锡祜，权衡实赖乎神功。如我大庸所古城东关内供城隍忠政王，建庙设祀多历年所，盖其灵爽式，凭祷无不应。故远近奉香火者日络绎不绝。本城北乡予戚翁有罗君名大佑者，其内室姓梁氏，旧患疾而剧医药辄无效用，洗心默祷于是庙，未几而疾果瘳。本年春，罗翁率其子锦屏、明忱、洁志图报神恩，不惜寸土之微，永作香火之奉。席请会首陈创之、昌云樵等，予亦在其末焉。将东门坪台上水田三垇，计种三斗，乃系棋麋堰车水灌放，载粮叁分，逐年议稞四担八斗，诚心上纳。祈予一言以为志。予愧不文，爰夙仰其神灵之应，而亦嘉罗翁酬神之诚，遂欣然援笔而为之记。

斗垣陈昌魁敬撰并书

看伺许光文

龙飞光绪二十六年（1900）岁次庚子仲春月中浣之吉日

石匠周昌来

此碑现存于张家界市永定区后坪镇武溪村，原永定卫大庸所遗址内，碑残长0.8米，宽0.4米，厚0.05米，保存状况完好。

（12）募化装彩□引

永垂不朽

募化装彩□引

盖闻灵威显赫，千秋俎豆，维新法像，森严众姓，馨香永洁。虽弗见弗闻，盛德莫可拟议。而绘形绘影，仪容必致光华也。今我古大庸八方阁，设有五通大帝圣像一尊。先时曾极壮丽，卓有可观。迄于今，代远年淹，一像颓然，惨不可拂。近有看伺不□袖视，敢告十方，募化装修。或披以金，睹金容而□彩；或佩以玉，瞻玉像而增辉。□神□以和而锡□无疆云。

蔚亭张衡南撰并书

陈天坊 周世仓 □□明 许大顺 周昌斌 昌世灏 陈□纯 胡光培各钱四百文

周桂芳 陈光佑各钱三百

金隆盛 许泰顺 金鼎兴各钱二百

周世福 陈书佩 熊登科 陈昌春各钱一百六十

刘起满一百廿文

陈大绪 周世祥 周辉京 龚芳葵 王德珍 周恒茂 周恒泰 许尚成 陈昌干 昌旷吾各钱一百文

陈正应八十

陈大训总壹仟

募化首士 周其镶 周其明一百

胡宏升 刘开泰 曾国治 陈昌培各钱一百八十一

龙飞同治九年（1870）十月吉 看伺昌世常

此碑现存于张家界市永定区后坪镇武溪村，原永定卫大庸所遗址内，碑残长0.6米，宽0.4

米，嵌于墙壁上，保存状况较好。

（13）庆祝财神大王圣诞碑

庆祝财神大王圣诞碑

嘉庆二十□年九月十七日庆祝神主圣诞日，□人等齐集上庙，议论纷纷，图归画一，因合谋仝再叙之。窃时有递更，势有变迁，而审时变势，以求事之久宜者，则存乎其人。顾人心有同不同，拟以众议，虽千万人之心同出一辙；人力有足不足，援以旧章，虽士庶人之力足能再兴。我等原籍江南，寄居大庸，伏惟财神大王灵显先朝，祀隆当代，迄今数百余年。其供祀首事超数百人，或身历经营而守县交卸，或外为执管而世代继传，或远贸或衰老，辞不任理，无不听其自便。自嘉庆廿三年（1818）我等接办，量入为出，载在簿册，均堪查算，□□又数十年矣。所虑经手者或谢世或迁居或年迈，□□既久，传授难免失实。爰集同籍乡亲，□同查阅，既□□勿容深求，将来者务期同力，庶神人和而庙祀□。夫何有时之递更，势之变迁，而事或至乎不相宜邪！□□公议章程列后：

一，□□□经理首士公举一姓一人，承办不得狗睛，如接办之人内有过失着落□□本姓交卸者是问。

一，□□年三、九两月庆祝神寿，值年首士于先期上庙办理。凡同籍有愿□□□务于神诞之日，各送钱六十四文，交值年首士，以便预备年饭。□□各散，只准当年首士留庙结账。

一，□□无论丰欠，值年首士秉公收贮庙仓。是日伙食只准用钱四百文。

一，□□□之谷候五月变卖，不准在会人士赊借。如有要紧用费，则不拘。

一，□□□庙六姓首士公同商酌，不得擅行起止。

一，□□□每年给谷七担二斗，准于三月十五交谷三担，九月十七交谷四担，□□庙后左右田地，着令看事耕种，所获花利须作香灯之费。

一，□□□器皿不准借用，上下交卸照单亲验，以免遗拾。

一，□□欠账项，值年首士临门催收，不得推委。现在同事人等，前经赊借□□谷，业以姑宽缓，限来年三月十五□还。如再支延吞借，准值年首事□名理讨，并不准其日后上庙理事。

一，□□余公同酌周其议，凡我同人各宜遵守，违者罚□。

□将庆祝首事列后：

□□□ 秦士先 周世贵 刘贻 周其润 刘辉英 秦士礼 秦思典 刘泽湟 许尚柱 □□ 秦士登 许光朋 □□□ 程朝品 周其铣 刘□□ □□□ 程朝礼

公举来年春秋两会庆祝

财神大王圣诞 值年首事 周其琳 秦士海 刘泽右 程朝举 许□祖 丁允绅

□堂周其端撰并书

此碑现立于张家界市永定区后坪镇武溪村，原永定卫大庸所遗址内，碑高1.1米，宽0.4米，嵌在墙壁上，保存状况完好。

（14）太阳神祀田碑记

太阳神祀田碑记

……日阳之……

……安其常而不识不知，忘大德于何有也。

……神祀田碑，祈予一言。盖先是同治七年戊

……说是因于郑广瑾已，约同附近檀，用□□金

……纪伦、许扬芳、王泽典等共十人，各捐谷伍斗，存

……报大德也。寒暑九更，幸有余资。至光绪二年（1876）冬十

……下庄门口水田弍坵，计种三斗，载粮二分八厘二

……弍串文，已认稞谷伍担，四至分明。越一年普融老和

……神气已散，恐不久于世。唯太阳神祀田碑未立，诸

……僧同结一因果耳。继而众将述其事，勒诸石，故请序

……和尚共秉干之阳刚欤，故能勇于办公而有成，诸公□

……善备欤。予也幸逢当阳之世，深冀老身一……

……而陋记其略云。 契存碑内

守矩老人淡如周其镐谨撰

经甫曾纪伦敬书

……月下浣吉日 住持僧得禅 石匠熊德科……

此碑现存于张家界市永定区后坪镇武溪村，原永定卫大庸所遗址内，碑残长0.6米，宽0.4米，厚0.05米，上部缺失。

（15）湖北施南唐崖岑公德政碑

湖北施南唐崖岑公德政碑

特授湖北施南唐崖粮捕分府加二级纪录三次又军功纪录一次岑公，讳映奎，字凌山，西粤望族也，名震海内，先业簪婴□继，照耀史册，无容赘述。□□赴楚，候补几及十载，凡承委办公，靡不□□心力。更持身廉洁，谦厚慈祥，兼乐善好施，迹难备举。于壬戌之秋，奉简命分守唐崖□。是地处极边，□山僻壤，户口零星，不敌大都二一，绥内制外，措置甚苦。前之□官于斯者，非不设法兴除，而土俗民情尚未尽化。公莅任后，适奉□□即篆，兼顾两地，办理颇劳。癸亥八月甫获□署□七司厅务。下车之始即敬□，恭谒汉张侯庙，目击上下二殿，尽属倾圮，□□测之。爰是乐捐清俸，鸠工庀材，装塑营建。不数月而上下先后次第落成，庙貌焕然一新。复又捐俸设立义学，诸童咸□□□鼓舞，争自濯□。至赈孤而枯魂沾惠，解□施济渡而往来受履平之福，□□□□矣。□前未有之胜□，其有关于世□有俾□□，足以铭金石而垂久远也。他若□保甲而丑类绝，□□□而鼠迹潜，□□□而□□惕，□农桑而怠夫奋，禁讦告而善良安，□□□而曲直剖。化披里□，风清俗美，文武协恭，兵民交善。悉由学道爱人以致此，虽旦鲁龚黄不过是也。且素守清白，淡泊自□，饮□茹□，甘之如饴。其日用必需悉照时值现价，一草一木从未妄取丝毫。绥边靖地，洁己爱民，时以上召天和雨赐，时若大有□□常庆，数乎！若虽曰赖神灵之默佑，□惟公诚所感耳。□等忘其所自哉！勒之贞珉，以志公□施德政于唐崖□□□朽也，后之君子亦将有感于斯文。

会首　黎广　覃□

□□嘉庆庚午岁（十五年，1810年）孟冬月　　日吉

此碑现存于咸丰县唐崖张飞庙遗址内，碑高0.6米，宽0.4米，保存状况较好，字迹部分模糊难辨。

（16）田民安捐修城隍庙碑记

田民安捐修城隍庙碑记

……田民安者，自幼失怙恃，长与阿兄分手异地，零丁孤苦，囊

……积，迨后贸易龙山，披星戴月，沐风栉雨，辛苦廿载，古稀可待，乳

……以年迈力衰，故遂不作成家想。复归故土，与二三同志闲酌，谈

……将以所积之资买田数斗，上城隍庙为养老计何如？吾等

……此志诚美举也。吾等力成之，爰约地方公+入庙，买田四斗，

……用。数月间，补葺修饰卓有可观。我等方谓扩充可望，不

……没。然是时尚有余资贷人，而或欺死昧心亦未可知。噫嘻！

……黙已乎？余不文，略直叙之，不过志田民安之功德于不朽。

……政焕字公亮撰序，王政熉书

……地方人等 金君德 王盛茂 孟总五 王以楠

……乡约 陈道盛 王盛辉 伊兄田治安

竹园坪老田一坵，计种五斗粮七分

……坵　　　　　　　袁文魁一尼

……九月初二日　　　　石匠余明照　　　立

此碑现存于张家界市永定区后坪镇武溪村，原永定卫大庸所遗址内，碑残长0.5米，宽0.3米，厚0.06米，上部缺失。

（17）兴建金龙前殿序

兴建金龙前殿序

莫为之先，虽美不彰；莫为之后，虽盛不传。正殿落成之日，而灿等慨然以前殿为己任。无缗钱斗粟之助，悉拮据于资囊，得寸攻其寸，得尺攻其尺。历今几载，获竣其事。诸君子登斯殿也，甚美其绩。如今日者，当奏成功于我王，而告无愧于乡谊乎！永勒贞石，俾与此祠同垂不朽焉。

孔进之 男 世侯

　　　孙元础 男 良夫

信商：程灿明 男 子瑞　仝建

　　　何余生 男 羽冲

　　　许启予 男 智人

皇清康熙叁拾捌年（1699）岁次己卯孟夏月吉旦立

此碑现存于张家界市永定区后坪镇武溪村，原永定卫大庸所遗址内，碑长0.7米，宽0.3米，嵌于围墙内，保存状况完好。

（18）修复武溪古桥碑序

修复武溪古桥碑序

武溪村古称武口寨，又名大庸卫，后改名大庸所。此地昔日市景兴隆，庙宇林立，一度繁华。城外曾设有营兵塔、教场、炮台，乃兵家扎营之地。汉朝伏波将军马援征剿南蛮，曾兵困此地。武溪古石桥建于明朝筑武溪古城墙时期，清朝咸丰年间，当地进士昌平贵整修。当时为两拱石桥。民国二十三年，桥被洪水冲垮，当地绅士昌鸿儒、陈鼎铭、周宏武、田子琳等化缘再次修善。改两拱为三拱，既利排洪，又增美观。二零零三年七月九日，遭千年不遇的洪水冲劫，此桥几乎毁为废墟……

公元二零零四年农历甲申五月初夏撰文刻之。

此碑现立于张家界市永定区后坪镇武溪村，原永定卫大庸所遗址内，碑高1.6米，宽0.8米，保存状况完好。

（19）张飞庙捐资碑

万古不朽

夫计利之心未忘，不堪与论义；循私之见□化，不足与言□？征诸往事□不皆然。曩者于桓侯庙前后所施钱文，共计一百□千七十。其每年□□□□亦不下十余石。有此公本不知归于何所使不一为振理□□□有名而□其□。今清□施之项，仅剩钱八拾贰千□□□□□记。将所剩之钱交与住持执掌，□□出谷二，□作□□□□半作庙会之用，在于每年会期请施主首人清竿明白，□□□□于无穷，非敢□好善乐施，聊以明不至磨灭□□……

罗□高　秦大奇　王受山　张大□

覃世铸　陈定应　陈□□　周大朴

光绪四年（1878）孟秋月□八日　刘心平　张成□　张成□　仝施

此碑现存咸丰县唐崖张飞庙遗址内，高0.4米，宽0.4米，嵌于围墙上，部分字迹模糊难辨。

（20）整修左右砖墙序

整修左右砖墙序

闻之昌黎云：莫为之前，虽美弗彰；莫为之后，虽盛弗传。诚谓有善始者实难，能克终者亦不易易。我大庸所离县城三十里，设卫之初即建城隍庙，盖古刹也。左右砖墙风雨剥蚀，日渐颓圮，几置神像于荆棘中。适有田君德贵办三乡总团事务，坐镇斯土，欲整修之。苦无巨资，往谋郑君荣华，遂慨然以式拾缗相助。复募同人，共凑成九拾余金。鸠工庀材，增其旧制。自是庙貌巍峨，焕然改观。虽赖诸君集腋之功，实由田、郑二君倡率之力也。爰为之序。

陈有为明初玉阶捐前所上田稞谷拾担，郑荣华捐钱……串文

郑恒发捐钱六串文　　田德贵捐钱五串文　　田树臣捐钱二串文

金少梅捐钱二串文　　白惠卿捐钱二串文　　田成之　袁忠廷各捐钱二串文

陈吉元　甘玉林　陈耿臣　李同兴　陈盛源　孟德臣各捐钱一串文

陈建卿　陈斗垣　李名臣　赵善之　杨纪臣　陈太轩立　陈祥和　胡吉生

以上各捐钱壹串文

吕月轩　邓福臣　邓紫贤　陈占魁　捐钱八百

陈月五　赵熙民各捐钱六百文　　金泽臣　吴羽臣各捐钱四百文

陈融梨　黄乐夫　陈瑞青　周耀丰　陈德记　以上各捐钱四百文

关怡顺　苏义发　田进明　田进之　李三和　以上各捐钱二百文

赵席珍璧人撰书

石匠　许承彩

中华民国四年乙卯岁（1915）阴历冬月十二日　　公 立

此碑现存于张家界市永定区后坪镇武溪村，原永定卫大庸所遗址内，碑长0.7米，宽0.5米，厚0.06米，保存状况较好。

（21）重修张王庙碑记

重修张王庙碑记　唐崖司城所有

张王庙田□久矣……恐，咸聚祷于神，□为□佑，遂……现坝，扬大风吹倒贼旗者三日如是，因此未敢入境。及同治元年春，贼由湖南来咸邑，直抵两河口岸，所见对面山上人马纷扰，疑惧不敢渡河，拥众而去。其实并无人迹。我境两次得□，□害者皆由神威所致。自是以后欲报无由，□得募众捐助，整□楼台，培修殿宇。三年之中，众心踊跃，功成告竣，遂成今日之巨观，所以酬神恩于万一，更祈神之□，垂护佑于无穷也。爰叙其原委以识之。

钦赐蓝翎特授湖北施南协左营唐崖汛司厅尽先分府　陈□□大福　起募首人

钦赐蓝翎特授湖北施南协左营唐崖汛司厅升用分府　可□□观富　次募首人

钦加理门衔特授湖北施南府咸丰县张家坪左堂　张□□鹏翰　捐钱五串

唐崖本城老人，始终募化，总理监修，鸠工首士罗□高，时年七十八岁，前同治三年六月初七偶得急病，祀神……

募化绅耆　　曾万兴　周立松　刘明兰　马天禄　饶开义

首　　士　　罗大成　周大槐　陈静之　乐富春　许李富　罗大凤　许正武

　　　　　　喻武奇　喻武相

起工住持僧　道清

次工住持僧　戒凡

帮修瓦匠　　刘明□

大清光绪六年（1880）七月上浣之二日唐崖本城绅耆同众首士公议立

此碑现存咸丰县唐崖张飞庙遗址内，高0.6米，宽0.4米，嵌于围墙上，部分字迹模糊难辨。

（22）祖师会置田碑记

祖师会置田碑记

凡事难于创而更难于因，惟公事尤甚焉……

公成周，一时香火灿烂，灯烛辉煌，称盛事……

守是庙，遂倡其说于金君、一魁等。余先君……

同人尤复力任其事，不避谤亦不畏难。数……

买彭家溶水田四圻，计种七斗，载军粮……

年，买彭家溶水田二圻，种三斗……

放，每年共收租谷十六担。十年……

军粮三分，去价三十串文传……

先君曰：是会之成，诸君之……

勤矣。责在于予，当慎厥事……

忘乎？诗曰：黾勉从事，不敢……

为于前者，莫不传之于后，使……

言以志之。余以不文辞之者再……

陈吕□……

金一魁 昌世浩

首事 陈光坤

陈正纯 孟开商

陈大□

光绪十八年壬辰岁（1892）暮春……

此碑现存于张家界市永定区后坪镇武溪村，原永定卫大庸所遗址内，碑残长0.3米，宽0.5米，厚0.06米，下部缺失。

（23）作善降之百祥碑

福有攸归

闻之《书》曰：作善降之百祥。《易》曰：积善之家……

神明垂功德于无穷，流芳名于后世也。故……

地陈君光时、光森、光熙，乐善士也，为因门庭……

拿坪水田大小贰坵，派稞贰拾担整，以作祭……

自上以后，伏愿圣德昭彰，俾乐善君子百……

神恩于罔替矣。是为叙。其田在大路……

昌新铮 陈光图 陈……

首士 陈光贤 胡怀申 胡……

胡宏溥 陈光□ 陈……

陈……

光绪十一年（1885）三月初……

此碑现存于张家界市永定区后坪镇武溪村，原永定卫大庸所遗址内，碑残长0.5米，宽0.4米，厚0.05米，下部残缺。

（24）永顺县正堂严禁衙役滋扰碑

严禁衙役滋扰碑

特授湖南永顺府永顺县正堂卓异候升加二级秦

为严禁事。照得隶役之设，原以供差遣，效奔走。岂容计图便安，非分僭妄。本县访闻，近日该差等每遇承差下乡，勾摄公事，无论地之远近，竟有乘骑坐轿，滋扰之事，正在示禁间。并据该绅士等禀请示禁，前来合行严禁。

为此示衙役人等知悉，嗣后尔等奉票下乡，均应正身亲往，不得乘骑坐轿，及私令白役替往，致有任意拘索扰害之事。倘敢阳奉阴违，仍蹈前辙，一经访闻或被告发，立即从严办惩，决不姑息。凛之慎之，毋违！特示！

此碑现存永顺县石堤镇羊峰村铜瓦溪，嵌于供销社墙壁上，长1.2米，宽0.6米，保存较好。

（25）万福攸同碑

碑额“万福攸同”，碑文：“天福五年，爵主奉晋王胄同马希范、田好汉、向宗彦镇服溪州。宗彦住连花池，好汉住石牌楼，希范为伏波将军，惟爵主世授楚王，今会溪坪铜柱是其亲立，柱间文字可考也，传十八代，至彭肇槐献土于雍正皇帝，镇楚有功，后人树彭祖庙以志不忘，盖已以遍永顺一带地方矣，我境是其所辖，尔来地方不靖，豺虎横行，仰神威之驱除，敢不立庙貌以奉祀，其土木之功今已告成，是以序始末以□不□云耳，是为序。诗云：胜地天开景，灵源庆泽长，雄图常巩固，悠久自无疆。”

碑文的下部分是捐款人名、数额，姓氏以田姓占绝大部分，少数为向姓，不见他姓。该碑立于咸丰二年（1852），现存龙山县桂塘镇尺格峒车夫佬土王庙遗址内。

3. 题刻

（1）明溪新寨题名记

明溪新寨题名记

至和二年（1055）冬，辰军责蛮人之慢，焚其下溪州，取铜柱大铛而还，刺史彭仕羲以族奔向峡木浣洞。

朝廷因其进奉，及禁于市。后蛮中岁饥，且稍为边患。嘉祐二年（1057）冬，简夫奉敕视三州边事。十二月至辰，与本路转运王绰、州将窦舜卿议复取落鹤寨至石马崖、喏溪十年间蛮人所侵官地。三年二月，同州将兵驻明溪，筑上下两寨，自三月十七日版筑，至四月十四城成，破山开路，抵石马崖，既尽故地，又将进兵下溪州，用平其巢穴。

六月，仕羲以状伏罪，乞命请降，遂止是行，犒兵于新城。因刊随军官员姓名，勒于崖石，庶久其传也。殿中丞充辰、澧、鼎州体量公事雷简夫题。

西京左藏库使荆湖北路驻泊兵钤辖兼知辰州充溪洞沿边都巡检使窦舜卿。

转运使兼本路劝农使同管勾军马公事尚书兵部员外郎王绰。

军官员：辰溪县主簿押士军徐骥，江陵县主簿部粮王邦彦，借职押军戴恩，殿直天福寨监押军队刘明德，殿直四寨巡检押军队尹政，待禁峡州巡检押军队何怀寿，内殿班辰州驻泊提辖军队张萧，随军指使、殿侍韩清、姚升、顾承爱、李昱、田成、王有济、王班，差使曹振，借职张宗瑾。

乡贡进士张颂监刊。

大理寺丞辰州签判掌机密甄升书。

明溪，在今沅陵附近。题记所载事迹《宋史·蛮夷列传》有载。

（2）松云潭石刻

万历丁亥（十五年，1587年）岁次，予游于此，自戊子来，□□□游乐，乙未以后，岁无间月。丙午以来同庆□□□房，并男宣慰□□□福□□□。

（3）谢圃石刻之一

嘉靖乙丑（四十四年，1565年）季夏，予欤内阁大学士徐门下锺川吕松泉、庠士杜太行携宗族人等同游于此。美。

（4）谢圃石刻之二

余与嫁酉司妹同游时，水泛故记。

（5）谢圃石刻之三

弘治己未（十二年，1499年）岁仲夏，余邀同世亲冉西坡游此，得鱼甚多。其日游者从者千余，俱乐醉而归。思垒记。

（6）谢圃石刻之四

余思垒暇时回，时老母□春属游景□因□闻酣起以记之。

（7）司城古栈道石刻

正德年来，与诸大夫乘舟游乐之勒，因刱碧花庄。思垒书。

（8）爽岩洞石刻

爽岩洞

正德十六年（1521）冬月吉 思垒书

古洞爽开处，藏春别有天。百壶筹胜赏，一笑料清缘。

二川彭飞

和二川

此洞何年辟，游来又一天。古人如何作，愿与结诗缘。

偶与仙人游，邀我洞中宿。夜久月明孤，风吹岩下竹。

小崖胡静

督工冠带头目：向宋宁。带管造：添福。石匠：熊明。

和小崖

夕阳对岸沉，倦马投林宿。兴尽浩然归，秋风摇翠竹。

道光十年（1830）秋日，敬庵腾成德书。石匠王忠山。

（9）钟灵山石刻

奉敕钦升湖广都司都指挥使，仍致仕龙虎将军上护军永顺等处军民宣慰使司前宣慰使彭思垒率众于此地，收粟一万称以备赈济。同弟彭世麟、姻亲彭世俊[①]、三男彭明臣、十男彭明信、十一男彭明时、十三男彭明道。嘉靖二年（1523）秋仲月吉旦日记。

□总：张虎　彭鸣　　总管：田春　彭永程

把目：彭尚勇　彭荣　乔永福　向英　田华　林风鸣　郑高　史杵　南木赊

　　　阮剌送　加俾　白主俾　张文魁

管工：添福　添寿

造字工：熊秀

（10）自生桥石刻

石桥仙渡

弘治十年（1497）重阳，宣慰使思垒（竖刻）。

（11）观猎台

都宣慰使思垒捕猎游此记云。

① 《彭世麟墓志铭》载，"娶两江口长官之女彭氏，而彭楚英讳世俊者，实其妻兄焉。"

（12）兰花山石刻

阿弥陀佛

永垂不朽

天灯叙

□室灯之传久矣，而藉以劝世者，因君子不欺□以为善□明无鬼，假是劝以表之□，室之有赖于灯也，不亦重乎！兹兰花山佛地隐□一见恻然不禁，愿立天灯一盏以结善缘。然独力难支，募化四方积善之家，捐赀助美积掖成裘，庶明灯不朽而善量亦扩充靡尽□□。

募化首士　屈能亮　□人　熊氏开田……

……

……

道光十七年□□□□月谷旦。

按：兰花山位于高坪乡高坪村天坪组，高坪乡小学后山兰花山上。原山顶有庙。石刻长5.1米，高3.5米，捐资人名多模糊不清。另有光绪四年永顺知府巡边记事石刻，长0.6米，宽0.6米。内容为："光绪四年九月初六日，由高粱坪巡边到此，仝行吴硕甫、周慧耕、幕府书吏蔡超、郡户长夏桂林、武起运等马步兵勇，共登山顶。知永顺府事周韡题。"

4. 墓志铭

（1）明故永顺宣慰使彭思斋墓志铭

明故永顺宣慰使彭思斋墓志铭

嘉靖壬辰（十一年，1532年）九月七日，永顺致政[①]宣慰使彭公卒。是年十□二月念三日吉□葬祖坟。孤明辅使来请铭其墓，按状公讳世麒，字天祥，别号思斋，先世自汉唐授溪州刺史。

国朝升授始祖讳天宝宣慰使，曾祖讳世雄，祖讳瑄，父讳显英，咸克世其官。母两江口长官彭武女，以成化丁酉（十三年，1477年）三月二十九日生公。公年十一授职，十四父厌世，公独理司政。年□十五奉调征施州银川山岭。十七征贵州川都匀。

① "致政"即为"致仕"。

是后用兵本省武靖、镇算、广□、思恩、湖河、川陕等处，所至咸克捷有功，屡荷朝廷恩宠。及致政，复奉调征郴、桂，捷，寇以者，民□永芳等感德奏闻，得钦赐表劳坊以旌其贤。先是武宗朝营建采木，公竭力集众，采大木约四百余，遣使进献。先帝□嘉纳之，升授湖广都司都指挥使、龙虎将军，仍名赏蟒龙飞鱼服色，其忠勤大节缕如此。公常构堂四扁曰：世恩、怀忠、思亲、箐边要，皆志其忠孝之思也。平生谨敏和易，部曲畏其威，缅而怀其恩。延礼文儒教养子弟，虽所辖□然在长山大谷之中，而衣冠礼乐□如也。晚年乐隐别业颗砂，寄兴泉石，后亲见其子谢政其孙宗舜。公有弟五人，曰世麟、世骏、世□、世□、世骢。娶彭氏无子，向氏生明辅及弟明臣，共有子一十三人，曰：明弼、明乡、明相、明良、明佐、明伦、明仪、明信、明时、明道、明智；女十七人，一适保靖宣慰彭九霄，二适酉阳宣抚冉仪舍人冉值，一适散毛宣抚覃斌，一适施南宣抚覃良臣，二适桑植向绶向天爵，一适五寨长官田庆□□，一适九溪卫上峒峒长向友旺，一适永定卫茅冈峒长覃尧之，一适两江口长官彭惠，一适本属旋溶州知州田贵，一适腊惹洞长官向□□，一适驴迟洞长官向一阳，一适麦着黄洞长官黄全萁，一尚幼也。明辅取桑植安抚司安抚向世英长女为嫡妇，生宗舜，授宣慰职，即公嫡孙。公卒之日□传明辅，逢跣哭泣居丧，甚有礼，其有□□□多矣。父子祖孙□忠孝一脉相传不替，可得而无铭诸。铭曰：□□思斋，□□之思，维忠维孝，传之子若孙，亦率维忠孝，□□□蹈，百世相承，为鉴不远，有如祖考，于维思斋。足征公之家教。

赐进士第文林良广东道监察御史乡生唐愈贤撰。

皇明嘉靖十一年（1532）岁次壬辰十二月念三日以哀二明轩□泣血□□。

镌字匠皮舍武。

（2）麦坡墓志铭

麦坡墓志铭

永顺等处军民宣慰使司冠带舍人彭均讳世麟，字天瑞，别号麦坡，前宣慰使忠诚府君彭公显英次子。母太人彭氏，以兄爵受诰封天瑞。自幼纯实，天资过仁。比长，粗□□经史，正德庚午辛未岁（五年、六年，即1510、1511年）代司事，同目把彭潮、张虎、彭尚勇、彭胜等领兵征讨川、陕、河南、湖、贵诸丑，与树头功。孝于亲，恭于兄，安于义，分接往来士夫以礼，处士舍目以和。凡公门庶务，罔不协心替襄，事事就绪，上下咸嘉其为人，所以不负为今致仕使君，钦受龙虎将军上护军大兄思斋彭公□爱□至之难弟也。矧其为人慕道德尚修养，居常以山水、钓弋为娱，诗酒琴棋自遣，虽生长膏粱而能脱去纨绮之习，遇饥寒者辄赒恤之，见□罪者申□之，无问贤愚皆知其德。生于成化癸卯（十九年，1483年），殁于嘉靖乙酉（四年，1525年），春秋仅四十有三。娶江口长官之女彭氏，而彭楚英讳世俊者，实其妻兄焉，子三人，长明德，仲明仁，季明政；妾向氏生子曰科、曰举，文□二子尚在，幼生女彭氏达礼，适下峒峒长向天爵。妾鹞麻向氏、卯峒向氏、辰州李氏俱无子女。以八月中秋之吉，卜葬灵溪祖茔之南，迁作未山丑向。其孤子明德等泣血以状请铭，乃为之铭曰：

呜呼！天瑞间气所钟，今年率师将指广中，忽报贼平返旆处，东归未信月，天数告终，属纩正寝，族属攸同。如或广□贼巢未空，驻师炎荒，奋扬立功，六□栖栖陨星落营中。义虽甚慊，情实甚恫，浸实□下，事实奇逢，是岂偶然？忠厚之崇，而今而后，大归厥室，佳城□□，清流湜湜，黄金□此，百年真吉，毓秀孕灵，永庇来裔！

正德庚午（五年，1515年）[①]湖广乡进士九溪沐斋乔迁撰。

（3）彭宗舜墓志铭

明故怀远将军永顺宣慰使司宣慰使忠轩彭君墓志铭

君讳宗舜，字子孝，世为溪州人。其先赐姓于高辛氏，至周以篯铿显，迤逦至唐末五代，有以功为溪州刺史者，子孙遂家焉。追宋元如故。我朝高皇定天下，属当厌兵之后，君之先以境土归降。高皇喜之，升其地为宣慰使司，子孙得世袭宣慰使，秩正三品，故彭氏之世，宣慰始此。

孝忠时，有曰世麒者，号思斋，君之大父[②]也，倜傥好仪，轻财乐施。凡中朝士大夫，若白沙、东山、甘泉、阳明、大崖、闻山、高吾、云巢诸名公，皆毕礼厚币以求教，故一方典章文物，彬彬丕变，庶几中州，思斋之力也。父明辅，字伯苾，号得轩。

①其意当为正德庚午科进士，非撰写墓志铭时间。

②即祖父。

深沉简重，雅好文学，所接必端人正士，不妄交游，不尚靡丽，而惟日以宽惠抚绥其民。民以无事，地方要之，盖思斋既作于前，而得轩惟慎静以守之，弛弦操纵之体，当如是也。母向氏，以正德壬申岁（七年，1512年）三月二十日生君。始就外傅时，得轩[①]遣之来余大酉山中，以师号余。

未几，田州叛，上命阳明王公率师征之，得轩与君适以师隶帐下，日与太守人士更出迭入，讲明良之学，盖日闻所未闻矣！此班师，阳明公以诗送之，曰："嗟尔彭宗舜，少年多战功。从亲心已孝，报国意弥忠。"故君问字于余，余得字之曰"子孝"，而署其所居之室曰"忠轩"，盖志之也。君拜受命唯谨。

乃嘉靖己丑（八年，1529年），得轩以疾上疏乞休，部为题请，上可之，遂俾君嗣职，寻以田州功受赏，邦人荣之。嘉靖辛丑（二十年，1541年），九庙焚，征林于楚蜀，君献大木二十章。天子实嘉乐焉，进秩一阶，赐飞鱼服一袭，盖殊典也。嘉靖癸卯（二十二年，1543年），镇筸苗夷龙木儿等寇抄为患，上遣大臣平之，檄君往，师顺与故。相距几百日，卒擒首恶献之，然亦劳惫甚矣！捷闻，天子赏之。君遂以疾终于家，盖嘉靖甲辰（二十三年，1544年）岁五月二十有一日也，享年三十三岁。

呜呼！君果弗寿已乎？然生死常理，苟为人臣、为人子，有以孝于家而忠于国，爱民仁，与士信，则生死之理得矣，而何寿夭之足计耶！惟其生无益于时，死无闻于后，中则曰富曰贵，曰老且不死，政如浮云、泡影、槁木、顽石等耳，何足为把玩耶！

君配彭氏，保靖宣慰使彭君九霄之长女，生子男三人，女一人，长翼云[②]当嗣职，佥议谓翼云年小而有美质，当使之从师力学，而又日侍其祖得轩君膝下，以隶习政体，此如美锦而使人制之也。故嗣职如故事，而守篆视事，进止可否则当。道咸归重得轩。盖得轩仁厚老成，好贤礼士，百姓安之。苟多历年，所以侍其孙之成，不惟彭氏之福，而边徼得人，惟藩惟垣，国家亦胥赖焉，其虑长矣。

---

①宗舜父彭明辅。

②早卒，次翼南嗣职。《历代稽勋录》载曰："（忠庄公）讳宗舜，号中轩，别号铁苗道人。忠敬公（彭明辅）次子也，生于正德七年三月二十日，至嘉靖六年即任，辖三州六司。嘉靖二十三年五月二十一日卒，在任十八年，寿三十三，葬[illegible]坪，生子二，长曰翼云，次曰翼南。翼云早卒，无嗣，次子翼南嗣立。"

君将以嘉靖二十三年（1544）十一月十一日附葬于祖茔之原，作寅山申向。得轩遣使以状，乞余铭。余知君有师生之谊，弗可辟也，乃为之铭。呜呼！君可以瞑目矣。

铭曰："惟楚之徼，爰有溪州。惟彭之裔，世德作求。惟君之茂，弗克永修。天实为之，于人奚尤。惟山严严，惟水潺潺。君葬期间，既寝且安。呜呼哀哉，永矢弗刊。噫！"

赐进士□□、中宪大夫、贵族等处提刑按察司副使、前兵部车驾司员外郎、辰郡大酉王世隆撰。

（4）彭翼南墓志铭

皇明诰封昭毅将军授云南右布政使湖广永顺宣慰彭侯墓志铭

余初从阳明先生游，闻论天下世族贵盛而悠远者，先生因及永顺彭氏可以当之。余曰："何征？"先生曰："迩者，两役思、田，宣慰世麒、明辅、宗舜三世咸征。及和门日侍讲宅，吾见其敏而勤，富而义，贵而礼，严而和，入而孝，出而忠。夫学莫贵乎勤，利莫先于义，接人莫急于礼，驭众莫要于和，立身莫切于孝，报国莫大于忠。彭氏世有六德，安得不贵盛而悠远乎？及余宦四方，总百揆，匡九有，凡天下世胄举得调度而甄别之。其不肆则骄，不削则危者多矣。若彭氏父子祖孙相继而贤、而贵盛、而悠远亦仅见者。"然则先生昔者之言不既征哉。嘉靖乙卯丙辰（三十四、三十五年，即1555、1556年），倭寇祸我东南，极惨。侯以弱冠膺命，提兵两千定之，吴越闽广至今蒙其福。余益嘉彭氏多贤嗣，我国家之有良翰也。今年秋，伻忽捧状叩我京邸，泣而丐铭。讯之，则曰："夫作矣！"噫嘻悲哉！余衰病阁笔者久，又竟不忍没人之善，会渠谢通政毕为之请，益力不得已，志而铭之。按状，侯之先，世系绵远，难以历纪。唐懿宗时，有居庐陵名辅者，进士及第。其季子瑊刺史辰州，洞蛮率服。由是众举瑊之子士然刺史溪州。后晋天福间，与楚马氏立铜柱为盟，表士然为诸州都誓主，遂专有溪州地，而世其官焉。宋则有师裕、允林、允殊、文勇、儒猛、仕羲、师晏、师宝、福石宠、安国、思万，元有胜祖，皆相承为州刺史。延祐间，改州为安抚司，至正间，升为宣抚司，为宣抚者胜祖子万潜也。

我高皇帝定鼎金陵，万潜遣子天宝纳土先附，乃升今永顺等处军民宣慰使司，以天宝为宣慰使。赐诰给印，仍兴世职。天宝生源，源生仲，仲生世雄，皆袭宣慰使。

世雄生瑄，蚤卒，赠怀远将军。瑄生显英，封昭武将军上轻车都尉。显英生世麒，升湖广都司指挥使，封龙虎将军上护军，赐蟒衣三袭。世麒生明辅，加衔受赐如其父。明辅生宗舜，封怀远将军，加服色一阶。宗舜即侯之父也。侯名翼南，冠之岁大魁，罗念庵字以靖卿，勉其翊靖南服也。复号之曰北江，因其彭氏世居也。侯为儿时，性颖敏，举动不凡，及少长，务学不倦，喜诵诗评史，延揽巨儒为师友。资如东廓念庵，则远宗之道林、华峰皆及门受学。刊阳明、遵诲诸集以思贤，修司志、家谱诸书以传后。他如当路群贤，曾侍侧者，罔不师法之，故多闻见而富学识，非敏而勤者乎？昔祖父丰盈疆场，强盛而不侮邻封，不敛民庶，凡送迎出予必裕，故士、夫、工、贾胥得其欢心。军中饷犒靡不分给，故士卒用命，而所过不扰。广积布粟以赈饥寒，大施财木以修黉梵，自备资粮采进大木助建朝殿，直拟万金。至于自奉饮馔，未尝兼味，衣服不着锦绮，仪从惟尚简朴。尝获贼中美姬，臣以充赏，侯即沉之江，其不以骄贵而迩声色每如此，非富而义者乎！自继职加封，略无毫发骄肆态。和易以混俗，敛退以容物，敬慎以事上，温恭以下贤。士无显晦，问聘咸勤，宾无少长，款遇必厚，间有不得于人，纵面毁无愠色，非贵而礼者若是乎？遇群下必庄心厉，居常由统纪有规，行师则部伍不紊。然其色威不猛，令肃而宽，虽围卒仆夫，待若家人父子。故其民聚而不散，睦而不乖，鸡犬相闻，远近悦服。卒之日，众若丧厥考妣，非严而和者，能然乎？侯蚤失怙，鞠于大父[①]。大父得轩，余同门有道叟也。侯一步一趋、一语一默，惟大父是效，政不禀命不敢行，人非旧后不敢任。晨昏之省，膳疾之侍，必亲必敬，及事孀母咸亦如之。族尊长必加礼敬，畀幼多周恤之，若曰："此吾父子一体之亲也！"何如其孝耶！侯十九莅事，次年东征，其平望驿、王江泾、秋母亭、陆泾坝、胥口之大战，每身先士卒，擒斩功。及寇复入，侯整旅载征，遂收平湖，全捷，徐海授首，贼众靡有孑遗，岛夷绝迹，不敢为东南患者，皆侯之力。

抚管镇筸叛苗，十余年不复出没。征剿支罗土寇，黄中率服归降。除施散之暴侵，拯川湖之水火。察管内疾苦，而向之汤，移流悉复，均户口粮税，而昔之逋欠书完至。

朝觐贡献，岁无后期。历任十三年，而膺钦奖宠锡者，五部院旌奖者三十，或进

---

①祖父彭明辅，父彭宗舜卒年二十二。

昭毅武阶，或升参布政文秩者，胥侯敷工之所致也，又何如其忠耶？夫集有众善，备是六德能，率乃祖攸行，为昭代列阀，宜其福享贵盛，而寿获悠远也，胡尔遽卒耶？噫嘻悲哉！侯乃淑人保靖彭氏出，生嘉靖丙申（十五年，1536年）六月一日，卒隆庆丁卯（元年，1567年）六月十一日，得年三十有二，有子男五女四。元娶彭氏保靖宣慰使尽臣女，无出；次娶冉氏酉宣抚玄女，受封淑人，生长子永年，继侯职；三娶向氏桑植安抚仕禄女，先侯卒，无出；四娶彭氏江口官舍志显女，生次子曰长年。其三子曰延年，四子曰大年，五子曰登年，皆侧室出。女亦冉氏毕出。男女咸幼未聘。卜隆庆二年（1569）十一月初二，葬聚龙湖，扦作酉山卯向。铭曰：辰之初，维公瑊。肇于溪，乃士然。至天宝，四十传。归皇明，克旬宣。迩圣化，育群贤。嵯北江，文武全。论勋业，拟凌烟。裕厥后，光乎前。丰于德，啬其年。啬其年，亦胡愆。存无忝尔所生，殁不愧彼墓田！

皇明隆庆二年（1569）仲冬月吉日。

赐进士及第、特进上柱国、金紫光禄大夫、建极殿大学士、少师兼太子太师、吏部尚书存斋徐阶撰。

（5）彭明义墓志铭

彭明义墓志铭

公讳明义，考谱系唐代□君公二十三世孙，湖广都司指挥使诰封龙虎将军永顺等处军民宣慰使世麒之第九公子也。兄明辅公承袭司职后，公乃营别墅于九官坪，与文人学士游□□书□学有孔子，杏坛朱□鹿洞风，人所共仰，今犹啧啧称焉。公德配向夫人，性娴淑，治家谨严，内助有方，人称女中尧舜，生五子：长宗道，其后嗣洪源迁居砂坝何家村，现有子孙一百八十人；次宗□，长孙翼冲，其后嗣洪源迁居车坪业湖中坪，文魁迁居三宗田彭家坡，次孙翼劲其嗣无镇，迁居石堤岩溪，现有子孙六百二十六人；次宗明，后嗣洪源迁车坪，现有子孙一百二十人；五宗相，迁居塔卧九冲；惟三宗德，其后嗣住址不详。

（6）敕进阶昭毅将军思垒彭侯故室淑人向氏墓志铭

敕进阶昭毅将军思垒彭侯故室淑人向氏墓志铭

赐三品服四品当奉正大夫修正庶尹直

文尚宝司卿□提督中书事纂修官问惠畴撰文

赐进士第奉正大夫、广西按察司佥事、前刑部山西司员外熊祥书丹□□赐进士第、中顺大夫、知重庆事、前刑部郎中文澍篆盖

永顺宣慰使彭侯天祥常以文墨通于予,今年仲春忽遗冠带,头目乔永福以手状告予曰:“世麒长子明辅之母向氏宇凤英者，于弘治十八年（1505）乙丑仲冬月十四日寅时不幸以疾卒于室。卜正德丙寅（元年，1506年）十二月一十二日祔葬先茔之侧，敢借重一言以志墓。”按来状，向氏号清房者，腊惹洞长官向源之伯女也，年十五归也。以清房低祖乃侯姑祖之月血 ，侯之祖源实清房姑祖之子，以姻缔亲续世好也。向性聪慧，知妇从法度，事侯甚得其礼，事侯母心色备至，有男子之所难者，故侯亦甚重之爱之。大□妇人得夫君者，必秉其私之之隙，进谗行妒，鲜不傲上凌下以青龙，向独不然。所以兴仁房彭氏凤英者帷堇，自静房彭氏鸾英、宝房彭氏彦、兰房覃氏贵黄而下，姬氏若干人咸怀其恩惠，举无怨言，尝有忌之者，向知之，略不介意□，待之如常。侯知向素有量，姑试之曰：“某忌女有言如是，女可忍乎？”向但敛手关立，声气平味，卒无一言，以□之者乎！是□□敬服曰：“加侯诸□生男女共二十有四，为向所出者二，曰明辅、明臣；女二，长适桑植安抚向仕奇。（次女）尚幼。□子子男明卿、明辈，向□爱之教之如己出。有读书，向躬为指画，百方以下估其勤。向幼未即女学，又非出庭训，其所读诗词歌赋，但□说□了大意。如《霎□□□证》一书，□讲颇欠，辄能成诵贯晓，至于辨珍玩，识奇货，虽老于游历者，几无以过，岂得于天分然乎。向生清雅，其闺□器且开，井人人意，故名之曰清房，所以纪其也，且勤能巧精于女职，又善处事，故以家政使总之。不□□其□两又助侯亲贤友□□诸发号施令，多所禅盆。侯性素刚严，每侯颜色进谏曰：世事无穷，光阴有限。此细征尔，何足过。□如是财，故临政时常使人觇之，惟恐过伤于侯，而患及下也。侯性好书画，集之者充栋，向皆能保藏之。侯治颗砂别墅，向指画多合意。当得九连环多未即解，向辄详之能复，其聪慧若此，真不多□也。侯常节奉王命，若弘治五年有施银山岭之征，六年有贵州都清之征，十四年有靖州及普安之征，十七有广西思恩之征。每□□向□□以公义劝侯，勿以私家为系。侯征思恩时，行□柳州欲一诗稿，且急万恨其息于家也。忽报家，至发视之，即所欲□□□。向之以心事侯，祈欲必知之诚积而妙合有如此者。侯征回，病于劳，向竭力视疾，日夜左右，汤药不亲当不进常不进，不理容色者，□□侯病已，向亦以勤劳致疾，又不忍使侯知之，状几疾侍后燕矣，

后不自矜持，日见羸瘠，遂伏枕者二月。侯多方救治，竟不□□。与侯诀曰："愿夫君凡事慎节坚心，事吾老姑，力报国家，恩保先业，妾自恨命薄，不能百年侍巾栉。"语毕涕泗横下，有须而逝□。其始生于成化丁酉（1477）三月初十日申时，实得年二十九，於戏痛□。先是，弘治丙辰以侯职受诰封，向固让于彭，且曰："我虽总家政，而彭实先于我。"此人也，故彭受冠佩而向益有贤□。今年侯以宿疾作不能供职，请于朝廷，彭无子，以向之子明辅当嗣职，则向虽让封于前，其子则受荫也。又常进其来使而审之，佥拜，且泣曰："敝司民黎被吾夫人之仁惠也矣。"口莫能罄其多，而状之所陈，特其壁焉者。故自讣□日，远近部落奔走号泣，声震于林木，茕然如丧考妣，哀声至今不绝。况吾主在童时，绰有贤异，宗拜部下大姓皆难其配，及夫人入门，众见其言动有法，豁达无与并者，内外咸啧□□，喜曰："此善配也，此善配也。"予益信状之有征，乃详考彭侯谱□，□侯为高辛氏之孙，□□号彭祖者之裔，辟土于汉，振声于唐，至彭仕然，以溪州刺史金紫光禄大夫立铜柱为界，及师裕传充林为下溪州都誓主，北惟彭氏最大，而诸州咸宗隶焉。又入传胜祖以平乱贼田万顷，升安抚使，元之延祐七年也。至万潜遣次子敬宝内附，太祖高皇帝嘉其慕化远来，节升天宝宣慰使，而彭氏贵感有自来， 越天宝凡七传，以及于彭侯天祥，皆能历展忠荩之心辅我皇明大懋功业，屹然为西南之保障。所谓根深而本固者，其间贤挺生后，先望是虽地灵人杰，而莫不本于内助之有贤也。与侯又能张大旧基，光照先烈，以仁义教民庶，以礼乐化家，□则向之贤明，故出于天性；抑亦侯之有所先与□。侯长子明辅入□向出偶然□，寻当继侯之任，为一方民社之主。他日朝廷以厥子故重，有重褒赠之茔。向虽以□而蚤世，天固默庇其贤而裕其后，犹未□也。是宜彭侯郑重其事，特为表其行而志之于石。予因其状，元此请之，专且嘉向之贤淑，故备考彭氏之自而系之以铭。铭曰：德而弗寿，岂理之常？断侯之臂，未侯之匡。生不尽报，宛胡能忘。岐疑元子，将棣将梁。吁嗟清房，兰茁其芳。家世九鼎，风与侯当。既娟归侯门，惟侯是襄。事侯慈母，如如在旁。处侯众室，惕然□□。训侯诸子，仍然愿良。侯多内政，相侯分张。顺侯于德，翊侯于昌。生侯元子，绩侯之章。匪若是德，侯□□□。褒赠□□，□然孔光。有夫有□，难死不亡。雅州之坪，其封若堂。龙虎之相，祖考之臧。卜亡告谐，千岁□□。兰秘其芳，吁嗟清房！

江夏刘凤仪镌 阴阳正术南昌金□

（7）彭淑人刘氏墓志铭

明故彭淑人刘氏墓志铭

墓有志铭者，记死者之行，实而名状其生之为人也。永顺彭慰使天祥①家法甚严，内宫不出于外，故淑人刘氏云其详不可得□也。□然亦略得其乐，尝闻其母感异梦以成，□壬辰②三月念三日而生淑人，其父延星士推其禄命，星士曰："是女婴之干支也，禀得中和之气，他日笄而字，必大贵显非允命也。"及龄，有相士见而奇之曰："他日得婿，必近乎龙，真夫人之相也。"父母甚钟爱之。弘治甲寅（九年，1494年）岁，天祥始问名而纳采焉。既归彭门，事姑有孝行，每修馈食，必极甘旨精洁，否则不敢进奉也。其事天祥也，无时无处而不敬戒，尝自言曰：女子之嫁也，母命之往，之汝家，必敬必戒无违夫子，妾敢不敬戒而违我夫子乎？尤谦恭卑以礼，元嫡入，云则入，坐，云则坐，食，云则食；嫡未之，云则弗入、弗坐、弗食。□其于侄娣，尤能容蓄而无嫉妒，其于卑，使□贱□能赒恤，非怙终所犯，不轻詈笞辱也。天祥服官政二十余年，其朝夕侍巾栉，未尝少懈，其退衣自公每馔具，未尝违误天祥。七奉征讨□□衣裳，备糗粮、□、甲胄、帐、弓矢，而罔不□□□力。今天祥致政又二十余年，其侍休暇亦如侍在官，未尝顷刻而忘于怀也。噫！淑人者亦可谓能尽妇职矣。以嘉靖辛卯年（十年，1531年）五月三十日卒于正寝，享年六十。生子男一，曰明卿，冠带舍人，娶向氏；女二：长适酉阳宣抚舟□，次适上峒峒长向交旺；孙男三：曰宗学，曰宗周，曰宗浩；孙女一，曰得诺璧。卜以是年六月十七日葬雅草坪，从舅姑之墓侧焉。铭曰：柔质静专，孝敬躬先，奉萱爱日，梦兰自天，子孙贵介，甥婿藩宣。雅草之阡，灵溪之泉，淑人幽宅，于斯万年。

皇明嘉靖六年（1527）六月之吉

赐进士出身北京刑部主事辰阳王世隆撰

---

①天祥为彭世麒号。

②根据下文刘氏故去的时间及年龄，推其生年为成化八年（壬辰年）

五、墓葬

老司城周邻墓地统计表

编号		名称	地理位置	年代	现状	备注
序号	分类号					
188	1	紫金山墓地	永顺县灵溪镇司城村	明代	较好	局部发掘
189	2	雅草坪墓地	永顺县灵溪镇司城村周家湾组	明代	一般	个别清理
190	3	禁山墓地	永顺县灵溪镇司城村周家湾组	明代	一般	个别清理
191	4	真祖山墓地	永顺县灵溪镇司城村周家湾组	明代	一般	
192	5	朝田墓地	永顺县灵溪镇司城村	明清	一般	个别清理
193	6	八字墙墓地	永顺县灵溪镇司城村	明代	较好	个别清理
194	7	义渡田墓地	永顺县灵溪镇司城村	明代	较好	个别清理
195	8	金鸡包墓地	永顺县灵溪镇司城村	明代	较好	个别清理
196	9	筒车田墓地	永顺县灵溪镇司城村	明清	较好	个别清理
197	10	观音阁墓地	永顺县灵溪镇司城村	明代	较好	个别清理
198	11	菜园坪墓地	永顺县灵溪镇司城村	明清	较好	个别清理
199	12	插帽金花墓地	永顺县灵溪镇司城村	明清	较好	个别清理
200	13	青眼山墓地	永顺县灵溪镇司城村	明清	较好	个别清理
201	14	大堡墓地	永顺县灵溪镇司城村	明代	较好	个别清理
202	15	千指湾墓地	永顺县灵溪镇司城村	明清	较好	个别清理
203	16	螃蟹戏珍珠墓地	永顺县灵溪镇司城村	明清	较好	个别清理
204	17	五谷庙墓地	永顺县灵溪镇司城村	明代	较好	个别清理
205	18	李家堡墓地	永顺县灵溪镇司城村	明代	较好	个别清理
206	19	观音座莲墓地	永顺县灵溪镇司城村	明清	一般	个别清理

编号		名称	地理位置	年代	现状	备注
序号	分类号					
207	20	王家湾墓地	永顺县灵溪镇司城村	明清	一般	
208	21	黄家屋场墓地	永顺县灵溪镇司城村瓦厂组	明清	差	
209	22	那土车墓地	永顺县灵溪镇司城村瓦厂组	明清	差	
210	23	岩菩萨墓地	永顺县灵溪镇司城村	明清	一般	
211	24	莲花座墓地	永顺县灵溪镇司城村	明代	一般	个别清理
212	25	象鼻嘴墓地	永顺县灵溪镇司城村	明代	一般	个别清理
213	26	八桶湖墓地	永顺县灵溪镇司城村	明代	较好	个别清理
214	27	岩巴湾墓地	永顺县灵溪镇司城村	明代	较好	
215	28	椿树湾墓地	永顺县灵溪镇司城村	明清	较好	个别清理
216	29	干水碾湾墓地	永顺县灵溪镇司城村	明清	较好	
217	30	禾场坪墓地	永顺县灵溪镇司城村	明清	较好	
218	31	卡吉包墓地	永顺县灵溪镇司城村	明清	一般	
219	32	座虎头墓地	永顺县灵溪镇司城村	明清	较好	个别清理
220	33	禁果庄樊应祥墓	永顺县灵溪镇孟岗村禁果庄组	清代	良	
221	34	鲁那坡杨坟墓葬	永顺县灵溪镇鲁那村	明清	差	
222	35	田家湾墓地	永顺县灵溪镇高峰村田家组	明清	差	
223	36	高峰村梅山堡墓地	永顺县灵溪镇高峰村高峰组	明清	差	
224	37	土家枯墓地	永顺县灵溪镇泽树村下寨组	明清	好	
225	38	田家枯墓地	永顺县灵溪镇泽树村田家枯组	明清	差	
226	39	泽树村彭应惠、彭老儒人墓	永顺县灵溪镇泽树村马七库组	明代	好	

编号		名称	地理位置	年代	现状	备注
序号	分类号					
227	40	泽树村新基枯墓地	永顺县灵溪镇泽树村	明清	差	
228	41	雨洞上寨墓地	永顺县灵溪镇雨联村上寨组	明代	差	
229	42	别些堂黄土坡墓地	永顺县灵溪镇雨联村别些堂组	明清	差	
230	43	别些堂古坟包墓地	永顺县灵溪镇雨联村别些堂组	明清	差	
231	44	别些堂岩井湾墓地	永顺县灵溪镇雨联村别些堂组	明清	差	
232	45	石家屋场门前墓地	永顺县灵溪镇司城村押送溪组	明清	好	
233	46	马家灶墓地	永顺县灵溪镇雨联村张家寨组	明清	良	
234	47	彭家屋后头墓地	永顺县吊井乡毛坪村自生桥寨	明代	一般	
235	48	王家坡古墓地	永顺县吊井乡	明清	荒地	
236	49	新基湾墓地	永顺县吊井乡吊井村栗子坳寨	明代	差	
237	50	花园门上舍巴枯墓地	永顺县吊井乡花园村花园坑组	明清	差	
238	51	花园门上瓦拉爪墓地	永顺县吊井乡花园村花园坑组	明清	差	
239	52	花园门上杨曹湾墓地	永顺县吊井乡花园村花园坑组	明清	良	
240	53	花园门上藤子枯墓地	永顺县吊井乡花园村花园坑组	明清	良	
241	54	岩门塘杜家湾墓地	永顺县吊井乡花园村岩门塘组	明清	差	
242	55	左丝科古墓地	永顺县吊井乡吊井村树木咱	明清	一般	
243	56	乌龟脱壳墓地	永顺县吊井乡花园村花园坑组	明清	差	
244	57	新基包墓地	永顺县颗砂乡白龙村	明代	差	
245	58	张橙公墓	永顺县颗砂乡颗砂村积谷组	明代	一般	
246	59	彭明义墓	永顺县石堤镇红色村	明代	一般	

编号		名称	地理位置	年代	现状	备注
序号	分类号					
247	60	彭凌云墓	永顺县石堤镇他砂村下寨	明代	一般	
248	61	下寨古墓地	永顺县石堤镇前进村下寨组	明代	一般	
249	62	马洞新基塔古墓地	永顺县石堤镇前进村马洞寨	明代	一般	
250	63	中寨古墓地	永顺县芙蓉镇克必村中寨组	明代	一般	
251	64	泽龙哈驼子通凹墓地	永顺县芙蓉镇雨龙村泽龙哈组	明清	好	
252	65	大咱祖坟珑墓地	永顺县芙蓉镇毛冲村大咱组	明清	好	
253	66	向氏家族墓地	永顺县芙蓉镇雨龙村	明清		
254	67	油坊包墓地	永顺县高坪他洞村	明清		
255	68	响塘卡枯墓地	永顺县高坪乡雨龙村3组	明代	好	
256	69	科洞庙上茶弄墓地	永顺县高坪乡那咱村科洞组	明代	好	
257	70	明故向门汪氏墓	永顺县高坪乡那咱村科洞组	清代	好	
258	71	高坪那咱寨上墓地	永顺县高坪乡那咱村寨上组	明代	好	
259	72	吴格庄墓地	永顺县高坪镇那咱村吴格组	明代	好	
260	73	古树坪墓地	永顺县高坪乡三角岩村泽龙坪组	明清	好	
261	74	彭凌高墓	永顺县泽家镇云扎村向家湾组	清代	好	
262	75	彭应麒墓	永顺县泽家镇云扎村向家组	清代	好	
263	76	码头上墓地	永顺县抚志乡打洞村彭家组	明清	较差	
264	77	施溶州土司墓地	永顺县长官镇长官居委会	明代	一般	
265	78	石家湾土司墓地	永顺县回龙乡官坝村石家弯组	明代	一般	
266	79	覃仲春墓	永顺县砂坝镇砂坝居委会杨家寨	清代	一般	

以上统计了与老司城遗址相关的墓地32处，加上周边的墓地与墓葬共79处，涉及彭、向、秦、王等计12姓，考之均为土司时具有一定身份者，或总管、旗长，或其下人。乾隆《永顺府志》载："彭世麒、彭明辅、彭宗舜、彭翼南、彭永年、彭元锦、彭廷机、彭廷椿、彭相澍等夫妇墓三十冢在老司城，彭泓海夫妇墓二冢在洗坝湖，彭泓海妻墓一冢在吊矶岩，彭肇相等墓四冢在广罗寨，彭肇极墓一冢在腊茄。"又清雍正十三年湖南巡抚王柔颁布《保护土司坟墓檄》责令地方官员"查明三土司历代土官坟墓共有几处，坐落某保、某甲、某处山，逐细造册，开报到道备案，即着该地保甲查看取具，日后永远不致损伤，甘结送府存案。如有不法棍徒侵削树木、恃强盗葬即刨挖偷盗等情，许该地保甲即时飞报该地方官堪明，通详严拿究拟，倘该保甲有敢匿报，一经发觉，即以通同盗贼律，从重治罪"。乾隆二十五年永顺知府张天如又颁公文言"永顺旧土官自梁开平间历五代、宋、元、明以至本朝，无论初年斩草除艾荆棘，启辟田野，栉风沐雨之劳，即其朝正忾，历奉征调，亦颇著劳绩。雍正五年，桑、保二司暴虐残忍，独永顺土官彭肇槐邻境相望，不染其俗，素能辑和其人民而向化献土，受朝廷赏赉之荣，回江西原籍，得奉世爵。其千余年坟茔、祠宇亦地方官所当时为经理也。合饬查议即土遗留祠宇尚存几楹，坟茔存留几冢，应立何人占先行妥议禀覆，务期使彭氏之先得长妥其魂魄，庶于存恤之典有合焉"。"改土归流"后，清廷多次责令地方官员对土司墓葬进行登记造册加强保护，使得大部分土司墓葬得以保存。目前虽多数墓葬已被盗掘，随葬器物无从追踪，但墓葬形制得以基本保留，对我们研究当时的丧葬制度和墓葬文化起到了积极作用（图十三）。

从调查统计情况分析，永顺土司墓葬分布以老司城为中心，涉及灵溪河、猛洞河、西水、施溶溪、洗车河等流域以及相关山体岗地墓地共79处，其中紫金山墓地和谢圃新基包墓地多葬不同时期土司宗室成员，墓葬形制基本以砖室墓为主，不见土坑墓，而其他墓地砖室、石室、岩石、土坑墓皆有，墓主身份地位各异，时代也早晚不一。具体而言，其分布呈以下几个特点：

1. 从河流方面分析

（1）灵溪河流域的相关墓葬　因水路交通的便利和司治核心的位置，墓地基本集中在灵溪河流域，即从龙潭城沿灵溪河而上沿途经老司城、谢圃城堡、吊井城、颗砂城等。这一流域目前发现土司时期的墓地共50处，其中砖室墓有38处，岩石墓有12处，占本次调查统计总数的63%。

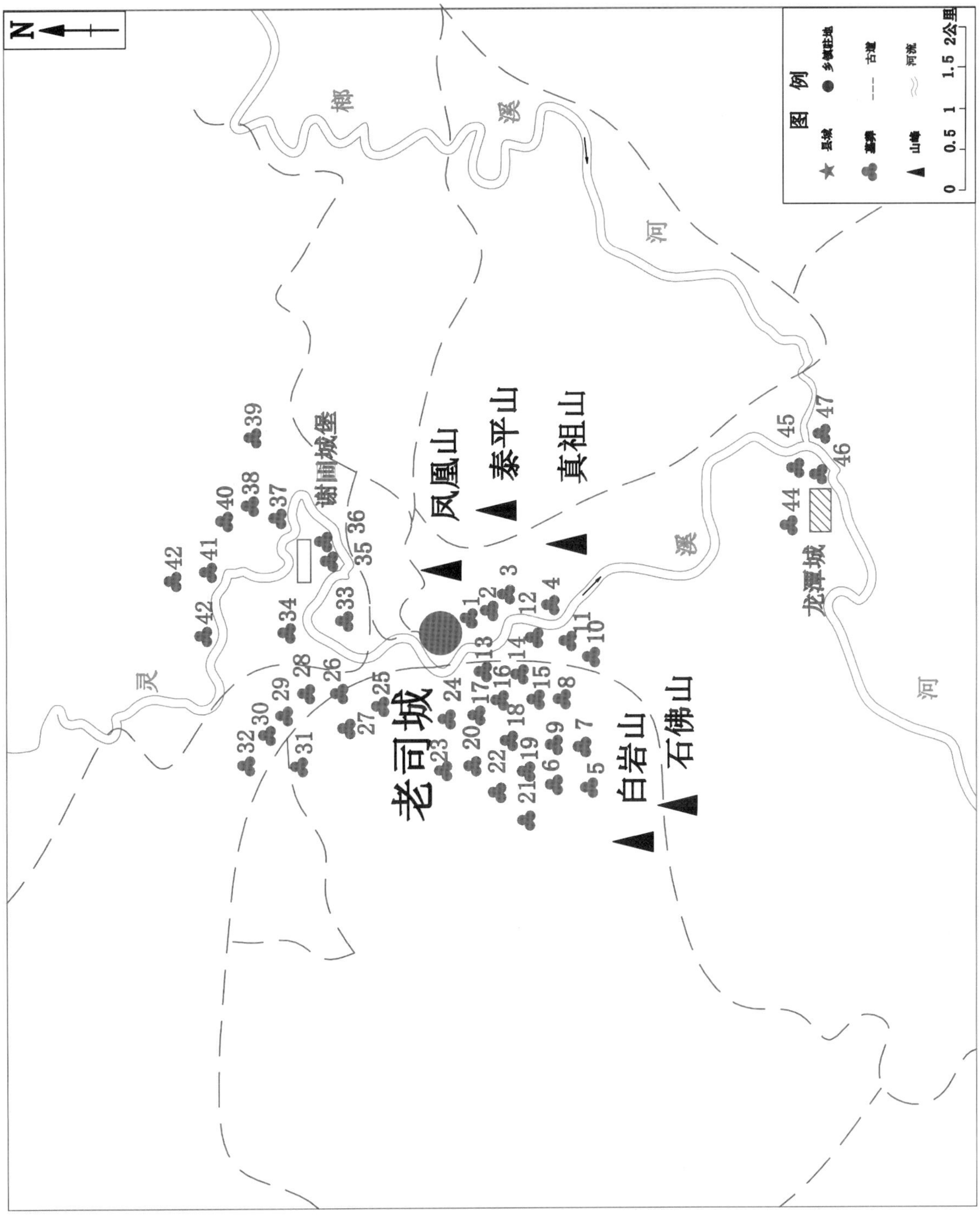

图十三　老司城核心区墓葬分布图

（2）猛洞河流域的相关墓葬　猛洞河源于龙山的猛必河，流经永顺的盐井、两岔、首车、勺哈、灵溪、抚志、高坪、列夕、王村共8个乡镇。此次调查集中在猛洞河下游区域，发现土司墓地4处，其中砖室墓有3处，岩石墓有1处。这一流域从不二门以下到与酉水交汇处几乎全为悬崖陡坡，防御遗存基本分布在列夕和克必中山台地，故墓地发现较少。从"猛洞别墅"沿河以上流域的墓葬分布情况有待以后的考古调查工作。

（3）酉水流域的土司墓葬　从永顺土司辖地的里耶至施溶溪，其间有保靖土司的辖地，比较重要的永顺土司遗址主要分布在南渭州至施溶州段酉水两岸和洗车河、施溶溪流域。根据调查分析，可判断为土司墓地的有南渭州的云扎、老司岩的花兰、施溶的长官、回龙的官坝等。这些遗存均分布于老司城遗址外围区域，因调查条件等因素制约，本次调查没有全面深入，有待往后工作加以解决。

2. 从山川地势方面分析

老司城周围整个地形属于武陵山脉分支系列，境内布列高立山、羊峰山、万福山、四方山、万云山、大青山、黑桃山7处大山，在其余脉走向、溪河的缓坡地带共发现墓葬39处，这些墓葬集中分布在高峰湖山界、万云山界、大青山界的高山丘陵、山间盆地及山间台地。墓葬形制以砖室墓居多，目前发现砖室墓22处，岩石墓17处。

3. 墓葬的形制与分布特点

根据调查统计，79处墓地主要分布在老司城附近或重要土司遗存周边，选择依托于溪河两岸山体构成的山湾和山脊作为主要葬地，靠山与连体的山脊环抱墓地，朝向必须通透面水；每处墓地的墓葬排列有序，一般主墓居中，排列于主墓两侧的一般为晚辈或属下，多见于砖室墓，土坑墓次之，岩石墓较少，不论土司王墓还是王室贵族以及一般家族墓地，都讲究长幼有序，人与自然的和谐相处。

（1）长幼有序　从墓地的选择看，凡距居所最近、被视为最好的墓地必须是族中最有权威的人或族中始祖，体现当时社会遵循长幼有序的伦理原则。

（2）人与自然和谐相处　所有墓地基本上都遵循阴阳平衡论，讲究人与自然的和谐相处，墓地一般都选择在山峦尽头的山湾平地或山脊延伸的开阔地，遵行于"山南为阴，水北为阳"的传统堪舆理念，追崇"坐山属阴，朝山为阳"的阴阳平衡关系，讲究阴阳属性的相生相依，人与山水自然的和谐相处。

（3）与古代堪舆学说有机结合　接照山势走向，墓地一般都选在山脉的尽头平坦的岗地，左右有群山环抱，前有溪河绕过，多为避风防水理想之地，寓意墓主葬于此，后世基业稳固，前程无忧，享受与生前一样理想的居住环境。这与古代的左青龙、右白虎，前朱雀、后玄武，讲究山水相合、藏风纳气等堪舆理念一致。

小　结

本次调查发现墓葬79处，其中密集分布于以老司城为中心的墓地多达46处，主要沿灵溪河两岸、白沙溪沿岸及八桶湖至博射坪一带分布。主要墓地有紫金山、观音阁、周家湾、八字墙、锦鸡包、象鼻嘴、建且枯、利木湖、响塘湾、丝柳等。

土司下属三州六洞墓地也有发现，如南渭州彭凌高墓，腊惹洞长官向宗国墓，驴迟洞、施溶州土司墓地，以及茅岗土司祖先覃仲春墓。土司时期古道沿线的城堡、要塞、村寨也有大量墓葬，如吊井新基湾，颗砂惹汝桥新基包墓地、张橙公墓，花园门上舍巴枯墓葬，禁果庄樊应祥墓葬，克必中寨墓葬，别些塘新基墓葬等。土司墓葬青砖条石券顶，以三室为主，部分出土墓志；土知州、长官墓用砖砌券，目前未发现墓志；下属地方头人、旗长用砖或山石起券，规模较小，一般为双室。墓葬均有封土堆。

从目前老司城遗址周邻清理的墓葬形制特点分析，永顺土司时期的砖室券顶墓大致从明代早期开始普及，至清代初期"改土归流"后，券拱墓较为少见。在明代初期以前未发现确切的券拱墓葬，如龙潭城发现的土坑墓葬，时间已早到宋元时期。有关土司时期墓葬形制演变规律、丧葬制度等均有待以后深入的考古研究。

第五节　调查采集的遗物标本

本次调查标本采集于53个点，共计146件，由于众多标本呈较大共性，挑选17个点，11件典型标本介绍（图版三六，3、4；图版三七）。

标本：祖师殿二台阶：1，青花瓷碗底，残高3.6厘米，底径7厘米，胎厚0.3～0.7厘米。白胎，弧腹，平底微凹，高圈足内外削，做工精细，外壁施白釉饰青花卷草至圈足中下部，釉不及底，内壁除圈足环形外均施青釉，中部饰青色墨迹，腹部饰两道青色环纹，残存1/3（图十四，1）。

标本：十里铺遗址：1，青花瓷盘底，残高3厘米，底径8厘米，胎厚0.3～0.7厘米，白胎，弧腹，平底，高圈足，做工精细，通体施白釉，腹部饰青花，内外底均饰两道青色环纹，内底有青色“寿”字样，外底则为工匠或家族标志图案，残存1/4（图十四，2）。

标本：祖师殿三台阶：3。青花瓷碗底，残高2.7厘米，底径5.4厘米，胎厚0.5～1厘米。白胎，弧腹，平底微凹，高圈足内外削，快轮休整而成型，做工较精细，内、外侧均施白釉，釉不及底，外壁饰青花卷草，内壁饰青色墨迹及青色弦纹，圈足内、外侧均有两道青色弦纹，中心饰青色工匠或家族标记，残存1/3（图十四，3）。

标本：祖师殿三台阶：1。青花瓷碗底，残高3.6厘米，底径4.5厘米，胎厚0.3～0.5厘米。白胎，弧腹，平底，高圈足内削，做工精细，外壁施白釉，圈足内底中下部饰青花卷草，间饰青色环纹，釉不及底，内壁均施白釉，中部饰青色墨迹，腹部饰两道青色环纹，残存2/3（图十四，4）。

标本：祖师殿三台阶：2。青瓷碗底，残高2.7厘米，底径5厘米，胎厚0.4～0.6厘米。灰胎，弧腹，平底，矮圈足内削，底微凸，做工一般，外壁施青釉至圈足中部，釉不及底，内壁均施青釉，圈足间饰环纹，有冰裂纹，残存1/3（图十四，5）。

标本：那吉枯遗址：1。青瓷碗底，残高2.4厘米，底径8厘米，胎厚0.5～0.7厘米。灰胎，弧腹，平底，矮圈足内削，做工精细，外壁施青釉至圈足中部，釉不及底，内壁除圈足外均施青釉，残存1/5（图十四，6）。

标本：紫金山右神道：2。滴水，残长3.5厘米，残宽11厘米，厚1～1.5厘米。泥质灰胎，经模制高温烧造成型，有人工修整痕迹，正面饰花草，残存1/3（图十四，7）。

标本：祖师殿三台阶：4。硬陶钵，口径22厘米，残长13.3厘米，残高7厘米，胎厚0.3～1厘米。泥质红陶，尖圆唇内敛，鼓腹，快轮休整而成型，做工精细。从口沿内壁上部至外壁均施褐釉，口沿内壁有流釉现象，且有轮休痕迹，外壁口沿下有两道凹弦纹，素面，残存1/3（图十五，1）。

标本：紫金山右神道：1。陶罐口沿，口径22厘米，残长14厘米，残高8厘米，胎厚0.5～1.5厘米。泥质夹砂红陶，圆唇内敛，弧腹，快轮休整而成型，做工一般，通体施黄釉，口沿下部有两道弦纹，内壁有按窝，残存1/10（图十五，2）。

标本：祖师殿四台阶：1。硬陶罐口沿，口径22厘米，残长12厘米，残高6.3厘米，胎厚0.6～1.8厘米。泥质灰胎，尖圆唇外撇，弧腹，做工较精细，除口沿上部外，其余均施褐釉，口沿下部有弦纹，内、外壁均有轮休痕迹，残存1/10（图十五，3）。

标本：祖师殿四台阶：2。硬陶罐口沿，口径22厘米，残长7.5厘米，残高4.3厘米，胎厚

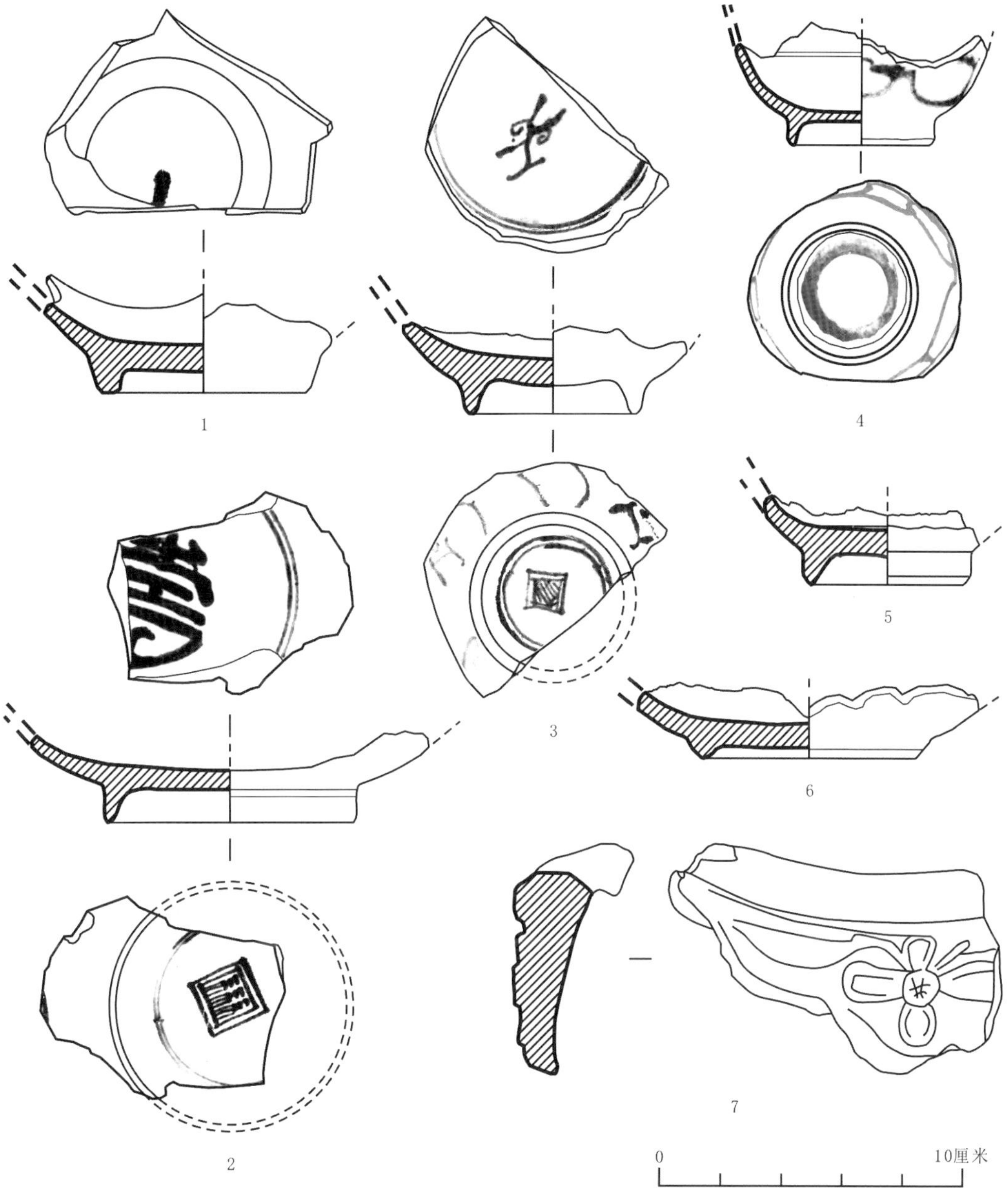

1. 祖二级台阶：1　2. 十里铺：1　3. 祖三级台阶：3　4. 祖三级台阶：1
5. 祖三级台阶：2　6. 那吉枯：1　7. 紫金山右神道：2

图十四　典型标本一

0.6～1.7厘米。泥质灰胎，尖圆唇外撇，弧腹，做工较精细，除口沿上部外，其余均施褐釉，素面，内、外壁均有轮休痕迹，残存1/15（图十五，4）。

标本：老洞：1。硬陶钵，素面，圆唇敞口，斜腹大平底，内外壁通体饰瓦棱纹，泥质灰胎，口径13厘米，通高9厘米，底径9厘米，胎厚0.4～0.8厘米。可复原（图十五，5）。

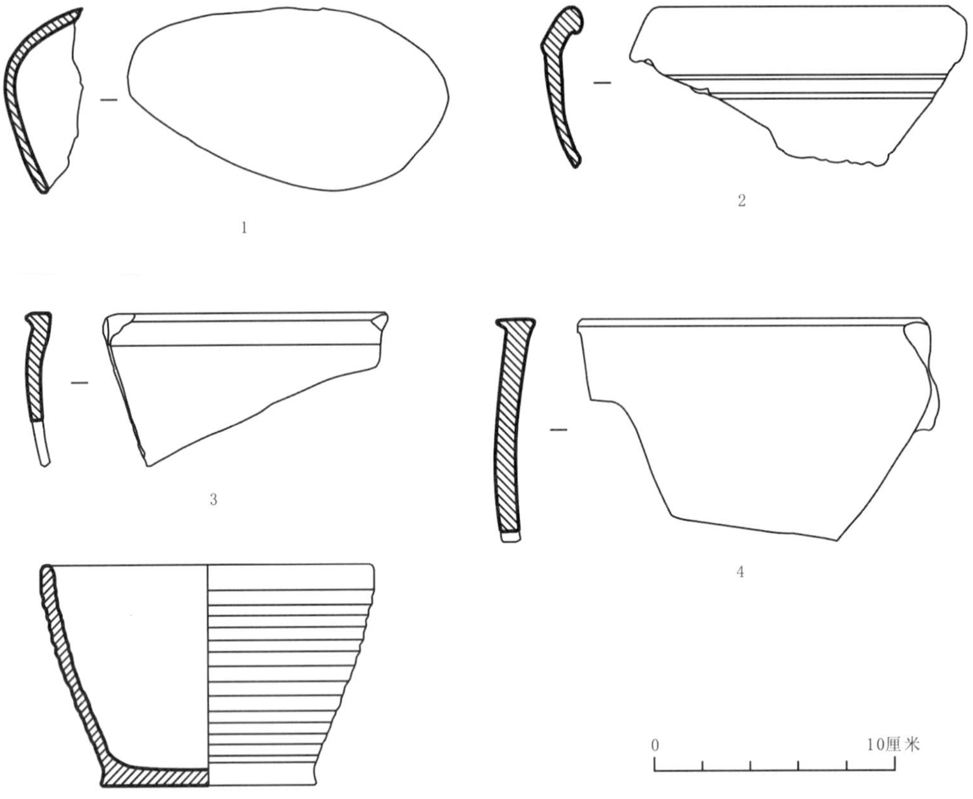

1. 祖三级台阶：4　　2. 紫金山右神道：1　　3. 祖四级台阶：1

4. 祖四级台阶：2　　5. 老洞：1

图十五　典型标本二

以上介绍的标本虽没有年款，但就青花瓷的质地、图案、釉色与形制基本能判断出大致年代与窑口。这里之所以将介绍较多的标本放在祖师殿，就是想说明一个问题，作为景德镇或其他官窑产品抑或定烧、纳贡佳器，虽不敢断言在祖师殿这一土司频繁祭祀宗教圣地几乎不见，就是周边城址、城堡也不多见，更不用说其他防御遗存了。这反映作为土司王族生活器皿中的上品，除陈设随葬而外，可能仅供王室内部上层人物办公待客、饮食娱乐所用。这些官窑产品较集中出土在老司城宫殿和衙署区，极少出土于紫金山墓室内，当然，目前的调查是否近于史实，还得往后工作注意求证。另外，老司城遗址出土的建筑构件已找到了它的开采地和烧造地，那么遗址出土大量硬陶器皿又产自何地？这不得不联想到永顺土司辖地的龙山石羔、新城和桶车的龙窑产品。这一带除有上好的瓷土外，传统的制陶业和烧造技术延至今日，进一步深入这方面的工作，是研究永顺土司文化不可缺少的一个重要环节。

第四章　相关问题讨论

第一节　永顺彭氏土司形成的历史原因

唐末五代至宋元，溪州彭氏历彭瑊、彭士愁、彭师裕、彭允林、彭允殊、彭儒猛、彭仕羲、彭师晏、彭师宝、彭福石宠、彭安国、彭思万、彭胜祖等诸任刺史戮力经营，内逐吴著冲，收惹巴冲诸土酋，尽得其地，尽收其民；外结马楚、赵宋尽享羁縻之利，联辰、锦、奖、叙诸邻而边境安，又藉武陵物产之奇之饶，山水形势之险峻，城池、关隘之至严至密，势力日炽。以致元延祐七年（1320）彭胜祖称“永顺安抚司”。至正十一年（1351）彭万潜自称永顺等处军民安抚司，后升宣抚司，并置南渭州知州，改保静州为安抚司。土司制度在彭氏溪州正式建立。溪州历史由羁縻州时期向土司时期过渡，彭氏则由羁縻州刺史、南北江蛮都誓主向“土司”角色转变。五代至两宋三百余年间，历代彭氏先勋为永顺土司的形成奠定了政治、经济、社会基础，开拓了生存和发展空间。

一、两宋时溪州地区经济发展现状为彭氏土司形成奠定了物质基础。纵向上，五代至两宋时期，内地先进生产力、生产关系伴着蛮汉互市、贡赐、政府大规模开发等交流活动逐步传入湘西地区，彭氏溪州地区经济发展加速，并开始向封建性经济阶段过渡，经济水平及实力超过隋唐五代，经济自给能力得到一定提高。其社会生产力水平提高途径和表现有：

第一，以牛耕为代表的先进生产方式传入南江蛮地区，并逐步向北江彭氏溪州地区渗透，推动社会生产力的发展。北宋神宗以前，中央朝廷严格控制牛耕技术向少数民族地区传播，明确规定“诏禁蛮人市牛入溪峒”[①]。但到神宗朝时，国力强盛，加强了对西南少数民族地区的开发，其中对溪州地区影响最大的是章惇经制南北江蛮及梅山蛮地区的活动。在这个活动过程中，章惇采取各有侧重的策略，对彭氏溪州即北江蛮地区着重运用政治强力手段

---

①《宋会要辑稿》卷五《蕃夷五》。

镇抚，而在南江蛮地区充分运用政治王化、经济封建化双重手段加以开发和管理。经济方面采取“给牛货种使开垦”[①]，对少数民族地区经济开发影响深远，其不仅改变了过往集权政治严格控制内地先进生产技术传入“蛮夷”地区的政策传统，而且加速了民族地区经济向封建经济过渡的进程。以牛耕技术为代表的先进生产技术并不直接传入北江地区，而是在与南江蛮、辰、沅等周边地区的交流中间接传入。虽然以间接方式传入，但亦不至于很晚，原因有二：一是两宋在南北江蛮地区实行誓下州制，这种自溪州大战以来逐步建立起来的以溪州地区为核心的松散联盟，在维持南北江地区交流中发挥了重要作用，即便南江蛮大部分归附，纳入王化势力范围，这种作用仍持续有效发挥。二是活跃的公私互市关系的发展，加速及深化了汉蛮、蛮区间的交流。官方对互市的管理和维护，神宗时诏“楚、蜀、南粤之地，与蛮僚溪峒相接者，以及西州沿边羌戎，皆听与互市”[②]，并在沅、锦、黔江口等毗邻溪州的地区设置博易场，鼓励互市，进行交流。又南宋绍兴间，改北宋末禁绝沿边互市政策，遵成法，务在抚绥。孝宗乾道三年（1167）诏“平溪峒互市盐米价，听民便，毋相抑配”[③]，加强沿边互市的管理。另一方面，民间互市于铤而走险中发展迅速。以叙州（今洪江县及怀化市地，又名懿州、洽州）互市为例，南宋绍兴、乾道以后，夷都蛮屡次寇边，朝廷令叙州禁绝互市，但叙州官、民为巨利而阳奉阴违，“以不属本路之故，便怀观望，有秦越肥瘠相视之意，于互市一事，全然不肯任责，妄乱申陈，巧作推避。……即以所劫卤之物公然将出，贸易于叙州之境。叙之边民，利于赢掠十百之利，上下共享，故不乐于互市之绝，虽已累次移文叙州禁约，其本州岛终是奉行灭裂。近据关报称，马不来互市已久，不待而自绝。然本司遣人密往察视，则本州岛虽公言止绝，其实私下贸易交通，一切如旧”[④]。两种因素相叠加，确保内地先进生产力不至于太晚传入溪州地区。

第二，劳动力是生产力中最活跃的因素，两宋时彭氏多次诱胁、劫掠内地汉民至溪州，客观上促进了生产力的发展。《宋史》载：“咸平六年（1003），高州义军务头角田承进夺所掠汉口四百余人。”景德元年（1004）荆湖北路言：“溪峒团练彭文绾送还先陷汉口五十

①章惇《开梅山歌》。

②《宋史》卷一八六《食货下》。

③《宋史》卷四九四《西南溪峒诸蛮传下》。

④《宋会要辑稿・蕃夷五・南蛮传》。

人。”嘉祐二年（1057）“仕羲及归所掠兵丁五十一人”[①]。这些被诱胁、劫掠的汉民通常为彭氏据为“客户”，“诱胁汉户，不从者屠之，没入田土，往往投充客户”[②]，成为私人财产。自北宋初至南宋，这种现象普遍存在于“蛮区”与“汉区”交接地带。来自内地的“客户”不仅成为少数民族贵族与中央博弈博取更大利益的资本，如大中祥符五年（1012）诏“昨许溪洞蛮夷归先劫汉口及五十人者，特署职名，仍听贡。如闻缘此要利，辄掠边民充数”，责令地方官员“所在切辨察之”[③]。更为根本的是他们从内地带来的先进生产技术直接推动了民族地区社会生产力的发展。对彭氏势力来说，掌握先进生产力技术客户的数量多寡决定其对社会经济控制力的强弱，影响其经济实力的积累。

第三，两宋统治者加强了对辰州、澧州、南江及梅山地区的开发，社会生产力迅速发展，并逐渐形成先进生产力对溪州地区的三面包围渗透格局。如咸平六年（1003）荆湖转运使上言：“近溪峒田，先以蛮人侵扰，禁其垦殖，今边境安静，民复耕莳，已遣官检拨置籍，请令依旧输租。诏蠲常赋之半。”[④]鼓励汉民到边境垦殖。另外，章惇开梅山蛮后“人口渐繁殖……植桑重稻输缗钱”[⑤]，当地经济逐渐纳入封建经济体系。同时，统治者在辰、沅、澧、靖等州实行屯田制，“（各州兵）分处要害，量给土地，训练以时，耕战合度，庶可备御。以所余闲田募人耕作，岁收其租，其于边防财赋，两得其便”[⑥]，对当地生产力及生产关系的发展产生了一定影响。内地先进生产力技术、先进生产关系通过这样一种格局逐步向溪州地区传播、扩散、扎根。总而言之，两宋时彭氏溪州地区社会生产力水平有了一定发展，开始向封建经济过渡。

横向上，受政治、自然、交通、开发迟等因素制约，溪州地区经济发展与内地仍存相当差距。农业方面，受自然因素、牛耕生产技术尚未普及、耕地面积少、刀耕火种及游耕等落后生产方式影响，农业生产水平不高。耕地面积少，生产方式落后，“山多田少，水耕火耨者，多方春砍杂树燔至，名剁畲，火熄乃播种……男妇并作，山多于田，宜谷者少，燔棶芜垦……即种三四年，则弃地而别垦，以垦熟者烧瘠故也，弃之数年，地力即复，则乃垦

①《宋史》卷四九三。

②《续资治通鉴长编》卷二一九。

③《宋史·诸蛮传》。

④《宋会要辑稿·蕃夷五》。

⑤清光绪《新化县志》卷十一。

⑥《宋史·诸蛮传》。

之”[①]；农业劳动生产率水平低，“山高水冷，田土硗瘠，十亩之田不及中州一亩之八”[②]；农田水利建设几乎空白，“于稻田水利略焉不讲，殊不知蓄水之法”[③]。农业生产关系亦十分落后，“土司及土知州，皆自有山及田，役佃户种之。佃户者，皆其所买人，如奴仆然”[④]。手工业、商业方面，因“土少出产，河道险隘，不通贩运”[⑤]，发展较慢，水平不高。手工业、商业多为外地人控制，“土著之民不娴匠作，所需木石铜铁之工，多自桃源、蒲圻、辰州来者”[⑥]，“土人……不识商贾，凡有誓约，画竹为券”，“工多自外来，技艺较土人为巧”，“土木竹石裁缝机匠之属，各有专司，但外县人居多”[⑦]。

受自然、交通、历史等因素制约，彭氏溪州地区经济整体水平及实力发展有限，对外依赖程度较高，集中体现在贡赐贸易上。贡赐贸易作为羁縻政策的重要部分，为永顺土司的形成提供了重要基础。贡赐贸易是溪州与赵宋关系的晴雨表、衡量力量的秤杆。对彭氏来说贡赐贸易的存在既是其政治合法化的表现，又是获取巨额经济利益，壮大实力，增强对溪州经济社会控制力的重要途径和手段。这种控制力集中体现在对战略物资——食盐的控制上。在中央王朝、彭氏及溪州土民三者之间，中央王朝以盐控驭彭氏，“天子济我以食盐，我愿输与并食”[⑧]，彭氏又以之控制土官、土民。此外，对贡赐贸易所得奢侈品、消费品的控制和分配成为彭氏控驭、笼络其他大族和首领的重要手段。如至和二年（1055）彭仕羲、彭师宝父子间发生龃龉，彭师宝在向辰州地方官及中央上表的官文中就列举“（仕羲）贡奉赐予悉专之”罪状。由此可见，贡赐贸易不仅是溪州彭氏维持与中央关系，也是维系誓下州制联盟成员关系的重要手段与途径。

值得注意的是，两宋对贡赐贸易的管理和控制变得更加规范严厉，表现在以下方面：第一，严格规定上贡的程序。咸平四年闰五月诏：“溪洞等处除刺史、知州已上非时到阙，进奏院申枢密院外，其常例进奉人员到京，限五日进纳，仍具职位、人数报合门，依例见、

①乾隆《永顺府志》。

②乾隆《永顺县志》。

③乾隆《永顺府志》卷十一。

④《彭氏族谱》。

⑤同治《桑植县志》卷三。

⑥同治《桑植县志》。

⑦同治《永顺县志》。

⑧《宋史》卷四百九十三《蛮夷一》。

辞，更不供申枢密院。合门支赐，例具札子进呈，取索宣赐。”[①]第二，明确规定进贡人员职位及其回赐物。景德元年闰五月四日诏：“溪峒诸处进奉人员，衙内都指挥使、都教练使并诸色目都指挥使、指挥使、招安巡检使副，各赐官絁衫子、四两银要带、绢夹、绢二匹、麻鞋；都押衙、都部领、大将、军将、承引官、都知兵马使、子城使，各赐紫官絁衫子、绢夹、钱一千；散从官、步奏官、子弟、傔人，各赐皂绢衫子、钱一千。”[②]第三，严格掌控进贡人员行为。如景德年间为防止进贡队伍滋扰生事，侵害省民，诏“蛮人有来贡者，选使臣一人部押，先须搜索兵刃器械，每程与驿官同给驿料。如抚遏蛮人不致违越，理为劳绩，不即钤辖，即行责罚。若牙校部送者，与迁一资，仍与优稳差遣。或与蛮人同为违越，亦当停削”[③]；第四，采取就近上贡措施，严格控制直接赴京上贡次数。天圣四年八月十四日诏：“溪洞诸州蛮人进奉，今后只于逐州交纳贡物，给赐价钱，每二年一次，许首领至京，因便买卖，仍自今年为始”，改变以前“每年至京”的传统。宋廷在贡赐贸易上表现出来的严格化趋势充分揭示集权政治在处理少数民族问题上逐渐强硬的特点，是集权政治发展的表现，也表明集权政治开始收拢力量逐渐规范少数民族地区政治、经济、社会秩序的强烈欲望和自信。这种欲望和自信发展到元代，用严格规范的土司制度取代契约性、松散性极浓的羁縻政策。

综合而言，纵向上随着生产力的发展，彭氏溪州地区经济较之前有相当发展，并建立起地区经济的统治和垄断地位。这种地位表现在对土地的绝对占有和对食盐的控制和垄断，经济实力、自给能力显著增强，而具备有限自治的物质基础。但是，横向上溪州地区经济发展水平低，与内地相去甚远，同时随着溪州与内地经济联系的加强，对外依赖程度逐步深化，这种依赖集中表现在互市及贡赐贸易上，这决定了其无法在自治道路上走得更远或偏离轨道，而不得不接受集权政治有限控制，以便生存和发展。这是永顺彭氏土司形成的物质基础。

二、对土民社会的有效控制为永顺土司的形成奠定了社会基础。彭瑊时，先后剪除了吴著冲、惹巴冲等土著酋长势力，统一溪州。据《龙山县志》载：“其先有老蛮头吴著冲，今之本城洗罗、辰旗、董补、洛塔、他砂诸里，皆其土。因延江西吉水县彭氏助理，彭氏以私恩结人心，日渐强盛。至彭瑊，谋逐吴著冲，著冲败走猛峒，瑊复率众击之，遂匿洛塔山。时有漫水司土官之弟向伯林，骨肉不和，归瑊。瑊令伯林攻吴著冲，著冲困毙于洛塔石洞，瑊以洛塔之地酬向氏，余土归瑊。又有惹巴冲者，与吴著冲结为兄弟，今邑之明溪、五寨、

①②③《宋会要辑稿·蕃夷五·南蛮传》。

坡脚、捞车、二梭、三甲、四甲诸里皆其世土，后亦为瑊所并。”[①]为防止吴著冲、惹巴冲等土著势力死灰复燃，彭氏在原吴著冲势力核心区即今老司城修建吴著祠，祀吴著冲。一方面尊重土民信鬼、祖先、部落酋长崇拜的传统，重塑土民信仰，安抚土民，维持对土民社会的控制。另一方面表达彭氏势力存在合法性的信息，收买和抑制吴著冲等土著酋长残余势力，以防其东山再起。同时，作为外来势力，彭氏十分重视利用其在政治、经济、文化等方面的优势，逐步完成了对土民社会及其文化的改造，建立新的社会统治秩序。在后来历史发展进程中，原土著酋长控制的区域始终成为彭氏势力中最为稳定的部分，当彭氏势力在两宋时遭受严重挫折时，这里成为彭氏躲避集权政治征服、蓄积力量的港湾和基地。

三、五代至两宋，溪州彭氏与马楚、赵宋在政治博弈过程中实现王朝治理与地方自治的相对平衡为永顺土司的形成提供了政治基础。滥觞于秦汉的羁縻政策，经魏晋南北朝、隋唐、五代、两宋发展充实和完善，伴随集权政治发展生成一种政治惯性向前发展，至元代时向土司制度过渡，最终上升为国家政治制度。两宋以来，政治发展呈集权政治持续发展，集权力量持续增强并形成持续挤压少数民族地区政治势力生存和发展空间的趋势。在此趋势下，一套设计更为严谨、对少数民族政治势力控制更为严密的政治制度——土司制度应运而生。永顺彭氏正于此背景下顺应趋势步入土司制度时期，这是永顺土司形成的政治基础。

第一，溪州大战标志彭氏政治权威在溪州地区的建立，这是永顺土司最具本色的政治色彩、最原始的政治资本。从唐末农民战争到溪州大战前，彭氏势力发展已完成庐陵发迹、进入湘西统一溪州诸蛮等阶段，成为溪州“蛮酋”的首领。马殷时，彭瑊任辰州刺史、彭玕任郴州刺史，势力发展到“诸蛮归之，胜兵万余人”[②]。后彭瑊战死，彭士愁袭任溪州刺史。后晋天福四年（939），因马希范暴政重赋祸害溪、奖、锦等州，激发矛盾，彭士愁率众反抗，溪州大战爆发。五年，彭士愁战败，被迫“遣其子师暠率诸酋长，纳溪、锦、奖三州印请降于楚”[③]，并“为父输诚，束身纳款”[④]。马希范乃仿马援立铜柱，规定了溪州在行政、

①光绪《龙山县志》。

②《九国志》卷十一《彭师暠传》。

③《资治通鉴》卷二八二《后晋纪三》。

④《十国春秋》卷七四《楚·李宏皋传》。

法律、经济诸方面的权限。行政上，“乃依前奏，授彭士愁溪州刺史……诸子、将吏，咸复职员，锡赉有差，俾安其土”①，继续保留溪州少数民族首领的政治权利及其传承权；法律上，“五姓主首、州县职掌有罪，本都申上科惩”；经济上，“只依旧额供输”，“凡是王庭差纲，收买溪货，并都幕采伐土产，不许辄有庇占”，“尔能恭顺，我无科徭。本州赋租，自为供赡”②。同时，还规定“不许管界团保军人百姓，乱入诸州四界，劫掠滋盗，逃走人户”，“本都兵士，亦不抽差”。溪州大战彭氏以失败者的身份赢得了涉及政治、经济、法律、军事等自主、自治权益，其在溪州诸“蛮酋”的威望更炽，“领头羊”地位更稳固。其煊赫的历史功绩成为彭氏势力发展、壮大所依赖的政治资本。而溪州铜柱开创了羁縻政治的新模式，成为中央解决少数民族问题的典型和示范，影响扩及周边民族地区，如溪州大战后，“南宁州酋长莫彦殊率其本部十八州，都云酋长尹怀昌率其昆明等十二部，牂牁张万浚率其夷、播等七州皆附于希范”③，并延及两宋。跨越五代至北宋初，彭氏势力扩展至南北江蛮二十余州，“北江蛮酋最大者曰彭氏，世有溪州，州有三，曰上、中、下溪，又有龙赐、天赐、忠顺、保静、感化、永顺州六，懿、安、远、新、给、富、来、宁、南、顺、高州十一，总二十州”④。

第二，宋廷钳制地方势力，使其发展迅速转入退缩防御阶段。绍兴五年（1135）彭福石宠迁治老司城，彭氏势力完全退缩至西北以万福山界、高立山界、摩天岭，东南以高峰山界、羊峰山界、大青山界为屏障，西以猛洞河、南以酉水、东以施溶溪、北以澧水、中部以灵溪河为池的军事防御范围内（图版三四）。

但是到北宋末年，以及南宋渡江偏隅江南，放松了对西南少数民族地区的治理和控制。集权政治力量对溪州彭氏的压力减轻，彭氏赢得了摆脱中央势力控制保存势力和营构以老司城为防御中心的军事防御体系的时间。先是，彭福石宠迁治所于老司城，摆脱辰州的控制，将势力收缩至老司城及周边相对封闭地区。其次，努力营构“以山为屏，即水为池”的军事防御体系，保存和发展势力。经彭福石宠、彭安国、彭思万等人努力，建成以老司城为新的政治、经济、文化中心，辐射北至澧、南至酉水、西至洗车河流域、东至施溶溪一带新的势

---

①②《溪州铜柱铭文》，现铜柱存于永顺县老司城。

③《新五代史·楚世家六》。

④《宋史》卷四百九十三《蛮夷一》。

力范围。到元代，集权政治再度崛起，奉行相对宽松、自由的民族政策，加强对西南民族地区的管治。因此，元延祐七年（1320）彭胜祖才称“永顺安抚司”。至正十一年（1351）彭万潜自称永顺等处军民安抚司，后升宣抚司，并置南渭州知州，改保静州为安抚司。土司制度在溪州大地建立起来。

第二节　永顺土司与周边土司的关系

在重岗复岭、山险林深的西南地区，自汉唐羁縻之制至宋代都誓主制度，乃至于蒙元立国之时开始成形并完善于明代的土司制度，是我们理解整个西南地区区域发展历史的关键。地方历史的发展固然难以摆脱王朝大一统理念背后有如政治、军事甚至文化上的种种努力。考诸史籍，类似于“西南夷列传”的文字给我们留下了丰富的王朝在西南地区所做的上述种种努力以及地方群体因应时局的各种举措的记载；另一方面，自秦汉以来，特别是东汉末年以降，地方豪族、强宗大姓势力的急剧发展同样也是我们认识西南地区历史不可忽视的另一个面相，东汉以来，在素来被视为蛮夷之地的武陵山区，类似于“光武中兴，武陵蛮夷特盛”并屡次“据其险隘，大寇郡县”以及历代王朝多次发兵征剿的记载不绝于书。也就是说，尽管封建王朝国家从未放弃过“大一统”的努力，但是由于上节所分析的区域内特定政治惯性、经济乃至文化上的内在原因，使得在清朝雍正年间大规模的“改土归流”以前，以种种方式表现出来的“以夷制夷”以及联系王朝和“夷邦”之间的朝贡、征调制度，成为王朝治理西南地区的主要政策。

毫无疑问，湘西永顺彭氏土司的产生大体上亦放置于上述的历史框架脉络中来加以理解。从五代时期彭氏先祖彭瑊联合土蛮向伯林逐杀土蛮吴著冲并据有其地后，彭氏世袭溪州刺史并在两宋时兼任二十州都誓主，成为了“北江诸蛮”最大的蛮酋。至大三年（1310），原来的溪州被分割为永顺安抚司、葛蛮安抚司（辖南渭州，原属永顺）、司州安抚司（辖麦着、会溪、施溶三感化州和驴迟峒、腊惹峒[①]），永顺彭氏土司的辖地相对

---

①湖南省文物考古研究所《老司城申遗基础研究报告》，第17页；另见于柴焕波《老司城考古发掘报告》，未刊。

缩小。明代湘西各土司辖地虽不同程度的损益，但是其大体形成了明代湘西地区土司辖地的地望辖域。洪武五年（1372），明王朝改置永顺军民安抚司为永顺等处军民宣慰使司，隶湖广都指挥使后，最终形成了明永顺彭氏土司“领州三：曰南渭，曰施溶，曰上溪；长官司六：曰腊惹峒，曰麦着黄洞，曰驴迟洞，曰施溶溪峒，曰白岩洞，曰田家洞”[①]的基本格局。同时，伴随着周边保靖、酉阳、容美、桑植等宣慰使司以及其他诸如两江口长官司等下辖土司的相继设立，武陵山区基本形成了在明王朝管治之下的各土司分治局面（图十六）。

相对来说，正史关于永顺土司与周边各土司之间关系的相关文字相对较少，即便偶有关于各土司因争地、争木、争民口（掳掠奴仆）甚至因为介入袭位而发生仇杀的记载，但是，仅凭其对永顺土司与周边各土司关系做一较为系统的梳理还略嫌不够。近年来，在永顺老司城地区发现和出土了一定数量的土司家族成员墓志铭以及摩崖石刻、题刻，其对于我们认识这一问题有较大的帮助。作为记叙墓主生平事迹的墓志铭，其给我们留下了关于墓主人身世背景的种种信息，特别是其中有大量的文字涉及了永顺土司与周边各大土司以及下辖各小土司的婚姻往来关系。这些文字不仅可以对正史上关于各土司的关系进行补正，同时还可与上文述及的摩崖石刻相互印证。它们不但将土司时期的政治、经济、文化等各种面相做出了一个较为具体的呈现，更为重要的是通过对各土司之间婚姻往来的梳理，还可以为我们研究他们之间的关系提供极难得的便利。

下面通过考稽正史并参照上述发现及出土的考古材料，对永顺土司与周边土司的关系做一简要的梳理。元代以及明朝早期的永顺彭氏土司与周边土司是否有婚姻往来或者其与周边土司的关系如何，因缺乏具体的材料目前尚难以细考。不过从永顺《彭氏族谱》“至正十一年（1351），万潜自改为永顺等处军民安抚使司，旋又自升为宣抚司，并置南渭州知州，改保靖州为保靖安抚司，隶永顺司，以原知州彭世雄为保靖安抚司”[②]的记载来看，永保土司之间应该保持着紧密的联系，并且较之于保靖，永顺土司可能具有更大的实力。及至明初，保靖土司参与朱明王朝与陈友谅的鄱阳湖之战并于洪武年间率先归顺朱明王朝[③]，捷足先登使得

①《明史·湖广土司》，中华书局，1974年。

②永顺《彭氏族谱》，转引自王承尧等《土家族土司史录》，岳麓书社，1991年，第18页。

③参见王承尧等《土家族土司史录》，岳麓书社，1991年，第119页。

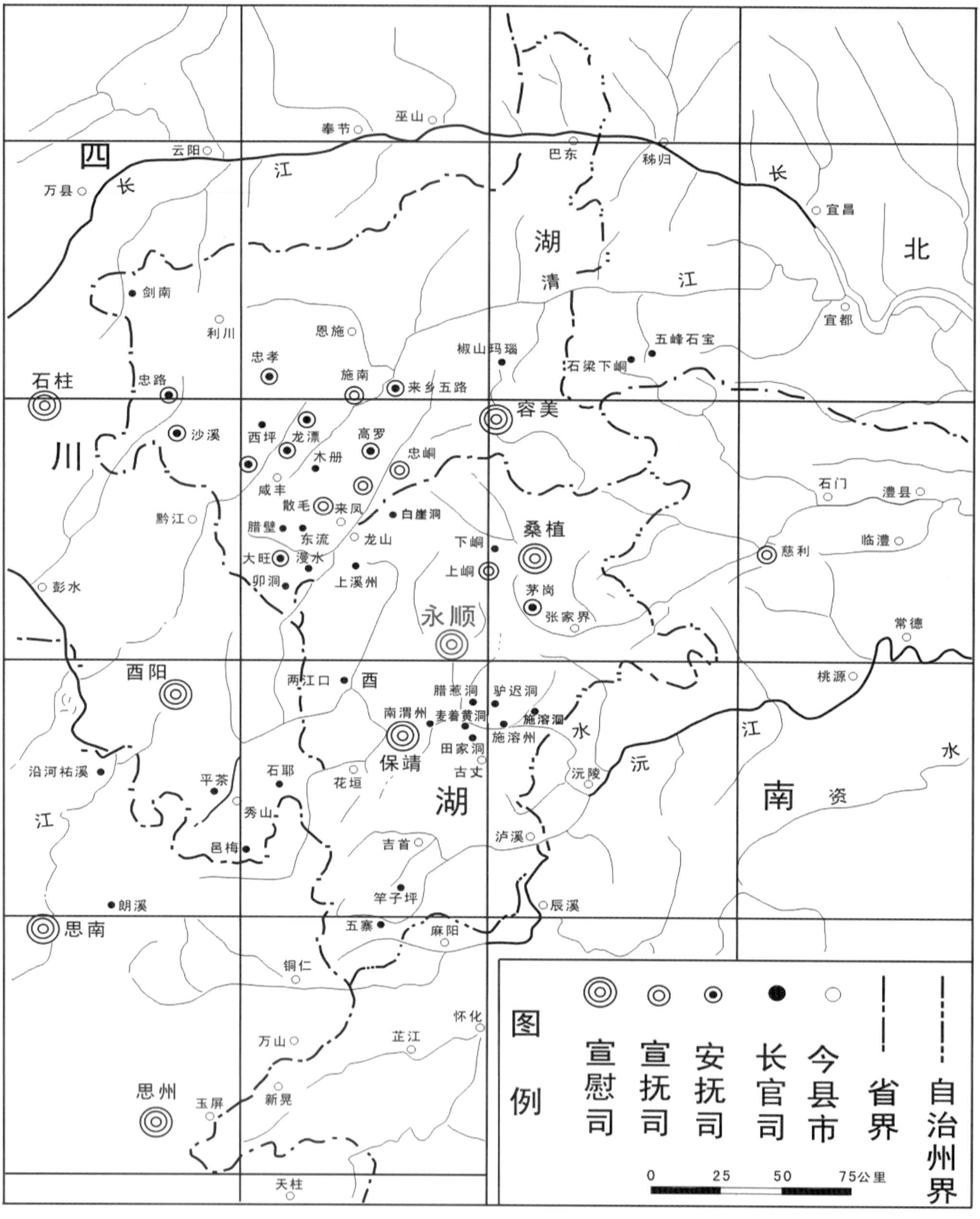

图十六　永顺土司与周边土司区位分布图

保靖率先获得了王朝的认可，并升为与永顺平级的宣慰使司[①]，两者之间的力量可能稍有损益变化，但是，目前的材料还是难以就两者之间的关系做出一个清晰的勾勒。不过，自永顺土司参与两江口长官司彭氏与保靖土司之间的仇杀之后，目前发现的关于永顺土司家族成员的一系列墓志铭及碑刻材料，为我们呈现了永顺与保靖、酉阳、桑植、容美土司甚至与其下辖各长官司之间关系一个相对清晰的概貌。

关于两江口与保靖土司之间的矛盾起因，《明史·湖广土司》载曰："洪武六年（1373），保靖安抚使彭万里归附明朝，即其地设保靖宣慰司，授万里宣慰使，领白崖、大别、大江等二十八村寨。万里卒，子勇烈嗣。勇烈卒，子药哈俾嗣，年幼。万里弟麦谷踵之子大虫可宜，讽土人奏已为副宣慰，同理司事，因杀药哈俾而据其十四寨。事觉，逮问，死狱中，革副宣慰，而所据寨如故。其后，勇烈之弟勇杰嗣，传子南木杵，孙显宗，曾孙仕珑，与大虫可宜之子忠，忠子武，武子胜祖及其子世英，代为仇敌。"[②]

两江口长官司彭氏与保靖原本同宗，其先麦谷踵为保靖土司彭万里之弟，俟万里孙药哈俾嗣位时，为族叔麦谷踵之子大虫可宜所杀，并占据了其所统辖的十四寨。事件处理结果以大虫可宜"死狱中"，但是其所占据的十四寨似乎并未归还保靖，相反，在大虫可宜的后代彭武因随征有功，于正统年间被授两江口长官司，并代为世仇竟达百余年之久。在保靖与两江口的仇杀中，与两江口长官司有姻亲关系的永顺土司彭世麒即参与其间，与保靖土司相互攻讦，中无宁岁。据《诰封明故太淑人彭母墓志铭》载："太淑人姓彭氏，两江口长官司彭武次女，诰封昭勇将军、上轻车都尉前宣慰使正斋彭公配也，公讳显英，字朝杰，故封怀将军讳宣郎公父也。……母男二，长男世麒，字天祥，号恩斋，从俗先娶彭氏，系母侄，再娶向氏，亦太淑人幼念声会聘之，系腊惹峒长官司长官向源长女也，字耇英，性禀廉明，静而无寡，简而有礼，十五而归，故以清房召之。次男世麟，字天瑞，号谦斋，娶彭、向氏，与公同。"

可见，至少自彭显英（彭世麒父）始，永顺土司便与两江口土司保持着世代的婚姻联系，据清毛奇龄《西河全集·蛮司合传》"永顺宣慰使彭明辅与彭惠婚姻，明辅娶惠女为子妇"[③]的

---

①王承尧等《土家族土司史录》第29～30页，编者对此有较为详尽的说明。

②《明史·湖广土司传》，中华书局，1974年。

③转引自王承尧等《土家族土司史录》，岳麓书社，1991年，第287页。

记载来看，永顺土司与两江口之间的婚姻联系至少延续至彭世麒孙彭宗舜时期。上述文字表明，彭世麒加入到两江口与保靖土司之间的仇杀原因之一即为其与两江口土司之间的联姻关系，并且这种凭借联姻而达成的结盟在世麒子彭明辅时期似乎表现得更为明显。正德十四年（1519），两江口土司彭惠因争夺土地与保靖土司彭九霄再起争端，“数年不息，死者五百余人，前后讦奏累八十余章”。期间，明辅因与彭惠联姻，即“以兵力助之”。王朝的裁决认为罪过在惠，继将彭惠逮捕入狱，然而明辅却无视明王朝的权威，公然“率其众，劫之以去”。由此，足见婚姻的缔结对于土司之间的相互关系有着极其重要的影响，因而才使得各土司有意识地“以姻缔亲续世好也”[①]。

永顺土司参与两江口与保靖土司之间的仇杀固然有基于自己内在利益的考虑，《明史·湖广土司》就曾有“正德五年（1510），永顺与保靖争地相攻，累年不决，诉于朝，命各罚米三百石”的记载，只不过是在因应类似事件的时候，在既有的地缘政治格局里，各土司更加倾向于采取联姻结盟的方式来扩大自己的影响。其实土司之间关于互通婚姻最为露骨的阐述，早已见之于永乐年间保靖宣慰司与永顺土司下辖的南渭州土知州彭氏的联姻之中，据永顺《彭氏族谱》[②]载：“金胜卒，子什才袭职。保靖宣慰司见势强，以女妻之，别为蓬氏，婚姻之弊自此始。”

正基于此，武陵山区各大土司为了加强和稳固自己的势力，有意识地进行联姻以达到形成一种战略上的联盟关系从而更好地防范和克制敌手成为了一种较为普遍的现象。在这样一个大体的认识中，其间所蕴含的彼此之间相还往赴的关系则远要比人们想象的复杂得多。如上文引述的《诰封明故太淑人彭母墓志铭》载曰：“……（彭氏）男孙十一人，长孙名明辅，字伯荩，号得轩，授宣慰使……次明臣。女孙二，一适桑植安抚使向绶，一适腊惹峒长官司长官向仕珑，俱明辅母清房向氏出者。……自明辅荫袭，长子名宗汉，今称曾孙——母系桑植安抚向仕英长女，即而宗汉聘桑植安抚向绶长女，亦彭氏所生，欲臣为还回姑舅姻缔之好。”

再如《明故永顺宣慰使彭思斋墓志铭》载：“（世麒）女十七人，一适保靖宣慰彭九霄，一适酉阳宣抚冉仪舍人冉值，一适散毛宣抚覃斌，一适施南宣抚覃良臣，一适桑植向

---

①《敕进阶昭毅将军思垒彭侯故室淑人向氏墓志铭》，现藏于永顺县文物局。

②转引自王承尧等《土家族土司史录》，岳麓书社，1991年，第22页。

绶向天爵，一适五寨长官田庆□□，一适九溪卫上峒峒长向友旺，一适永定卫茅冈峒长覃尧之，一适两江口长官彭惠，一适本属施溶州知州田贵，一适腊惹洞长官向□□，一适驴迟洞长官向一阳，一适麦着黄洞长官黄全萁，一尚幼也。明辅取桑植安抚司安抚向世英长女为嫡妇，生宗舜授宣慰职，即公嫡孙，公卒之日□传明辅，逢跣哭泣居丧，甚有礼，其有□□□多矣。”

又《敕进阶昭毅将军思垒彭侯故室淑人向氏墓志铭》载：“按来状向氏号清房者，腊惹洞长官向源之伯女也，年十五归也。以清房低祖，乃侯姑祖之月血，侯之祖源是清房姑祖之子，以姻缔亲续世好也。”

又《明故彭淑人刘氏墓志铭》载：“生子男一，曰明卿，冠带舍人，娶向氏；女二，长适酉阳宣抚舟□，次适上峒（桑植土司）峒长向交旺。”

综合分析上述引文可知，永顺土司不但与两江口保持数代的婚姻关系，而且还与其下辖的施溶州知州、腊惹峒、驴迟洞长官司、桑植向氏土司、永定卫茅冈峒长以及凤凰的五寨长官司，甚至和重庆的酉阳土司、湖北散毛覃氏、施南的覃氏也有着联姻联系。特别值得一提的是，现有的资料表明永顺彭氏土司和酉阳冉氏、桑植向氏土司、腊惹洞向氏之间还一度形成了较为稳固的类似于表婚制形式的婚姻联系。除却墓志铭之类的出土资料之外，位于老司城上游的谢圃现今尚留存有一些记述永顺土司游娱生活的石刻，给我们分析永顺土司与周边土司的关系提供了大量的信息，从侧面给我们关于永顺土司与酉阳土司的婚姻分析进行佐证。兹将石刻文字引录如下：

摩崖石刻（一）

弘治己未岁仲夏，余邀同世亲冉西坡游此，得鱼甚多。日游者从者千余，俱乐醉而归。思垒记。

摩崖石刻（二）

余与嫁酉司妹同游时水泛。故记。

据查酉阳土司世系，冉西坡即是酉阳土司冉舜臣。据载，冉舜臣字良弼，号西坡，别号寻乐子。从对两处石刻的分析来看，石刻（二）虽然未署具体的摹刻时间，但是结合彭世麒的身世及其他相关材料，大致还是可以断定其所称的“余妹”应当嫁于酉阳土司冉舜臣，故而才有石刻（一）中对冉西坡所称的“世亲”。再结合《明故彭淑人刘氏墓志铭》刘氏为彭世麒所生的女儿又嫁给酉阳土司冉仪的记载来分析，永顺土司和酉阳土司之间的婚姻联系具有很深的渊源。谢圃石刻所记载的永顺与酉阳土司的这种互访联亲、游宴酬和正是永顺与酉阳之间保持良好联盟关系的一个例证。

通过目前所见的史料、谱牒以及出土资料的梳理，或出于地缘战略上的考虑，明朝中期以来，永顺土司为了防御保靖土司，就一直比较注重通过联姻与酉阳冉氏土司保持稳定的关系；而保靖土司为了抗衡永顺与酉阳土司，则以相同的方式联合湖北容美土司与之抗衡，而容美土司因为与桑植土司之间的世仇关系以及永顺与桑植土司之间的良好关系，也乐于与保靖土司进行结盟[①]。然而，明中期以后（大致从彭宗舜始），伴随着酉阳土司的逐渐壮大等情况而导致了整个实力格局的变化，武陵山区各土司特别是境域比邻的永顺、酉阳以及保靖三大司，其相互之间的关系则呈现出了相对复杂的面相：一方面，永顺土司在继续保持与酉阳土司的婚姻联盟时（彭宗舜除外），开始着力于改善与保靖土司之间的关系，互通婚姻。从现有的材料来看，永顺土司自从彭宗舜娶保靖土司彭九霄的女儿起（彭九霄娶彭世麒女），其子彭翼南直至后期的彭泓澍，与保靖土司皆有婚姻往来，甚至于在翼南孙彭元锦时，永顺土司还以姻亲的身份介入到保靖土司司位的承袭争端中去。相应的，保靖土司则在彭鼎时期，因为其娶了彭泓澍的长女、次女作为“镇衙”、“正印”夫人，也以同样的身份参与了永顺土司因为争夺袭位而引起的争杀中；另一方面，在明中晚期以后，王朝较大规模的宫殿、陵墓营建与修复，以及江南地区经济的繁荣与大量市镇的兴起，其对木材的大量需求以及区域内木材资源的砍伐殆尽，使得王朝木材的采运逐渐转移到西南地区，由此，武陵山区丰富的林木资源成为了土司竞逐利益的渊薮。正因此，由木材采卖而带来的经济利益以及向朝廷献木而带来的朝廷丰厚的回赐导致了武陵山区各土司之间因为伐木或争夺土地而多次仇杀。据《明史·湖广土司》载：嘉靖二十一年，巡抚陆杰言“酉阳与永顺采木仇杀，保靖有煽惑其间，大为地方患”，乃命川、湖抚臣抚戢，勿酿兵端。是年永顺免秋粮。引文所指的嘉靖二十一年（1542）永顺、保靖与酉阳土司的这次因采木而引起的仇杀发生在彭宗舜时期。据《彭宗舜墓志铭》载：“君配彭氏，保靖宣慰使彭君九霄之长女，生子男三人，女一人。”因宗舜所配者为保靖土司彭九霄之女，所以此次争端中，永、保二土司联合与酉阳土司进行仇杀。事件虽然以朝廷居中调停而并

①顾彩《容美纪游》有较为详尽的记载，参见高润身《容美纪游注释》，天津古籍出版社，1991年。

没有酿成大的兵祸，但是从朝廷敕免永顺所应纳献的秋粮来看，类似于这样的仇杀还是给地方社会产生了重大的影响，且从中我们依然可以看到婚姻联盟在地方势力角逐与平衡中发生的重大作用。其实，见载史籍的类似事件同样也给我们梳理各土司之间的关系提供了很好的线索。此次事件及其背后所隐藏的联姻信息表明，永顺土司自彭宗舜时就已经开始注重改善与保靖之间的关系；另外，因为争夺木材，永顺、保靖、酉阳土司之间的关系一度显得比较紧张。特别是居中的保靖土司，因为其把持着木植转运的主干河道——酉水中下游的部分重要河段，在明中期大规模的采木、献木以及木材贸易兴起之后，又成为了永顺与酉阳土司竞相拉拢的对象。这或许也是明中后期以后，永顺与酉阳冉氏土司都注重与保靖土司保持婚姻联系的一个极为重要的原因。例如，永顺土司彭翼南和酉阳土司冉维屏都将自己的女儿嫁给了保靖土司彭养正，并且在养正子彭象乾与彭象坤争夺司位时，永顺土司彭元锦及酉阳土司冉御龙又都以母舅的身份参与其中。显然，保证与自己有亲缘关系的姻亲能够顺利的承袭司位，对于稳定、扩展自己的势力及影响具有极其重要的作用，特别是在大规模的木材采运及各土司频繁向朝廷献木兴起的明朝中后期，其背后潜藏的巨大的经济利益使得各土司不得不调整相互之间的关系。

诚然，上述关于永顺、保靖、酉阳、桑植各土司之间关系的勾勒虽然能给人以一种大体的印象，然而明王朝晚期社会的动乱以及朝廷对西南地区控制力量的减弱使得这一地区的局势变得相对复杂起来。就目前所见的材料来看，清雍正年间改土归流之前，上述各土司在大体维持上文论及的地缘政治格局之外，更多的是为争略土地、人口相互之间多次进行仇杀。雍正六年湖广总督迈柱所上的一份奏折中就提到“窃照各土司，从前兴兵构怨，彼此杀掠，习以为常”①。就永顺土司而言，在明末清初时期，就曾多次参与到与桑植、柿溪、容美各土司的仇杀之中。例如，《柿溪司志》载：“永顺土司于明崇祯十四年（1641）令九道水千总王戴千，百总王戴贵统兵千余，侵犯上峒土官司城之官坝、燕子岩等地。两军相持月余，上峒兵败。上峒长官司向国栋潜身安福所，彭司永千金贿安福所王月台，请将国栋解送永顺土司处，国栋在永顺司监镣禁一年后，身亡。”又据同治《永顺县志》载：“桑植土司向国栋恃强负固，与容美、永顺、茅岗各土司寻衅仇杀，贪暴不仁，民不堪命。”

由于资料的缺乏，目前还难以就明晚期以来的各土司的婚姻关系与相互之间的往来与

---

①王承尧等《土家族土司史录》，岳麓书社，1991年，第306页。

争端做出一个清晰的呈现，但是可以肯定的是明季清初以来容美、桑植土司的坐大及其不断向外扩张对武陵山区各土司的关系产生了一定的影响。从上述引述的材料来看，永顺土司即参与了与桑植、容美等各土司的争斗。另外，康熙至雍正年间，土司内部因承袭而产生的土司内部的厮杀也构成了这一时期各土司的关系复杂面相的一个方面，并且由此而引来的其他土司的介入使得其成为我们考察各土司之间及其与下辖土司之间关系的重要组成部分。例如，康熙年间，永顺土司彭廷椿袭职时，就遇到彭允植的争袭，廷椿父子因此潜往上峒（桑植），及后在南渭州知州彭凌高“出兵讨乱”之下才顺利承袭嗣位。同样，雍正元年（1723），保靖土司彭泽虹病发，袭职的彭御彬年幼，总舍彭泽蛟等因与泽虹有隙，且与不满御彬母彭氏护印，潜结容美、桑植土司抢掠保靖民财，给保靖造成了极大的影响。尽管目前尚缺能够说明御彬母彭氏身份的切实材料，但是从永、保土司自明中叶以来互通婚姻的情况来看，其极有可能来自于永顺土司彭氏家族。御彬袭职事件中虽未看到关于永顺土司参与进来的记载，但是上述的相关事件似乎表明，清初由于王朝着力于平定藩乱而对各土司用力不多，使得各土司因为扩张土地、争夺民口、木植而引发的仇杀相当频繁[①]。

婚姻往来作为考察不同群体互相关系的因素，一直受到社会学、人类学、民族学、政治学、民俗学的高度关注，甚至有如法国著名人类学家列维·斯特劳斯者，将人类群体之间的婚姻交换视为人类社会结构的主要方式。他认为不同的婚姻群体通过相互之间的女人交换而达到社会结构的连接，从而体现社会之所以构成的本质。具体而言，在向来被视为蛮夷之地的湘西来说，被往来文人游宦视为陋俗的“还骨种”的姑表婚多次被加以禁止。为了防止各土司之间相互串联结盟，明王朝就曾明确规定：“土舍土官婚娶，只许本境本类，不许越省，并与外夷交结往来，遗害地方 。”[②]但是，不可否认，从各土司相互之间的婚姻往来梳理来看，土司之间类似于“姑表婚”的世代婚姻交换其实并没有因为王朝的态度而销声匿迹，相反作为不同土司之间相互结盟的一种方式，其还与区域内的政治、经济、文化紧紧联系在一起，成为我们考察各个土司之间关系的一个极其重要的因素。

从上文的分析可以看出，不同时期各土司的关系大体呈现出不同的面相。以永顺和保靖土司为例，在彭显英、彭世麒、彭明辅时期，永顺土司因为与两江口长官司彭氏三代联姻

①参见《汉土疆界碑》。

②参见《明会典·兵部四》。

而卷入两江口与保靖土司的仇杀，而至于彭宗舜、彭翼南、彭永年以后，虽然偶因争夺木植而发生矛盾，但是大体而言因为逐渐注重与保靖土司建立婚姻联系而渐改先前相互仇杀的局面。值得一提的是，永、保土司还因在江浙平倭诸如王江泾等大型战役[①]中的密切配合而受到明王朝的嘉奖与封赐。甚至在其后的时间里，翼南之孙彭元锦还以姻亲的身份"带兵逐象乾"，介入到保靖土司彭象乾与彭象坤的袭位之争中；同样，在此次事件中，身为象乾母舅的酉阳土司冉御龙也参与进来[②]。其实，类似于这类关于土司司位承袭的争斗在武陵山区的各大土司中并不鲜见，如上文所述，永顺土司在酉阳土司冉御龙袭位时，御龙异母弟冉应龙欲夺司职，永顺土司就曾以母舅的身份参与其中。又如保靖土司，在永顺土司彭肇相袭位时，"为族人彭廷椅所夺"，彭鼎因为娶永顺土司彭泓澍二女为"镇衙"、"正印"夫人，立即带兵"诛廷椅父子七人以境内，函其首以报当事"。

且不管介入袭位事件者给自己冠以何种冠冕堂皇的理由，事件本身就给我们传达许多极其重要的信息，从中我们可以看到确保自己的姻亲能够顺利袭位已是各土司在当时的政治生态环境中加强影响力的一个重要的方式；另一方面，上述两起事件还从侧面反映了相对于彭显英、彭世麒、彭明辅在位时，后期的永、保土司之间的关系尽管难以做出绝对化的概括，但是已然有了很大的改善，双方都注重于扶助与自己有亲缘关系的人顺利承袭司位从而继续保持既有的联盟，并期通过这种联盟扩大自己的影响。明季清初，由于相关材料的缺乏目前尚难以就各土司之间的关系做出一个明晰而条理的归纳，但是其各自之间由于利益之争而引发的仇杀依然是其相互关系的重要一端。

事实上，问题的实质可能要比我们上述所归纳的要复杂得多，对婚姻的考察固然是管窥各土司相互关系这一问题的一个重要方面。此外，各土司之间的地缘关系也是我们分析其相互关系的一个大端。以永顺土司参与两江口与保靖之间仇杀为例，两江口长官司所在的隆头作为扼控酉水及其支流洗车河的交汇口，向系"各夷咽喉"，在依托以水运为主的古代社会，自然成为永顺土司扼制保靖土司的重要军事战略要地。其实，只要我们仔细观察就会发

①据《彭翼南墓志铭》载，王江泾战役的主角之一彭翼南母为保靖彭氏，该战役的另一主角保靖土司彭荩臣当为其母舅。

②参见《明史·瞿汝稷传》和谢晓辉《明代湘西苗疆土司社会的变迁》，"明清帝国的建构与中国西南土著社会的演变"国际学术研讨会（2010年6月）会议论文，电子稿。

现各土司之间相互联姻结盟里面有着深厚的地缘政治根基：明中期以来，因为腊惹峒长官司比邻保靖土司，永顺土司为了防御保靖土司，非常注重以联姻的方式维持与其下辖腊惹峒长官司的关系；基于同样的目的，早期的保靖土司则以相同的方法与南渭州互通婚姻。另外，保靖土司一直以来与容美土司互通婚姻，关系良好①，而永顺土司为了防止保靖、容美联盟而给自己造成的南北夹击之势，则转而和两江口长官司、桑植、酉阳土司联姻，分别从西、南两面牵制保靖与容美土司。明中晚期及至清初，尽管永顺、保靖、酉阳对相互之间的关系做出调整，但是这种地缘因素依然是各土司之间平衡各方势力而不得不加以考虑的重要因素。

在湘西地区持续延传了八百余年的地方土司制度，其实质就体现在以彭氏为主导的土司内部可自封“世有其地、世管其民、世统其兵、世袭其职、世治其流、世受其封”的土官。在其势力范围内，甚至可照搬营建皇家式样的宫殿、衙署，享受朝廷敕封回赐或两者兼有，在地方权利至高无上。权利与财富的诱惑，随着珍稀动物、名贵药材、优质木材纳贡品的逐渐匮乏，各系土司与土司之间的贪婪者难免内讧争斗，甚至仇杀，由此导致的局部战争难免爆发。加之不时的外患，修筑相应的军事防御工程也就成为必然。

综上所述，我们从永顺土司在战略攻势上可以看出，酉水是永保土司的分界线，其势力范围上自里耶，沿河设有两江口、南渭州、麦着黄洞、施溶州等土知州和驻有长官司军队，又以田家洞、麦着黄洞和白溪关扼守白溪河下游一段，加之原溪州（王村）、会溪坪旗峒的驻军，这不仅对保靖土司形成半包围状态，同时还封锁住了酉水势力范围的进出口。倘若保靖土司也有诸如此类的对应布防，那也是权衡永保土司在战略抉择上的一段极其有趣的历史（图版三五，1）。

①保靖和容美土司之间的关系相对较好，且长时间保持联盟关系。清代顾彩在其《容美纪游》中对保靖与容美土司之间的结盟关系就有很详细的记载。例如，顾彩记曰：“初，四大土司惟保靖（在辰州界）与容交好。”书中还对保靖土司与容美土司的一次结盟仪式进行了记载，兹引录如下：“六月初一日，有保靖彭宣慰（名虹），差干办舍人余星赍书币来结盟，君（田舜年，笔者注）命丙如率诸舍把与之登坛行歃血礼，请余为之载书。书曰：维我二邦，恭膺帝命，来守屏藩，祖宗以来，世为姻好。同寅协恭，不侵不犯，兹以苗民逆命，犯我边疆。申固我盟，告诸天朝，告之社稷，自今日以既往结盟之后，保靖有难，容美救之；容美有难，保靖依然。有渝此盟，以相及也。明神先君，是纠是殛，俾坠其师，靡克有后。”见王承尧等《土家族土司史录》，岳麓书社，1991年，第213页；高润身《容美纪游注释》，天津古籍出版社，1991年。

第三节　历史上的溪州州治及其迁移过程

西水发源于湖北，流经湖北的容美、漫水、卯洞土司，重庆的酉阳土司以及湖南的保靖土司和永顺土司辖地，于沅陵汇入沅水。因得舟楫之便，兼之经酉水上溯可抵乌江，直通巴蜀黔地，故而历史以来为王朝所重视。从战国秦汉时期的里耶古城及至保靖四方城的建置，酉水流域一直是人类活动最为频繁的地区，甚至唐代以降，王朝亦然在此设置郡县。例如，据民国《永顺县志》所载，南梁时期便在酉水流域设置大乡、陇西二县，归辰州府，南陈设灵溪县，隋因之有大乡县。唐时改灵溪县为灵溪郡并置溪州，从张氏民国《永顺县志》附载任职刺史名号来看，可考的充任溪州刺史四人中，仅一人籍望不详，其余三人皆为外来流官。不过由于资料的缺乏，目前此段时期内王朝在此的实际统治尚难以具体讨论。

一、五代时迁治“平岸”、宋时“筑城会溪”及其历史背景

五代梁开平四年（910）楚王马殷救彭瑊归楚，并以瑊为辰州刺史。瑊即位后，“以恩结人心”，并联合漫水土官之后向伯林逐土蛮吴著冲及惹巴冲，据其地，为诸蛮所拥戴，后其子彭士愁袭溪州刺史职，彭氏世据溪州，为永顺彭氏土司之肇始。晋天福中，彭士愁与楚马政权爆发了溪州之战，据《新五代史》载：“溪州刺史士愁率锦、奖诸蛮攻澧州，希范遣刘勍、刘全明以步兵五千击之，士愁大败。勍等攻溪州，士愁败走奖州，遣其子师暠率诸蛮降于勍。溪州西接牂牁、两林，南通桂林、象郡。希范立铜柱以为表，命学士李皋铭之。”战后双方约盟，铭文于铜柱，其文辞间便有关于溪州州治的简要描述，虽然仅就文辞尚无以对故溪州的确切位置做出精确的判断，但是，结合既有的考古工作及本次考古田野调查，铭文所给出的线索便显得极为重要。

正史对于溪州州治所在缺乏确切的记载。《溪州铜柱记》载溪州之战后，“乃迁州城，下于平岸”，据此分析，溪州故城应当位于具有一定坡度的群山与河岸平地的交接地带。从现今考古调查所发现的诸如王村、史籍文献有载的会溪坪以及九龙磴等城址的相对位置和地理环境来看，彭氏早期位于山坡上的主要活动中心——溪州州治或在王村一带，溪州之战后才将州治迁往地势平缓的河岸地区。《舆地纪胜》卷七五“会溪城条”注载:“《皇朝郡县志》云：本溪州，五代时溪州刺史彭士愁遣子师暠率奖、锦诸州降于马氏，至皇朝，而

师暠之弟师晃乞于溪州旧基筑城。至嘉祐中，彭士羲叛，已而乞降，熙宁八年，遂改为会溪城。”以此看来，上文引述的《复溪州铜柱记》中“下于平岸”之“平岸”所在应非会溪。虽然目前资料尚不足以断定其在何处，但是，从《舆地纪胜》的记载来看，徙于“平岸”后的彭氏曾一度想把溪州州治迁回位于半坡上的溪州旧城，故而才有“师暠之弟师晃乞于溪州旧基筑城”之请，及至在宋熙宁年间彭师晏时期，溪州州治才被朝廷从铜柱所记的“平岸”迁往现今河边的会溪坪。其间，王朝是否应允彭氏将溪州从“平岸”之地迁往王村一带的“溪州旧基筑城”，现有的文献资料虽尚未足资我们判断宋王朝对此次彭氏请迁回旧城的态度，不过，至熙宁年间，章惇大力经制南江蛮并着力经理北江彭氏之后，赵宋朝廷对于将溪州州治徙往会溪的态度才逐渐明晰起来。

其实，朝廷将溪州州治迁往会溪或有更为深泛的历史背景。北宋一朝，开边拓土之议几炽，其中宋神宗时，任用王安石推行新政，锐意进取，南、北江蛮所盘踞的地区乃至于整个西南蛮夷地区都被纳入了王朝“开边拓土”或开通通往西南广西等地道路的范围。例如司马光就曾指出：“神宗继统，锐意进取，以幽、蓟、云、朔沦于契丹；灵武、熙河专与拓跋；交趾、日南制于李氏，不得悉张置官吏，收籍赋役，比于汉唐之境，尤有未全，深用为耻，遂慨然有征伐开拓之志 。”[①]

可见，神宗时期王朝着力经制南、北江蛮地区，应当与当时朝廷对西南甚至越南（交趾）地区的经营方略有关。据《宋史·西南溪峒诸蛮传》载，在辰州布衣张翘等人上书言南北江蛮事后，王朝即派章惇来察访南北江蛮，并主持王朝开疆拓土的大局。设州筑砦可谓是王朝在此段时间内经制西南的重要措施之一。章惇在招谕富州、破懿州之后基本平定了南江州峒蛮地，既而在此建制州邑，置沅州及诚州，同时开通了诚州达广西融州的道路，且增置了诸如浔江等军事性屯堡来加以护卫[②]。尽管元祐初年，虽然有言者提出：“沅、辰创建以来，设官吞兵，布列砦县，募役人，调戍兵，费巨万，公私骚然。荆湖两路为之空竭。又自广西融州创开道路达诚州，增置浔江等堡，其地无所有，湖广移赋以给一方，民不安业，愿斟酌废置。”[③]

暂且不论拓土背后的党争背景以及地方与中央可能各自抱持着怎样不同的目的，宋熙宁

①（南宋）李焘《续资治通鉴长编》卷三六三元丰八年十月乙丑条，台北世界书局，转引自谢晓辉《延续的边缘——从宋到清的湘西》，香港中文大学博士论文，2007年，第32页。

②③参见《宋史·西南溪峒诸蛮传》。

而后以为在此区域设立州砦、戍兵屯守耗销巨费而对原先设置的部分城砦有所废弃，不过可以肯定的是，神宗时期，王朝锐意拓土、经营西南的方略对北江地区的彭氏集团具有巨大的影响。章惇在招谕与平定南江蛮之后，转来治理北江彭氏应当和神宗时期经营西南的方略密切相关，因为占据酉水流域的北江彭氏不仅直接威胁王朝所开的通往广西融州的道路，而且历史以来，彭氏集团屡次寇扰辰州地区显然直接影响到了王朝西南方略的施展。恰好其时南江诸蛮的归附使得赵宋王朝一方面有更多的精力来治理北江彭氏；另一方面，彭仕羲时期，彭氏集团的内讧使得彭氏的势力大为减损，其子彭师晏袭任时，上书的辰州布衣张翘等已经看出“彭师晏之孱弱，其地皆可郡县”[1]，作为控制北江彭氏的一种手段，徙其州治于地势较平的会溪坪自然更有利于朝廷将其控制起来，故而才有上引文所载的“熙宁八年，遂改为会溪城”之举。另外一则来自《宋史·蛮夷列传》的材料也给上述分析以佐证，现引录如下：

“熙宁五年（1072），彭师晏袭州事，彭师晏孱弱，师晏往会章惇，报请以誓下州各地归版籍，惇以事闻，诏褒之，遂筑下溪州城，并置砦于茶滩南岸，赐新城名会溪，新砦黔安，戍以兵，隶辰州，出税赋如汉民。”

民国《永顺县志》亦载：“熙宁中，溪州刺史彭师晏降，诏筑下溪州城，赐名会溪，戍以兵，隶辰州，出租税如汉民。”

虽然，筑“会溪”新城的时间略有出入，不过上文关于彭氏与赵宋王朝之间的关系以及迁州治于会溪的分析已跃然于字里行间。

从上文的分析可以看出，在溪州之战后彭氏将溪州州治从位于半坡的王村一带迁到了濒临河水冲击地带“平岸”之处。虽然其具体的地点还有待于通过进一步的考古调查工作来确认，但是从王村、会溪及周边地区的地形地貌来分析，所谓的“平岸”应该位于距离两地不远的河岸平地。及后，彭师暠之弟彭师晃曾一度想把位于平岸的溪州州治迁往旧城。虽然不见关于王朝对此事态度的有关史料记载，永顺土司世袭谱系上也无彭师晃其人，揣测其间的蹊跷或与彭士愁之后彭氏集团内部各支系之间政治争斗相关。彭儒猛时，彭氏寇扰辰州地区，作为因应策略王朝派兵往征，攻焚其下溪州，事件最后以彭儒猛乞降并在明滩要盟告结，但是，不可否认的是，五代以来北江彭氏屡寇辰州掠夺民口、财物确实给王朝在逼近蛮

---

①《宋史·西南溪峒诸蛮传》，中华书局，1977年，第14181页。

江的辰州地区的统治造成很大的影响。神宗时期，王朝推行变法，复兴拓土开边之议，西南地区作为王朝拓土的一个重要的组成部分，北江蛮地区因逼近王朝所开通往广西融州地的官道，自然是王朝经制的主要对象之一。

其实，只要对彭氏与赵宋王朝之间关系作一个历史性的分析就可以发现，置州筑砦、调兵戍守其实是王朝治理蛮地、确保统治的一个极其重要的手段。例如，在彭儒猛时期，王朝已经在此设立了明滩，并且派兵驻守；其后辰州宋守信与通判贾师雄及转运使李肃之等人率兵讨伐彭仕羲，并俘其铜柱。也许是此次行动未合朝廷圣意，主事者皆以坐贬，“自是，蛮僚数入寇，边吏不能制。朝廷姑欲无事，间遣边吏谕旨，许以改过自归，裁损五七州奉贡岁赐，初辄不听，后遣三司副使李参、文思副使窦舜卿、侍御史朱处约、转运使王绰经治，大出兵临之，且驰檄诏谕”，并于明溪筑上、下两寨[①]，仕羲乃陈本无反状乞降；及彭师晏时，将下溪州迁往会溪的同时，再筑黔安新寨。正是在这一背景下，在平定南江蛮之后，章惇才把握住彭仕羲父子内乱后彭师晏孱弱的机会，将其州治从“平岸”徙往会溪。

二、关于“平岸”所在地的推测及五代至南宋溪州迁治的历史过程

如上文所言，溪州之战后彭氏集团与马楚政权立柱约盟，并且将溪州州治从王村一带迁往地势地平靠临酉水河的“平岸”地区。《资治通鉴》也有“徙溪州于便地”的记载，其所载者即指约盟之后王朝将彭氏溪州州治迁往“平岸”一事应当毫无问题。不过，从文献记载来看，迁治于“平岸”之后的溪州州治似乎并不稳定，至少在彭士愁之子彭师暠及彭师晃时期，彭氏曾一度向王朝乞求将州治迁回旧城。及至彭仕羲时期，彭氏内乱使得彭氏集团的力量大为消弱，宋熙宁年间，章惇经制南北江蛮时才将溪州州治迁往会溪城。正如《宋史·西南溪峒诸蛮传上》所载：“章惇经制南、北江，湖北提点刑狱李平招师晏，誓下州峒蛮张景谓、彭德儒、向永胜、覃文猛、覃彦霸各以其地归版籍，师晏遂降。诏筑下溪州城，并置砦于荼滩南岸，赐新城名会溪，新砦名黔安，戍以兵，隶辰州，出租如汉民。”[②]

姑且暂将师晏乞降的历史背景置而不论，根据铜柱铭文及上述引文，彭氏早期的溪州州治应该至少两迁，经历从五代的王村下迁至地势相对平缓的河岸平地，及至宋熙宁年间，才

---

①参考《明溪新寨题名记》，又名《红字碑》，见第三章碑刻部分。

②《宋史·西南溪峒诸蛮传》，中华书局，1977年，第14179～14180页。

最终迁到现今的会溪坪的历史过程。

从考古踏勘及近来考古工作者在王村及其以下河段所做的考古工作来看，五代时期从王村迁于“平岸”溪州州治极有可能就在施溶溪与酉水交汇的河岸平地一带。现今关于在施溶一带设州筑城最早的记载在五代时期，张文琴民国《永顺县志》在记述明施溶州土知州史目时，其中记载：“彭□□，五代时人，银青光禄大夫、检校、国子祭酒、知溶州军州事兼监察御史、武骑尉。”张氏案语为：“时人又有溶州都监彭仕明，以其非知州也。故附志之。”[①] 据《宋史》载，宋初彭氏都誓之下的二十州并无溶州，在铜柱约盟所确立的政治格局之下，所谓的溶州应当是彭氏自置州。据《宋史·西南溪峒诸蛮传》所载，彭儒猛之子彭仕端在袭任下溪州刺史前就曾任溶州刺史，从“彭氏子允殊、文勇、儒猛相继为下溪州刺史，至仕汉为殿直，留西京，后辄遁归，天圣初，以状白辰州，自言父母老王，潜归本道，愿放还家属。诏徙其家京师，舍以官第。未几儒猛言仕汉脱归，诱群蛮为乱，遣别子仕端等杀之。朝廷嘉其忠，降诏嘉奖。时儒猛为检校尚书、右仆射，特迁左仆射。又以仕端为国子祭酒，知溶州，加赐盐三百斤，彩三十匹”[②] 的史料记载来看，其至少因袭到彭儒猛之子彭仕端时。

元代而后，施溶一带为田氏所盘踞。据张文琴民国《永顺县志》载，元世祖时就有白崖洞，至和二年升白崖洞为施溶州并以田万顷知州，后改为泊崖安抚司，至明终改为施溶州土知州，成为明永顺彭氏土司下辖的三土知州之一。从上文的分析来看，从五代开始，施溶一带便已有所建置。无论是自五代开始的自置州，还是元明王朝时期的施溶州，施溶州地因其平缓临河且靠临辰州地区的地势条件而一直为盘踞北江地区的彭氏集团及田氏等所重视。至明代，彭氏土司在施溶州土知州外还设置了施溶洞长官司，以汪氏经理是地，其重要地位自然不言而喻。

关于“平岸”的所在地，史料及地方史乘皆无记载。不过，结合酉水沿岸的地理形势以及从其处于地势地平靠临河流和上文对施溶一带历来的建置分析来看，施溶一带可能是王村、会溪而外唯一适合营造城池的少数河岸平地，故而五代溪州之战后铜柱所记的将州治迁往“平岸”，推测其所在的大体位置位于施溶一带应比较合理。一种很可能的情况是，在宋王朝诏将彭氏州治从施溶迁往会溪之前，下溪州及溶州州治并处施溶。这也许是明时施溶州土知州及施溶洞长官司皆设置于施溶一带的肇端。

---

①张文琴民国《永顺县志·职官志》。

②《宋史·西南溪峒诸蛮传上》，中华书局，1977年，第14178页。

关于永顺彭氏溪州州治的迁徙情况，目前学术界已经形成了这样一个大体的认识，即在与中央王朝互动的过程中，彭氏治下的溪州州治，经历了一个从外到内，从靠临酉水、地势相对较低缓的河谷、河岸平地逐渐迁到位于现今永顺土司辖地腹地的老司城的迁治过程。不足的是，于其中诸多具体问题犹多语焉不详。上文中，我们已经对五代时期的溪州州治到宋熙宁年间的迁治情况作出一个大致的推测。下面结合地方史乘及历次考古工作成果试对会溪迁到老司城的迁治过程进行简要的说明。

乾隆《永顺县志》载有龙潭城，曰："龙潭，有二，一在灵溪下流，一在云霭山下，又名弄答，土司旧志载宋季土司彭允林建治于此，遗址尚存。"

张文琴民国《永顺县志》则载其一，文辞基本相同，现将文献引录如下："龙潭城在云霭山下，其地名弄塔，宋季彭允林建治于此，遗址尚存。"

张氏《永顺县志》附有案语，言彭允林为太祖时人，云其在宋季于云霭山下建治龙潭城不确。《宋史·西南溪峒诸蛮传上》载有"建隆四年，知溪州刺史彭允林、前溪州刺史田洪赟等列状归顺，诏以允林为溪州刺史，洪赟为万州刺史"[①]。考建隆为太祖年号，可知允林当为太祖时人，何云其于宋季建治于龙潭？然而，这则相互矛盾的史料我们不妨做出如下两种猜测：

一种是如龙潭城确为彭允林于宋初时所建，那么结合我们上文所做的分析，从五代时期到宋绍兴五年彭福石宠最后建置老司城，其间永顺彭氏的中心治所就应该经过由王村—"平岸"—龙潭—会溪坪—福石城的迁治过程。然而，只要对彭氏集团迫于中央王朝的军事压力由靠近酉水峒坝平地慢慢迁入山势险绝的老司城地区图险自固的历史稍有了解，便可知道，以上的推想其实并不符合情理，特别是对从平岸迁到永顺彭氏辖地腹地的龙潭，再于南宋熙宁五年复迁回会溪尤难以合理解释。更为重要的是，其与考古工作者在龙潭城发现有宋元之际的文化层及对应时代遗物的考古解剖结果难达一致。

另一种可能的情况是，龙潭城建治于宋季，相应的中心治所则应经历由王村—"平岸"—会溪坪——龙潭——福石城的历史过程。显然，这种可能更加契合五代以来彭氏在王朝的压力下一步步向凭险而居的老司城腹地收缩的历史情境，而且与目前我们对龙潭城的初步考古认识相互一致。值得注意的是，如果本推测能够成立的话，那么，龙潭城的建置时间

---

①《宋史·西南溪峒诸蛮传上》，中华书局，1977年，第14172页。

与福石城（老司城）基本是相同的。由此，其主事者应该并不是宋初知任溪州刺史的彭允林，而极有可能是建置福石城的彭福石宠父亲彭师宝或其本人。

三、宋时上、中、下溪州的形成及北江彭氏为都誓主时间考述

《宋史·西南溪峒诸蛮传上》载：“初，北江蛮酋最大者曰彭氏，世有溪州，州有三，曰上、中、下溪，又有龙赐、忠顺、保静、感化永顺州六，懿、安、远、新、给、富、来、宁、南、顺、高州十一，总二十州，皆置刺史。而以下溪州为都誓主，十九州皆隶焉。”然而《宋史》并未言及设置上、中、下溪州的具体年号。清后，由地方官员组织编修的诸如《永顺县志》、《永顺府志》、《龙山县志》等地方史乘，亦多因袭《宋史》的记载，对于上、中、下溪州具体的设置时间未作具体的考证。案《宋史》首次出现“下溪州”或“下溪州刺史”的时间为乾德四年（966），兹将有关史料引述如下：

> （乾德）四年，南州进铜鼓内附，下溪州刺史田思迁亦以铜鼓、虎皮、麝脐来贡[①]。

可见至少在乾德四年时，就已经出现溪州“州有三”的格局。在乾德四年以后，《宋史·西南溪峒诸蛮传》多次出现上、下溪州及知任溪州刺史者名号，引录如下：

> （咸平）二年，以下溪州刺史彭允殊为右千牛卫将军致仕，以其侄文勇为刺史[②]。
>
> （咸平四年）上溪州刺史彭文勇来贡水银、黄蜡[③]。
>
> 是岁（景德元年）， 辰州诸蛮攻下溪州，为其刺史彭儒猛击走之，擒酋首以献，诏赐儒猛锦袍、银带。
>
> （天禧元年）知辰州钱绛等入下溪州，破砦栅，斩蛮头六十余人，降老幼千余。刺史彭儒猛亡入山林，执其子仕汉等赴阙[④]。
>
> 彭氏自允殊、文勇、儒猛相继为下溪州刺史，至仕汉为殿直，留西京，后辄遁归。

---

①《宋史》，中华书局，1977年，第14173页。

②③《宋史》，第14174页。

④《宋史》，第14177页。

其后，师宝数自诉，请知下溪州，皇祐二年，始从其请，朝贡如初。

（皇祐）五年，复以马匹、白峒地来献，诏进为下溪州刺史，赐母妻封邑[①]。

（熙宁五年）诏修筑下溪州城，并置砦于茶滩南岸，赐新城名会溪，新寨名黔安，戍以兵，隶辰州，出租赋如汉民[②]。

又据《宋史·西南溪峒诸蛮传》载：

建隆四年，知溪州彭允林、前溪州刺史田洪赟等列状归顺，诏以允林为溪州刺史，洪赟为万州刺史[③]。

建隆、乾德均为宋太祖赵匡胤年号，而上面引述材料称建隆四年彭允林知溪州刺史，并未作具体区分，极有可能的一种情况是当时“溪州有三”的格局尚未形成。从上文引述的史料记载来看，乾德四年以后多见上、下溪州的记载及相关吏目名号，可见上、中、下溪州形成及北江彭氏为都誓主时间下限至少应在乾德四年。宋太祖建隆年号只用四年，以下便是乾德年号，据此，宋时上、中、下溪州形成及北江彭氏为都誓主时间其上限应为乾德元年。目前，虽未见关于于乾德四年前三分溪州的相关记载，或为《宋史》阙录。不过，张文琴民国《永顺县志》亦有“自乾德四年始号下溪州”之语，或将溪州析分为上、中、下溪州的具体时间就在乾德四年。

又如上文，最先知任的下溪州刺史为田思迁，而在建隆四年“诏以允林为溪州刺史”，及彭允殊任下溪州刺史后，才形成“彭氏自允殊、文勇、儒猛相继为下溪州刺史”的局面。然而《彭氏族谱》却载：“允殊师裕公次子，允林公胞弟也，至道元年（995）以侄幼代署，历任五载，咸平二年（999）复传侄文勇，后谥忠简。”

一种可能的情况是，在彭允林知任时，溪州尚未析分，及分溪州为三后田思迁先任下溪州刺史，及至道元年（995）彭允殊知任后才最终形成彭氏相继为下溪州刺史并兼二十州都誓主的格局。以上的分析显然与《彭氏族谱》关于彭允殊“以侄幼代署”袭任兄职的记载略有出入。不管是彭氏谱牒误载还是有意为之，综合以上材料来看，本文的分析当更符合历史实情。

---

①《宋史》，第14179页。

②《宋史》，第14179～14180页。

③《宋史》，第14172页。

第四节　历史上的三州六洞

自五代始，盘踞于酉水流域的彭氏成为南、北江地区最大的蛮酋，及溪州之战后彭氏与湖南马楚政权铭文于铜柱，设立盟约，自此基本奠定了五代至元、明及清改土归流前湘西以彭氏为主导的政治生态格局。宋初，北江彭氏相继为下溪州刺史，都誓誓下十九州。元时，永顺彭氏的建制辖地较宋时有较大的变化，宋时的北江地区被分割为永顺军民等处军民安抚司、保靖军民安抚司、新添葛蛮安抚司、思州安抚司等。及明“洪武六年，升永顺等处军民宣慰使司，隶湖广布政使司，又割新添葛蛮安抚司之南渭州及白崖洞长官司，思州安抚司之施溶州、腊惹洞、麦着黄洞、驴迟洞为二州五长官司，复并三溪地置上溪州，暨置田家洞，又为一州一长官司”[①]，永顺彭氏土司下辖三州六洞亦即三土知州、六长官司的格局才最终确定下来。现根据史料记载及本次调查所获得的考古材料，将三州六洞的相关情况分述如下。

一、三土知州

1. 南渭州

据《永顺宣慰司志》卷二载，南渭州为“古蛮夷地，秦属黔中[②]，汉属武陵，唐为富州，五季为静边都大乡、三亭、陇西等地，宋为中溪州，元因之，先是新添葛蛮安抚司，至明洪

---

①引自乾隆《永顺县志》。宋元时期，湘西土司地区各种势力的割属分合当属常态，乾隆《永顺府志》就有类似的记载：“宋章惇经理南江北江诸蛮，北江羁縻州三十六而溪州为大，彭氏居之，锦、蒋、富、叙等州则属北江，然南渭州在唐则属富州，施溶州、腊惹峒、麦着黄峒、驴迟峒、施溶峒在元则属思州，南渭州、保靖州、白岩峒则属新添葛蛮安抚司，是宋元以来割属分合原无定也。”笔者将这些材料引录到这里是想告诉读者，历史的事实要比我们在正文中所做的大体的陈述要复杂得多，例如，根据史料记载，元初一度设过永顺路，可是现在很少见到有关永顺路的其他文字材料。虽有学者如田敏等认为，元时的永顺路设置不久旋即废弃，然而由于资料的缺乏，目前就永顺路设置的相关问题尚无法进行进一步的具体讨论，仅见的材料为民国张文琴等人所修的《永顺县志》。其于元永顺路的沿革去向略有记载，兹引录如下以备参考：“永顺路，世祖至元中置，后改永顺保靖南渭安抚司，至大三年改为永顺等处军民安抚司，至正十一年升宣抚司，其会溪、施溶、腊惹、驴迟、麦着黄等处属思州安抚司，南渭州、白崖洞属葛蛮安抚司，谓之诸部蛮夷。”

②根据湖南龙山里耶所出土的秦简资料，湘西地区在秦时应属“洞庭郡”，下文如引述同样材料，如不另注

武三年内附，改陞南渭州，属永顺宣慰司”。然张文琴民国《永顺县志》则载南渭州在五代为渭州，并载有时人覃允斌知州事，及宋哲宗时，县志尤见有知任渭州之事者，极有可能《永顺宣慰司志》卷二之中溪州即为当时之渭州，或其两者之间有承袭关系。元代，南渭州地属新添葛蛮安抚司，明洪武三年彭万金偕子金胜随永顺总司内附，改升南渭州知州，自此才世隶永司彭氏。清改土归流后，南渭州地属于外白砂保，民国亦然。从内附之彭万金始，至雍正五年跟随永顺宣慰司纳土的彭宗国，其世系见载籍者，共17世18人[①]。

南渭州古城旧址位于永顺县泽家镇南渭村董家组，依山而建，三面环水，水路交通发达，历为土民、土官从西南方出入酉水的大门。因其“界连保靖，限以带水”，向为永顺南方之蔽及进入永顺土司管辖腹地的南大门，具有重要的军事战略意义。明初，王朝以彭金胜进马贡木及方物有功，“颁诏统管腊惹洞、麦着黄洞、驴迟洞、施溶洞及田家洞五处事”，由是南渭州彭氏势力强大，成为三州之首。正因此，明清以来，在永、保土司多次的争斗仇杀中，南渭州几乎都成为了左右整个局势的一支极为重要的力量：从早先的永、保土司之争[②]到清初防范王马二人入寇、彭允植争袭事件中率部勤王、随永顺土司彭廷椿破辰龙关、平镇筸苗乱等诸多事件中[③]，南渭州彭氏皆被永顺土司视为左膀右臂之中坚者。

“以山为屏，即水为池”为永顺土司构筑以司城为中心的军事防御体系基本骨架：司城西北万福山、万云山、四方山、高立山、摩天岭等山界以及东南的羊峰山、大青山、黑桃山等山界逶迤绵延，形成一个类似于“布袋”或“撮箕”状的地理形势。老司城作为“布袋”或“撮箕”的中心，与各山界内被民间风水先生形容为“万马归朝”的各山体紧密配合，其间以诸多古道及灵溪河、施溶溪等溪流相通，再加东南方的酉水与东北方向的澧水河谷天堑镇锁布袋开口处的南边及东北边山界缺口，辅以成数的城址、要塞、关卡，构成了一个布防严密的军事防御体系。而南渭州界连保靖，正好位于“布袋”口或“撮箕”口的当要位置，

①参见永顺《彭氏族谱》，转录自王承尧等《土家族土司史录》，岳麓书社，1991年，第22页。

②张文琴民国《永顺县志》记南渭州第12代土知州彭世忠事迹，载及其如何向永顺土司彭元锦献策破保靖土兵情形。现将史料引录如下，以备参考：“彭世忠，章子，袭任时永顺边邮历受保患，宣慰使彭元锦谋而御之，而南其人，世忠以策进曰：制敌取胜，贵谋贱战，方今壁垒相望，胜负未分，此正用奇之时也。盖以先人敝庐入效，效楚王一炬以惊之乎。乃夜纵火，大噪，保靖兵仓皇失措，大溃。世忠率兵追之，驱渡信平直抵保城，克之。俘获甚重，此万历三十年事也。”另《云彭公遗令》亦见载此事。

③参见《云彭公遗令》。

其军事战略位置自然不言而喻的。这也是永顺土司向资南渭州以为南方屏障并以之为三州之首的根本原因。

2. 上溪州

关于上溪州的最早记载为《宋史·蛮夷一·西南溪峒诸蛮传上》，其载言宋初溪州有三，分为上、中、下，并以下溪州为都誓主，都誓其誓下的十九州。关于上、中、下溪州设置以及北江彭氏为二十州都誓主具体时间，上一节已做简要考述，此不赘述。从《宋史》的记载来看，宋时知任上溪州的仅二人，且皆为永顺彭氏家族，兹将史料引述如下：

> （咸平四年）上溪州刺史彭文勇来贡水银、黄蜡[①]。
>
> 其后，师宝数自诉，请知上溪州，皇祐二年，始从其请，朝贡如初[②]。

宋初的上溪州应该为五代以来北江地区的强蛮彭氏所控制，作为都誓制度下的一个州。且见载的知任者几乎全为彭氏，其所占据的地位应是相当重要的。关于宋上溪州州治的具体所在，由于文献史料缺乏相关记载以及局限于目前有限的考古工作尚不好确定，但是位于现与永顺县比邻的龙山县境内则为学界大多数学者所认可。明初，朱明王朝对元以来的湘西政治格局进行了一定的调整，撤销了元代的新添葛蛮安抚司、思州安抚司等，以其地并入永顺等处军民安抚司及保靖军民安抚司，“复并三溪地置上溪州”，其才成为明永顺土司辖下的三州之一。

据地方志记载，明上溪州也位于现在的龙山境内，但其是否因袭宋上溪州故址目前尚未见到具体讨论。《永顺宣慰司志》卷二载，上溪州“西连归峡，东控荆澧，高山箐深，兽穴鸟道”。张天如主编的《永顺府志》则曰“溪州故城在龙山县东南”，其所谓的溪州当指上溪州。虽然限于目前的资料未便断言其在何处，但是结合既有的考古调查以及湘西地区所见城址的分布设置规律来看，其最有可能位于酉水流域的水运较为便利的临河平地，即现今龙山境内的洗车河流域。20世纪70年代初，洗车镇坡子街曾发现明代一品诰命夫人墓碑一块[③]，其很可能与上溪州土司有着非常密切的关系。而在本次考古专题调查中，在酉水流域的洗车

---

①《宋史》，中华书局，1977年，第14174页。

②《宋史·诸蛮列传》，中华书局，1977年，第14178页。

③根据龙山县刘能朴先生提供的材料。

河镇、苗市以及县境北部的石牌洞都发现了明代砖室券顶墓、石室墓等相关土司文化遗存，这些极有可能与明上溪州土司有着直接的联系。更值得注意的是，在隆头周家寨、洗车镇老洞、红岩镇西湖等地发现了晚于两晋早于两宋时期的垂帘纹墓砖及年代相应的遗址。这一现象目前多见于洗车河流域，无疑，其可为我们缩小推断上溪州治所的大致位置范围提供参考。

明上溪州隶属于永顺彭氏土司，据张文琴民国《永顺县志》记载，上溪州土知州为张姓，从洪武三年内附的张义保（又名张麦且踵）到雍正五年随宣慰使纳土的张汉儒一共世袭十一代。龙山县境内，现今尚留存有大量与土司相关的遗迹，许多寨落亦然保存有土司墓葬、土王庙、摆手堂以及与这些庙宇建筑相关的记事碑，从中我们可以看出至清改土之后，被神明化的土司对地方社会亦然具有重大的影响。

3. 施溶州

张天如乾隆《永顺府志》载："施溶废州在永顺县东南九十里。"另外，《永顺宣慰司志》卷二载施溶州为"古蛮夷地，秦属黔中，汉属武陵，唐置溪州，五季为静边都，宋为上溪州，元因之，先是泊崖洞安抚司，洪武三年内附，改陞知州，属永顺宣慰司"。案上溪州在龙山县境，何以《永顺宣慰司志》卷二谓在宋时为上溪州？另据《宋史·西南溪峒诸蛮传上》，五代至宋施溶地设有溶州，张氏乾隆《永顺府志》言宋时所置二十州外更有"南渭州、施溶州、吉州，皆为羁縻州，属辰州治"，而据《宋史·蛮夷一》，并无南渭州与施溶州之称，盖其所指者应当即为渭州与溶州。

张文琴民国《永顺县志·职官制》载有施溶州土知州职官田万顷，言其在元世祖时为白崖洞王。至元二十一年（1284）万顷擒上溪、柿溪两洞王以献后，诏下诸洞立为一府九州，分隶四川、湖广两省，白崖洞升为施溶州，以万顷为知州，可见，在元中期施溶州地设有白崖洞。施溶州土知州自明以来为田氏世袭，其职官可考者有田健霸，言其先为元泊崖安抚使，后升授施溶州知州，其与元世祖及成宗时之田万顷是否具有血亲或其他关系，张文琴在民国《永顺县志》中未置一辞，另外，其时的泊崖安抚司与田万顷时之白崖洞有无承袭关系亦不明了。不过，从民国《永顺县志》对田万顷、田健霸的记载来看，至元二十一年（1284）白崖洞升施溶州，及明洪武三年（1370）田健霸升施溶州知州，期间相隔八十六年。因此，田健霸升授施溶州知州前，其所知任之泊崖安抚司应当与田万顷之时的白崖洞当为两指，然其地望沿革一时难以厘清。自明田健霸始，至清雍正五年（1727）土知州田永丰随永顺宣慰使纳土，施溶州田氏世袭十一世，共十三人[①]。

施溶州一带遗存有明代砖石券顶墓。例如，东临施溶溪的永顺县长官镇长官居委会陈家包，共发现六座墓冢，均为砖室墓，三层券顶，做工精细讲究，应为土司时期与施溶州相关的墓葬。现大部分已被盗掘，墓地内长满山竹及杂草。施溶州遗址现被凤滩水库水位所淹没，其城池建置一时无法考证，留待以后进一步的水下考古工作。

施溶州位于以老司城为中心的“布袋”或“撮箕”状地理形貌的“袋口”或“撮箕口”下游，是南方来敌进入永顺土司辖境腹地第一个重要前沿堡垒。更因其与今古丈县会溪坪、永顺县施溶溪、长官回龙、小溪、榔溪一带相邻呼应，东与沅陵接壤，扼守酉水航运之交通要道，顺酉水而下可达沅陵、常德等地，逆酉水而上可达王村、列夕、南渭州、保靖、里耶及酉阳等地，并有古道经长官、大青山、保坪、驴迟峒至腊惹洞；或经长官、松柏、羊峰至石堤再达司城，水陆交通十分便利，向为永顺土司之南大门，其战略地位的重要性不言而喻。清顺治年间，王马、高李二部入寇司城，首先进攻并突破的就是南渭、施溶二州，足见其在以老司城为中心的军事防御体系中，实发挥着永顺彭氏土司南边门户之作用。

二、六长官司

1. 腊惹洞长官司

《永顺宣慰司志》卷二载腊惹洞为“古诸蛮夷地，秦属黔中[②]，汉属武陵，唐为溪州，五季为静边都大乡、三亭、陇西等县地，宋永顺宣慰司”。民国《永顺县志》载“腊惹洞长官司，元属思州军民安抚司，隶湖广行省，明曰腊惹洞。洪武二年改属永顺等处军民宣慰使司，清初仍称腊惹洞，隶属同。改土后为永顺献地。民国如故”。

腊惹洞长官司为向姓世职，民国《永顺县志》载，其初任者向孛灿元时为洞民总管，及其子向士贵于洪武三年内附时，才升任长官司，隶属于永司，成为永顺宣慰使司下辖的六

---

①参见张文琴民国《永顺县志》所记田万顷及田健霸事迹，兹将二人资料引录如下，以备参考：田万顷，元世祖时为白崖洞王，至元二十一年万顷擒上溪、柿溪两洞王以献，诏下诸洞立为一府九州，分隶四川、湖广两省，白崖洞升为施溶州，以万顷为知州，事后叛，成宗命衡州行枢密院使刘国杰进攻，拔施溶州，擒万顷斩之（《元史・刘国杰传》）；田健霸，元泊崖安抚使，明洪武三年内附，升授施溶州知州（《宣慰司志》）。

②根据龙山县出土的里耶秦简，战国时永顺县境应该也属于未见载于史籍的“洞庭郡”。本报告中引用说明湘西地望沿革的史料时，在秦当为“洞庭郡”，其他类似错误，本报告不再单独注解。

长官司之一。从元代的向孛灿到清雍正五年随宣慰使纳土的向中和，共世袭十二代十四人。据《明史·湖广土司传》所记，宣德元年腊惹洞长谋古赏等连年攻劫宋农里、石堤洞及后溪等地，时任总兵的萧绥乞调兵围剿，最终以谋古赏等愿罚人马罢兵了事。有明一朝，腊惹洞长官司跟永顺彭氏土司之间保持着良好的关系，据出土于老司城紫金山墓地的部分墓志铭所载，其相互之间亦常互通婚姻之好。例如，土司彭世麒的夫人清房向氏便为腊惹洞长官司长官向源之女①，而彭世麒育女十七人，其“一适腊惹峒长官司长官向仕珑，俱明辅母清房向氏出者”②。这种类似于史籍所谓“还骨种”的交表婚被当成永司与腊惹洞之间维护良好关系，“以续世好”的一种重要手段。

张文琴民国《永顺县志》载“清腊惹洞长官司向忠和墓一冢，在下榔溪保小龙村”。虽然我们尚不能够藉此断定小龙村即为腊惹洞所在地，但是，按照老司城土司墓葬普遍分布于司城城址周边的规律，至少可以从侧面说明腊惹洞应该位于小龙村或其周边一带。值得注意的是，永顺劳子庄《向氏族谱》有“向文伍，王氏生，向志德，字孛烁，移居永顺县住小龙村蜡而洞，生子三”的记载③，蜡而洞应为腊惹洞的别称，因此，小龙村极有可能为腊惹洞的所在地④。同样，张文琴民国《永顺县志》载，捞子庄（劳子庄）“以多古冢，砖石封其面，前立片石，有称皇明诰封永顺司总统委官向大廷字事章者，有称黄明诰封永顺统委官员向有芳者，有称永顺司军政厅向应朝字少松者。代远年湮，莫辨其后裔为谁”，结合上文引述的劳子庄《向氏族谱》所叙向氏迁居源流来看，其极有可能就是腊惹洞长官司长官向氏的家族墓冢之一。现存老司城康熙五十二年（1712）德政碑铭记参与议事的“腊惹洞向宗国”即葬于此，据其碑文生辰与离世时间亦与向宗国职事期间相吻合（详见官署遗迹介绍）。

从地理位置上看，腊惹洞濒临酉水，洽位于上文所述以老司城为中心的由各山体围合而成的“撮箕”状地理形貌的开口处，与南渭州相邻且统辖于南渭州，向被视为“永顺要

---

①参见《敕进阶昭毅将军思垒彭侯故室淑人向氏墓志铭》，向氏为清房夫人。

②参见《诰封明故太淑人彭母墓志铭》，另《明故永顺宣慰使彭思斋墓志铭》亦言彭世麒有女十七人，其“一适腊惹洞长官向□□”。以两墓志铭内容互证，“向□□”当为“向仕珑”。

③转引自湖南省文物考古研究所柴焕波《老司城申遗基础研究报告》，未刊稿。

④张文琴民国《永顺县志·地理志》载有小龙村，其注云为旧驴迟洞长官司治所，当误。驴迟洞长官司治所当在大龙村。

衙”。同时，因与驴迟洞互为犄角，同古丈境内的田家洞隔河呼应，往西南可控防保靖，同时可遏锁酉水，阻击溯水流而上的来犯之敌，军事战略位置十分重要。

2. 驴迟洞长官司

《永顺宣慰司志》卷二载驴迟洞为“古蛮夷地，秦属黔中，汉属武陵，唐为富州，五季为静边都大乡、三亭、陇西等县地。宋为下溪州，元因之，时向达迪踵、向尔莫踵元为洞民总管。明洪武三年内附，改升为驴迟洞长官司，属永顺宣慰司”，成为永顺彭氏土司下辖的六大长官司之一。

驴迟洞长官司长官为向姓，大龙村道光十六年刻印的《向氏族谱》中载有“大龙村神庙碑”，其中提到“至先明洪武初，敕升尔莫踵为驴迟洞长官，设有庙田六处，以为世世禋祀之资”[①]，据此，大龙村应为驴迟洞长官司的所在地。同样，张文琴民国《永顺县志·建制》所载坊墓的案语中，亦有“上榔保大龙村驴迟洞右偏有古树古墓，封若堂坊，相传为长官宅兆，荆棘丛生，石刻、翁仲及石狮皆卧□松楸间，其碑碣亦复苔霾藓蚀，字迹模糊莫辨，殊属可惜”等语，可见推断驴迟洞长官司治所位于大龙村应当比较合理。现永顺县芙蓉镇保坪村大龙组（即前大龙村）发现有明代土司遗址留存，但是破坏较为严重，地表可见大量明清时期的残砖以及青条石、柱础等建筑构件（详见官署遗迹介绍）。

从出土于老司城紫金山墓地的土司家族墓葬部分墓志铭的记载来看，驴迟洞土司与永顺彭氏土司之间存在婚姻往来，例如《明故永顺宣慰使彭思斋墓志铭》即载，土司彭世麒所育的十七女中，其“一适驴迟洞长官向阳”。另外，地理位置上，其水路可直接遏控酉水，且与腊惹、麦着黄、施溶诸洞相互呼应，共同扼守永顺彭氏土司“撮箕”状辖地开口处亦即其南大门，是永顺彭氏防范外敌入侵最为重要的前沿堡垒之一。正因为政治上隶属于永顺彭氏土司，且相互之间有婚姻联系，驴迟洞在六洞中占据的战略地位自然不言而喻。

3. 施溶洞长官司

《永顺宣慰司志》卷二载施溶洞长官司为“古诸蛮夷地，秦属黔中，汉属武陵，唐为溪州，五季为静边都大乡、三亭、陇西等县地，宋领其地，属永顺宣慰司”，其地“襟山带

---

①转引自湖南省文物考古研究所柴焕波《老司城申遗基础研究报告》，未刊稿。

河，西北控制，辘轳相望，商旅之所”。另外，张文琴民国《永顺县志》载施溶洞长官司旧治在“城南一百五十里”之“长官寨”[①]。本次调查材料中，在县境内东临施溶溪的长官镇长官居委会陈家包共发现墓冢六座，年代均为明代，然大部分已被盗，墓地内长满山竹及杂草。墓葬均为砖室墓，三层券顶，墓冢做工精细讲究，可能为土司时期施溶洞长官司长官的家族墓群。长官寨一带大多为凤滩水库储水淹没区，无法做具体的考古调查工作，因而目前尚不能够确认其地是否残留有土司时期的文化遗址。

施溶洞长官司为汪氏世职，其肇任者汪良为元会溪、施溶等处巡检司，明洪武三年（1370）归明后升任施溶长官司，至雍正五年（1727）汪文珂随宣慰使纳土，共十一代十二人。关于施溶洞长官司的直接记载几不见于正史，地方史乘记载亦极其有限。仅清光绪《龙山县志》言“三十八年，赐元锦都指挥使，给蟒衣一袭，妻汪氏封夫人”[②]。有明一朝，永顺土司与周边各土司多有婚姻往来，藉此推测，引文中的汪氏应该就出自施溶洞长官司长官汪氏家族。

施溶洞长官司作为永顺彭氏土司下辖的六洞之一，与施溶州土知州田氏一起，共同守护着永顺土司的东南大门。在土司时期，其为从酉水下游河段由辰州（现沅陵）方向溯流而上进入永顺土司辖地的首个具有政治兼及军事防御意义的设置。根据史料及地方史志的记载，宋代此地设溶州，并且五代至宋初的溪州州治还极有可能一度建置于此，及至熙宁五年（1072）章惇经理北江之后才将州治迁往会溪。清顺治年间，王马、高李两军犯境，亦经由施溶一带进入永顺土司辖境腹地焚掠老司城。由此可见，历史上施溶一带军事战略地位的重要性，这也是从五代至明清施溶一带皆有所建置的原因。

4. 麦着黄洞长官司

《永顺宣慰司志》卷二载，麦着黄洞为“古诸蛮夷地，秦属黔中，汉属武陵，唐为溪州，五季为静边都大乡、三亭、陇西等县地。宋为下溪州，元因之，以黄麦和踵升长官，领其地。明洪武三年，黄麦谷踵内附，改属永顺宣慰司”，而王承尧及罗午先生根据正史及方志，推其在元时为麦着土村，属思州安抚司，至洪武三年才改村为洞，统辖于永司，其地“襟山带河，西北控制，辘轳相望，商旅之所”。结合乾隆《永顺县志》对其山川

①张文琴民国《永顺县志》。

②光绪《龙山县志》第189～190页。

物景的描述[①]及本次调查的现场踏勘，麦着黄洞故地最有可能在今古丈县的老司岩一带。

麦着黄洞长官司长官为黄姓，其先黄麦和踵在元时为洞民总管，明洪武三年（1370），其子黄答谷踵袭任时归附，才改为长官司，受永顺土司节制。从黄麦和踵到雍正五年随宣慰使纳土的黄正乾，麦着黄洞长官司世系为黄麦和踵—黄答谷踵—黄大洛踵—黄珍—黄先—黄胜—黄金（胜子）—黄廷正—黄相—黄世忠—黄甲—黄诏升—黄正乾。麦着黄洞与永顺彭氏及周边各长官司之间的关系，目前所见的文字较少，可考者为其长官黄诏升在康熙年中曾与南渭州土知州彭凌高、辰旗旗长向孛等一道参与了永顺宣慰司彭廷椿与七房彭允植的袭职事中，在一时人心皆“莫知所属”的境况下，成为扶正宣慰使彭廷椿的中坚力量之一[②]。

根据地方史志关于麦着黄洞周边山川物景的描述，我们初步将麦着黄洞长官司的治所认定于上文所述及的老司岩一带。这里濒临酉水，得水运之便，曾为“鏕铲相望”的“商旅之所”。其实，在永顺土司统治时期，其优越的地理位置自然具有着重要的军事防御意义。从区位上看，其与田家洞同处酉水南岸一带，呼应于酉水北岸的南渭州、施溶州以及腊惹洞、驴迟洞等，是永顺土司辖地南大门最具军事力量的集团组合。特别是该长官司还与列夕、克必城堡彼此呼应、互为犄角，共同扼制猛洞河出入酉水的河口，严防经由酉水下游或从南面进入永顺土司辖境腹地的外敌势力，成为永顺彭氏防御保靖土司及其他势力的军事要地。

5. 白岩洞长官司

张文琴民国《永顺县志》载，白岩洞长官司宋时为上溪州地，元设白崖洞，属新添葛蛮安抚司。明洪武三年内附，升为白崖洞长官司，隶湖广行省，清初仍旧。清雍正年间改

---

①乾隆《永顺县志》对麦着黄洞周边山川物景有较为详细的记载，兹转录如下：“洗甲溪，在麦着黄洞司治西，昔土人奉檄征调常于此处磨铠甲，故名；桂竹山，在麦着黄洞治六里许，山多桂竹；水田山，在麦着黄洞东八里，上有泉，可流灌数十里，因辟成田；骆驼山，在麦着黄洞，有兽如骆驼常出，故名。煞气洞，在麦着黄洞司治北五十里许，洞上若气烟起，主动刀兵；猴儿洞，在麦着黄洞司治东南六里许，四面石窍想通，猴多穴其内；响水洞，在麦着黄洞司治半里许，水自深山流出，注于此，北江激石，声响如雷；白水泉，在麦着黄洞司治西南一里许，悬岩瀑布，下注北江。”上述山川地理形胜的描述与现今古丈县老司岩一带极为相似。

②参见《云鹏公遗令》。

土归流后，属龙山县地，谓白崖里。光绪《龙山县志》所载白崖里辖地地名中上、中、下母池至今被百姓所沿用。本次调查，在白岩里一带发现了相关遗址，并在上母池发现了明代的石室墓，极有可能是明代白岩洞长官司长官张氏家族墓葬，现今龙山县西向北境的桶车乡及邻近的兴隆街一带很可能即是明白岩洞长官司治所故地。

《永顺宣慰司志》卷二载龙山形胜“溪山重阻，人迹罕至，岭蹬险阨”。另据乾隆《永顺府志》载，“龙山深林密菁，往昔皆土官围场，一草一木不许轻取。每冬行猎，谓之赶场，先令舍把、头目等视虎所居，率数十百人用大网环之，旋砍其草，以犬奔，则鸟铳、标枪立毙之，无一脱者”。可见，在土司时期，相对于永顺司辖境南部来说，白崖洞长官司辖境的人口密度可能要较其他各洞稍小，另外，结合本次调查所发现的遗存、遗迹来看，其人口应当大多分布于靠近溪流的河谷平地一带。

白岩洞长官司长官为张氏，其先张那律元时为洞民总管，洪武三年内附时升为长官司，至清雍正年间，长官司张宗略随宣慰使纳土，司终。白岩洞长官司张氏世系为：张那律—张海砂—张吉和—张麦依—张继忠—张世业—张大才—张四维—张四教（四维弟）—张应斗—张宗略。白岩洞长官司长官张氏族与上溪州张氏为同一支系，明《土官底簿》载有张友谅者，其文曰：“张友谅，白岩洞村人，已故知州彭义保[①]、土民张麦直踵次男。甲辰年（即元至元二十四年），方一岁，出继与伯父白岩长官张金隆为男，后本宫病故，洪武九年就袭伯父长官司职事。知州彭义保洪武三年除授知州，故宣慰使举友谅归宗，袭父知州。”

上面的记述虽有些混乱，首先是将张义保误为彭义保，且于张氏替彭氏为上溪州知州原委不着一字，但是，其与白岩洞长官司长官张金隆之间的叔侄关系则再明白不过。然而不知何故，目前所见有如上文的张氏世系中却未见张金隆其名。

从地理区位来看，三州六洞中仅上溪州与白岩洞分布于永顺土司彭氏辖境北部的龙山一带，相对于“撮箕”状地理形貌的南面开口处来说，这里力量相对薄弱。从目前的调查及既有的考古成果来看，与土司相关的各类文化遗存主要分布于水运交通较为便利的酉水及其支流各水系。白岩洞长官司辖地大体位于永顺彭氏土司辖境的西北部，与桑植向氏土司相比

---

①王承尧、罗午在《土家族土司史录》中认为，“此记载语言混乱，文中彭义保疑为张义保”。参见该书第24页。

邻，自然具有从东北方向拱卫土司王城——老司城的作用。

6. 田家洞长官司

《永顺宣慰司志》卷二载“田家洞沿革：古诸蛮夷地，秦属黔中，汉属武陵，唐为溪州，五季为静边都大乡、三亭、陇西等县地，宋为下溪州，元因之。田胜祖元为洞民县官，明洪武三年内附，升为田家洞长官司，属永顺宣慰司”，其地“危峰窈谷，鸟道云栈。襟带北河，控引保靖”。至于其大致方位，乾隆《永顺县志·沿革》言“田家洞，今永顺县南一百里，田家保地”。同时，乾隆《永顺县志·沿革·市村》也认为：“田家洞，在县南，离城一百里，为苗洞总路，居民聚集，重岗叠巘，亦要区也。” 再据严如熤《苗防备览·险要》载：“田家洞，西南一百一十里，旧设长官司，为永保土人寨落，攒簇排列，重岗叠嶂，地险民勤，奸苗不敢轻犯。”

本次调查中，在古丈县断龙乡田家洞村三组也发现了相关遗址，并且在其周边喜哈村还发现了田家洞长官司长官田荩臣的墓葬，因此，田家洞长官司的司治应当即在今界连保靖的古丈县断龙乡田家洞村一带，现今的村名可能即是明至清初田家洞长官司旧名的一个沿用遗留。这也与严如熤《苗防备览·舆图·苗疆全图》中所标示的田家洞的位置以及上述文献的记载大体一致。

田家洞长官司为田姓世职，田胜祖为元时洞民总管，明洪武三年内附后升长官司，清雍正五年，长官田荩臣随宣慰使彭肇槐纳土。其世系为田胜祖—田麦依送—田麦和送—田胜—田麦答送—田畴—田梭亚只—田有旺—田有成—田德—田兴禄—田晋玉—田荩臣。有明一朝，永顺与保靖土司一直担承着防苗的重要任务。无论是正史还是地方史志文献，我们都可以看到王朝征调永顺土兵去平定叛乱的诸多记载，特别是就逼近苗疆的永顺土司而言，镇压苗民反抗更是王朝给予他们最直接的任务之一。田家洞因其所处的地理位置逼近苗疆，自然成为了永顺土司防苗且向来“奸苗不敢轻犯” 的重要前沿阵地。另外，田家洞长官司也可凭借永顺土司在酉水势力范围的布控，以防制白溪河(关)为界的保靖土司势力（图十七）。

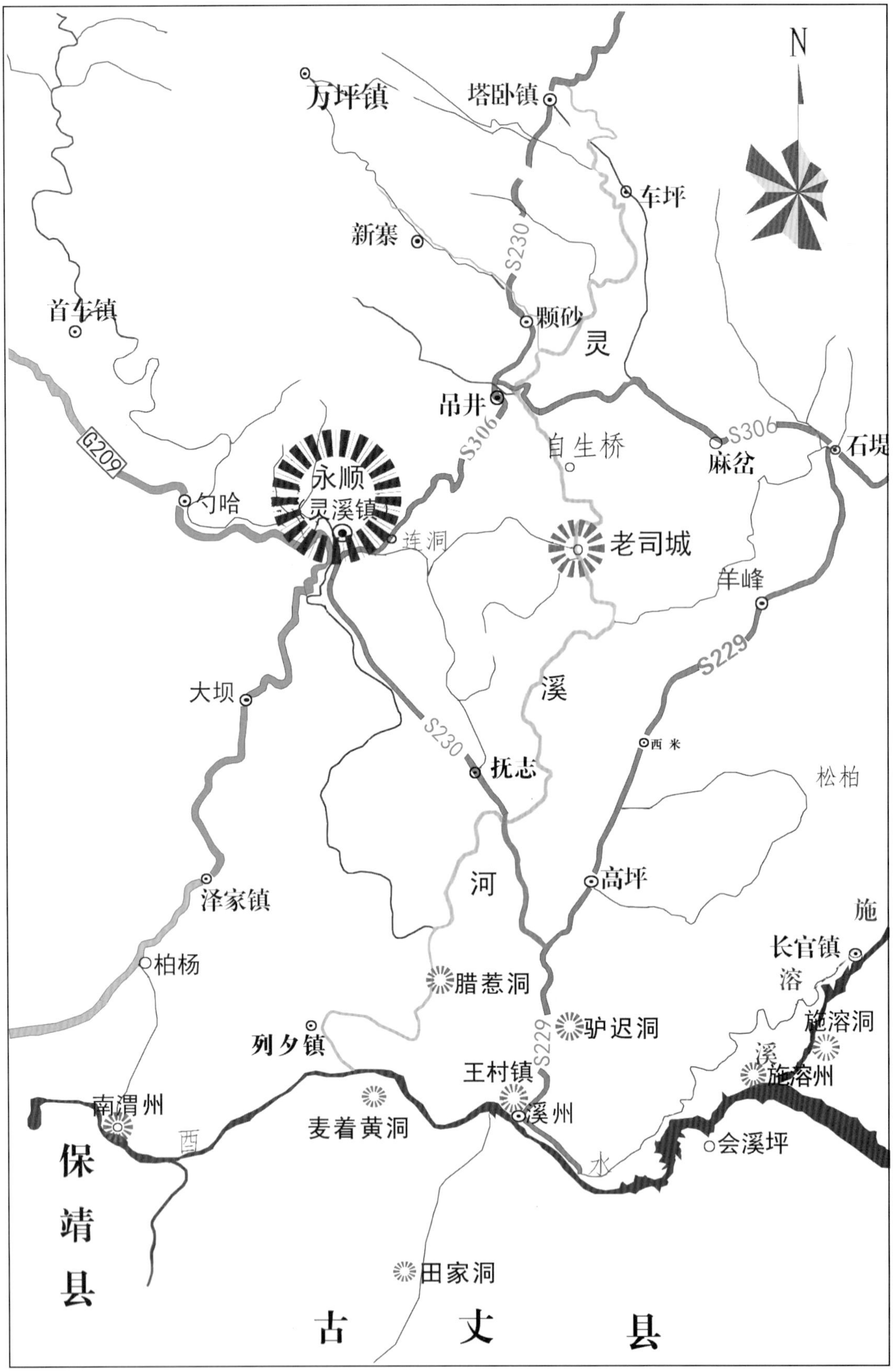

图十七 永顺土司三州六洞地理位置图

第五节　老司城选址的背景、规划理念及以老司城为中心的军事防御体系运行等相关问题

一、老司城被确立为治所的背景

南宋绍兴五年（1135）彭福石宠迁治老司城，其治所地位正式确立。至此，溪州彭氏地方政权治所变迁沿着王村、“平岸”、会溪城、龙潭城、老司城这样一条轨迹，由酉水黄金水道转向更封闭和险峻、交通条件更落后的灵溪河中上游流域，其过程表现出强烈的收缩性、防御性和内敛性。

老司城治所地位是两宋时中央集权政治与溪州地方政权势力发展的必然。而老司城及周边绝妙的自然防御优势以及彭氏势力对此地的长期经营为新治落户老司城提供了充分条件。换而言之，老司城周围险峻、封闭的地理环境及自然天成的防御山体迎合了溪州彭氏集团规避集权政治力量强力辐射，以收缩、防御求生存的急迫心理。

第一，两宋时溪州彭氏面临严重内忧外患，新择治所成为必然。一方面，两宋以来集权政治力量发展给溪州彭氏地方政权施加强大压力。北宋政治发展以通过杯酒释兵权、创设三司制、变革禁军驻防制等政策设计铲除、控抑地方割据势力做大做强为起点，到中期，经王安石变法，集权力量进一步发展，并强化对南北江蛮地区的经制。集权力量的发展并向南北江蛮地区扩张，对溪州彭氏施加巨大政治压力。如天禧及咸平年间彭氏与赵宋的两场战争均以惨败收场。熙宁年间，章惇经制南江地区取得实际性进展，原属于都誓主约束下的富州、保顺州、天赐州等相继归化中央；另一方面，彭氏内部纷争屡起，内部动荡既削弱了自身实力，也迫使其失去对都誓主制联盟成员的有效控制，失去这个松散联盟所产生共同防御集权力量，保护生存和发展外部环境的作用。彭师晏之后，在集权政治力量的夹缝中求生存和发展成为溪州彭氏政权面临着的最迫切、最亟需解决的问题。此时，内力虚弱的溪州彭氏政权需要强大、坚固的军事防御体系提供休养、恢复的空间，另择新治所成为必然。基于溪州彭氏政权现状，新的治所必须同时满足封闭性强、防御作用突出和防御成本低廉双重需求，而老司城周边绝妙自然形势则恰如其时地迎合了深陷困顿溪州的彭氏政权退缩、防御求生存和发展的迫切心理。

第二，彭氏对老司城周边的长期经营及其绝妙的地理形势是老司城成为溪州彭氏政权

新治所的重要条件。彭瑊时相继驱逐吴著冲、惹巴冲等盘踞于老司城及其周边的土酋势力。之后两百余年时间里，溪州彭氏加强了以老司城为核心原土酋势力范围的控制和经营，并以此建成躲避外力冲击的战略后方基地和避风港。老司城及其周边“重岗复岭，水激石丛，最称险要”[①]，“万峰巉天，蜿蜒盘亘，溪流如线，峻急湍捍，羊肠诘曲，鸟道回旋，尺所不能度”[②]的优越自然形势充分满足了溪州彭氏快速建立成本低廉、防御效果佳的军事防御体系的需要，溪州彭氏即因地制宜、因地就势，以山为屏，即水为池构建起体系完整、防御严密、成本低廉的军事防御体系。“以山为屏”即西北以万福山、万云山、四方山、高立山、摩天岭，东南以羊峰山、大青山、黑桃山等山界为屏，护卫左右，老司城则深处“万马归朝”中；“即水为池”，即以河流为天堑，北有澧水、南有酉水、东有施溶溪、西有猛洞河，中有灵溪河，其中，仅澧水、酉水大致呈东西向，其余呈南北向。一个由老司城周边山水紧密配合而成的严密的自然防御体系呈现于武陵山区。体系中，东南、西北以险峻绵亘的群山为屏障，东北、西南以澧水、酉水镇锁两大山界留下的巨大缺口，而猛洞河、灵溪河、施溶溪及数量众多的溪流奔流其间，轻重不一地发挥着防御、交通作用。这是一个成本低廉的自然防御体系，山之伟壮森然而立，绵亘西北、东南，如巨大城墙捍卫老司城左右；水之汹汹，横断东北、西南两大出口，如天堑深池护卫司城。山为墙郭，水为池堑，一切仰以神奇造物，以为便宜。

二、老司城选址建城规划理念

老司城作为永顺土司的政治、军事、宗教、文化及消费中心，其选址建城的诸多认知、思想及理念旨在统筹实现及完备以上功能。于此过程，永顺土司已有认知、社会生产力发展程度、与邻司关系状况及自然环境等深刻制约和影响选址及规划理念的实践。

第一，“负险而居”理念。这是老司城选址建城规划理念中最带有原始色彩和实质特征的部分。南宋时，溪州彭氏集团基于与集权力量博弈过程中双方力量差距的悬殊考虑将治所迁至酉水支流灵溪河畔的老司城，旨在仰赖老司城及周边复杂、险峻的自然环境，掩蔽实力之虚，以谋求实现生存和发展目标。在冷兵器时代，地理形势复杂及险峻的程度与军事防

①乾隆《永顺县志》。

②乾隆《永顺府志》。

御优势及安全保障密切相关，就老司城而言，其集中反映了地方少数民族政权在集权政治强压下最基本的生存和安全诉求。“负险而居”成为选址规划理念中的基础，带有原始色彩。这种理念在地方志中得到相关印证，如乾隆《永顺府志》载“（永顺）楚南徼地也，万峰巉天，蜿蜒盘亘，溪流如线，峻急湍捍，羊肠诘曲，鸟道回旋，尺所不能度……若其东、西、南、北与广袤之大数，则较然可知，异时土司怙恃其险，为虎而嵎，为兔而窟”。乾隆《永顺县志》载“重岗复岭，水激石丛，最称险要”，“旧隶土官宣慰司，统三知州、六长官司治之……皆负险而居，未有城郭”[①]。又民国《永顺府志》通过老司城与颗砂城的比较，指出“颗砂城郭似较老司城为愈。然因山为障，即水为池，终不若彼天险也”，更加凸显出了老司城及周边自然形势的险要。总体上，永顺土司所控制范围内总体地理环境“有山皆绝壁，无水不悬流”，极其复杂险要，而老司城所处位置更为险峻，可谓“险中之险”。这也正是永顺土司所心仪的理想防御中心，因其能提供足够多的安全保障。同时，辩证地看，复杂险峻的自然地理环境成为永顺土司盘踞一隅的强大屏障，但这也严重束缚老司城发展成为一方“都会”。改土归流后，永顺府城、县城选址建城过程中可清晰地看到地理环境对老司城发展的强大束缚作用。老司城未能向前发展成为永顺府城或县城，正是因为“其地四面皆高山”[②]，“地势险隘，跨溪环岭，所费不赀，且无建置祠庙、营肆之所”[③]。对于一个维持近六百年的政治、军事、宗教、文化及消费中心的城市来说，其积累及底蕴足以成为府县治所，然而历史却选择了地势宽阔、防御优势同样突出的原猛洞河别墅一带。地理环境成就了老司城近六百年永顺土司司治地位，亦使之失去了进一步向前发展的机会。

从五代时期“跨壑披崖，临危下瞰，梯冲既合，水泉无汲引之门，樵采莫通，粮糗乏转输之路”的王村（溪州）城堡，到宋元时溪河环绕，河岸绝峻，河床狭窄，水流湍急，暗石密布的龙潭城，负险而居的选址建城理念贯穿其中。对以军事防御功能为主的南方山区城市而言，险即安全、生命、生存及地位所依，负险而居是南方城市选址规划中一般性的理念。除此外，永顺土司还将“负险而居”的理念延伸至生产领域，如乾隆《永顺府志》载“峰尖岭畔准其垦种，平原处荆棘蔓塞不许开垦，土司之法所以守险而戒敌也”。如此做法，违背生产发展规律，但在军事防御布局上，确有利于增加军事防御的有效性。因此，这种做法普

①②乾隆《永顺县志》。

③乾隆《永顺府志》。

遍存在于军事防御要区，而在腹地，即如今颗砂、万坪、石堤等农业较为发达区域，鲜有这种做法。在对新庄古村落的调查中，当地流传着土司出行走山脊，不走山谷平地的说法，因其害怕被伏击。口述资料所传递的信息，一定程度上是对上述牺牲有限的生产资源以增加防御可靠性做法的佐证，作为地方最高军政长官永顺宣慰使的出行除有较大规模的侍从队伍伴随外，其所选择的路线也应当是安全的。在此，将这种极端性做法提出并加以分析，可能也符合当时特殊时期在某些重要区域频临战争而不得已采取的一种手段。结合永顺土司与周边土司关系及其整体防御格局分析可知，与保靖司毗连的西南地区即南渭州土知州辖区既是永保两司常年冲突的重灾区，又是防御格局中最为重要的地区，因而这一地区极有可能普遍地使用了上述极端的防御办法。同时，上溪州地区亦存在使用这种做法的可能，因永顺土司时期，此地作为土司围猎场，密林深菁，远山穷谷，可资为天然屏障。

第二，因地制宜理念。乾隆《永顺县志》载“莅兹土者，亦得以因地制宜也”[①]。这个理念集中体现在城市规划建设中以传统山水文化为特征的“相土”意识，以风水堪舆术为指导，强调对自然环境的充分有效利用，追求与自然和谐相融关系，“以山为屏，即水为池”是这一思想理念的体现。从目前考古勘探、发掘出的城址轮廓、街道骨架、排水系统、功能分区的情况来看，其整体呈自然状态，很少移山动坡，宫殿、衙署、文庙、庙宇寺观等建筑依山就势，建于狭窄台地之上，与自然环境相映成趣。从建筑遗址、遗迹用材来看，宫墙以山石堆砌，桐油石灰勾缝，道路多用鹅卵石，屋内地面多为块状磨石铺垫，以求平整，墓葬区多用青砖构建墓室。这些材料中，鹅卵石取自灵溪河，水磨石板、山石来源于附近采石场、砖场。目前，已探明润雅采石场遗址曾是土司时期采石场之一，墓葬区、宫殿区出土的构件遗物与采石场发现之物相一致。这些采自润雅采石场的建材通常经灵溪河水路运输至司城，而像这种成本高昂的建材仅出现于规制较高的宫殿区及墓葬区内。同时，以传统山水文化为特征的“相土”意识及风水堪舆术在司城规划建设中亦得到贯彻。老司城背依泰平山，山下有三座相连的小山，分别叫福山、禄山、寿山，合起来叫三星山。东侧山脉似一只展翅欲飞的凤凰，南侧山脉似一条巨大的青龙，将金凤环绕，宫殿区建于凤尾龙颈上。从宫殿区的高处眺望前后左右万山千岭，相偎相叠，气势雄壮，朝着老司城奔腾而来，民间称之为“万马归朝”。司城周边山与水间的绝妙搭配极其和谐的关系，被誉为龙凤呈祥之风水宝

①乾隆《永顺县志》。

地，备受历代堪舆师推崇和重视。

此外，老司城清晰合理的功能分区从另一角度诠释了城市规划建设中恰如其分地糅合和拿捏自然、人、社会诸要素，遵循自然理性规律的实质。从现有考古工作成果来看，老司城有宫殿区、衙署区、生活和商业区、墓葬区、宗教区、文教区、休闲苑墅区等功能分区。其中，宫殿区位于城池中心位置，依山面水，就山势而建，地势高旷，视野开阔，为永顺土司大型建筑、寝宫所在。宫殿区南侧为衙署区，偏居于山坡一侧，地势略低，为土官办公区；宫殿区后山半山坡的吴著坪，为吴著祠的所在地，具有类似土地神一样的宗教含义；街道区则处于宫殿区、衙署区以南的山隈、河岸，是居民生活和商业活动区；城址东南是紫金山土司家族墓地；城址的南部是土司时期的宗教区，分布着各种不同类型的寺观，是土司辖区广大民众的精神中心；沿着灵溪河上溯，分布着众多土司庄园、别墅、钓鱼台等休闲、娱乐设施，是土司时期的苑墅区，其间发现多处石刻题铭，记录了土司与家眷、友朋徜徉宴乐的时光；与河流、古道相连的众多村寨，则是其辖区民众的生活之地。城市规划建设中，依托自然山水形势基础，利用山坡陡峻之势，造就宫殿区的威严，以山水的方位、排列及组合，塑造墓葬区之静谧、庄肃，以山水之翠秀，营造苑墅区之轻松、愉悦，以山水之奇险、怪峻，烘托宗教区之肃穆、神圣[①]。在这个过程中，城市建筑与自然生态完美融合，自然理性展现得淋漓尽致。

第三，建制规划中的汉文化元素。元明时期中国城址的格局，大都有开放式街巷道路系统和明确的中轴线，结构上追求平衡对称。与当时辰州府或永定卫不同，老司城是一个非汉民族的城市，但其所体现的基本上是中华民族共同的意识形态、建筑观念。目前揭露的老司城明代城址的遗迹，其宫殿区大西门是城址的正门，正对着从河滩而上的右街，从大西门进入宫城，有一条东西方向的中轴线，主干道、主体建筑都处在这条中轴线上。宫殿区建筑群利用自然地势，形成层层叠叠的梯级状分布格局，依托山势凸显等级，显示土司尊贵权威；另一方面，与平原地区城址的高度对称不同，老司城建立在一个地势极为峻峭的山地，在整体上是沿灵溪河一线呈片状分布，以河流和古道联系周边各功能区和外围辖区，依山傍水、因地制宜，具有强烈的军事防御性质。

---

①引自湖南省文物考古研究所《老司城考古发掘报告基础研究》。

三、关于清顺治朝永顺土司所遭兵灾的问题

关于顺治朝永顺土司罹遭王进才、马进思溃兵滋扰事，乾隆《永顺府志》、《永顺县志》、《永顺彭氏宗谱》及南渭州彭氏家乘之《云鹏公遗令》记载详备（为方便论述，下文简称为府志、县志、宗谱、遗令）。

乾隆《永顺府志》载："顺治四年（1647）九月，王马二贼由永顺逼保靖巴勇（茅）地方，保靖宣慰彭朝柱分兵堵截，贼退，扎永顺西村、安布、子营七处。十二日，又引马骑数千于永顺地南渭州渡河攻保靖，彭朝柱令子彭鼎率舍把彭养锐、彭象震等引药弩手千余从后路抄出，劫其营，放火焚之，贼奔溃。……十一年（1654）九月，又值高李之寇攻保靖，扎营对河两月。彭鼎调苗兵万余从菁林开路，攻杀数千人。高必正亦被药箭死，余皆奔溃。"

乾隆《永顺县志》载："丁亥年冬，王马二贼犯境，焚毁衙署，延及宗祠，神主悉成灰烬。辛卯之冬，又遭高李之乱，于壬辰年方得重建。"[①]"八年（1651），高李郝党盘踞内境，宏（泓）澍简兵冲杀，宵遁。"

《云鹏公遗令》[②]载："戊子岁（顺治五年，1648年），流寇王马猝至我永，忠宣公[③]亲御于北河（即西水），不克，众十万且压境。尔父年廿四，慷慨负大志，恩受厚恩，不忍遗忧君父，遂以请缨自任焉。忠宣公壮其志，令速归州治，率所部外白砂兵千余，迎敌于施，大会诸师，分三道以遏，西旗锋当左翼，虎右翼，尔居中，争先夺击，所向披靡，自辰至酉，血战不倦，贼知中劲而不可力事也，遂合全力以攻左右，及左右翼溃，而尔父已陷，殁于贼阵矣。是时闻变，吾痛绝者，移时徒以尔细，且祖母老，故恩之。明年贼平，吾随祖母□父骸，则身被利镞如猬毛，目击横□诚悲，尔父少年忠烈，未树奇勋，徒以身膏原野，志□□疆，殉报主恩也。明年（顺治六年，1649年）贼平。"

永顺《彭氏宗谱》载："丁亥王马□□□□□攻打司治，连营二百余里，星罗棋布，公集劲旅驱之境外。顺治四年恭顺王临辰，遣员归命。……奈何辛卯十月，高李郝党盘踞内境，公劲冲杀各营，宵遁。"

---

①丁亥、辛卯、壬辰分别为顺治四年（1647）、八年（1651）、九年（1652）。

②云鹏公即南渭州知州彭凌高。

③忠宣公即永顺土司彭泓澍。

以上史料记载显示，关于王、马、高、李侵犯永顺时间略有不同。府志载王马、高李两股农民起义军分别于顺治四年、十一年先后侵入永顺土司辖区，而县志、宗谱则载为顺治四年、顺治八年。遗令仅载王马军于顺治五年侵犯永顺，顺治六年被平。史料关于王马军进犯永顺时间差别不大，应以顺治四年为是。另据民国《永顺县志》所载“清顺治四年丁亥王、马二贼来攻司境，宣慰彭泓澍遣应麒率兵赴龙潭岩力坡等处防堵，贼众猖獗，斩栅夺隘进至施溶州，大肆烧杀，应麒力战，斩首百余级，旋以众寡不敌，阵亡”，所记事与遗令相去无几。遗令所载为五年事或有误，应为四年事情。而对高李军犯境时间的记载，县志、宗谱均以为顺治八年事，独府志载为十一年，两相比较，以八年事更为妥当。

另外，关于王、马二军攻入老司城的问题。据府志、县志、遗令、宗谱记载，可得出其二溃军攻击老司城的线路。顺治间，王、马两股军队先后自辰州窜至酉水，以永顺南渭州为桥头堡进攻保靖土司，企图打通酉水通道，连通四川，但均遭失利，向西去路为保靖封堵。另辰州、澧州方向，此时清军已兵临澧沅两水，阻断东区之路，呈夹击之势。南面酉水、沅水天堑横亘，亦无路可退。因此，向北突击成为无奈情况下情理之中的选择。当此时，农民军在与永顺土兵的较量中占得机会，如顺治四年王马猝攻永顺，彭泓澍亲率军于酉水抵御，败。又南渭州彭应麒率白砂兵于施溶州或施溶洞阻击，败。这就为农民军向北突击提供了可能。

在永顺土司辖区内农民军由酉水进入到司城，有水陆两种：水路自王村分别逆猛洞河、灵溪河突击；陆路则可能分别沿南渭州至老司城古道、王村、石堤向老司城古道进攻。比较而言，水路可能性不大，因为猛洞河不二门至王村段，水流湍急，暗礁林立，顺流而下，九死一生，逆流而行，凶险无比。同样，灵溪河下游牛路河段，河况复杂，亦难以通行，故而陆路成为农民军突击最佳选择。值得注意的是，在永顺土司的军事防御体系中，灵溪河与羊峰山、黑桃山界之间的区域中，地形、地势相对平缓、简单，是防御体系的薄弱区，正因此，永顺土司所辖南渭、施溶二州，腊惹、驴迟、田家、施溶、麦着黄五洞依托酉水、猛洞河、灵溪河等布防于此。当然这种布局主要针对他们最大的对抗势力保靖土司而设。当农民军突破南渭、施溶二州，田家、麦着黄、施溶等洞及酉水天险，避开猛洞、灵溪险要，由陆路向老司城攻击时，其结果显而易见。在防御体系南部通往司城的古道网络中，无论王村至司城的古道，还是石堤至司城的古道，都必经新庄要塞，其是南部、东部古道体系汇入司城的陆路交通枢纽，亦是插入司城背后的最后一道屏障。综上所述，王、马两军攻入老司城的路线应为酉水—王村—新庄—老司城，或澧水—石堤—新庄—老司城，绕过保靖土司，至里耶抵乌江。

四、老司城军事防御体系及其运行

依据已有调查成果分析，永顺土司围绕防御邻近土司侵犯、镇防镇苗、提防王朝军事势力三大目标，构建起内涵较为丰富的军事防御体系：

第一，以小区域地理环境为依托，负险而居，以险为胜，构建起“以山为屏，即水为池”的军事防御体系。体系中，西南、东北一线,与保靖、酉阳、桑植、容美、慈利诸土司势力交错，关系错综庞杂；东北、东南一线，与九溪、永定、羊峰、镇溪、崇山等中央卫所军事势力相望，互相提防；南面沿功全、冲正、田家、西英、罗依一线，招徕苗民杂居其间，以防镇苗势力。在其四方，杉木村联系桑植土司与九溪卫，麻洋坪古渡口发挥着进出澧水流域关口的作用；龙爪关、高望界分别是通往永定卫、沅陵的要道；南渭州则是窥视保靖的桥头堡和前哨；里耶[①]、洗车河为扼西进酉阳、鄂西之咽喉；王村则锁进出酉水关口，它们布列期间，控扼要道，发挥至为关键防御作用。如高望界岭势险峻，高出云表，其绝险处，扪萝攀藤，羊肠一线，陟其岭者，心悸目眩，不数九折坂也，为永至辰必由之途。王村在北河，北岸傍山临水，蹬道崎岖，为永顺门户，往永顺者从此舍舟登陆，水陆通衢等[②]。这种体系形成在永顺司长期政治军事较量博弈的实践中，逐渐成型，日益丰满充备，如与保靖土司长期激烈残酷的同宗争斗，促使三州六洞布防格局向西南倾斜，南渭州在这个格局中发挥着至关重要的作用。又如其与桑植、酉阳及慈利地方势力通过婚姻保持传统友好关系，因而东北、西北、北部地区防御力量相对薄弱。

第二，三州六洞择要而防，形成防御目标明确、重点突出的防御格局。整体观之，“以山为屏，即水为池”的军事防御体系呈一向西南方向敞口的撮箕，酉水、猛洞河与西北、东南山界合而不闭留下的大片开阔地是为撮箕口所在，这是老司城军事防御体系中地位最重要、投入防卫力量最大，亦是最薄弱的环节。而与永顺同宗却暗藏激烈竞争、斗争关系的保靖土司势力分布于撮箕口周围，严重威胁永顺土司的安全。因此，永顺土司三州六洞中的南渭、施溶二州，田家、施溶、腊惹、麦着黄五洞大部分力量布防于此，而仅将上溪州及白崖洞布防于酉水上游支流洗车河一带。

在三州六洞的布防格局中，南渭州防御作用不可或缺。一方面南渭州与保靖接壤，发

①现存于老司城大《德政碑》碑文记里耶土官于司城聚议一事，说明里耶属永顺司辖地。

②《小方壶舆地志丛抄》。

挥着监视、抗御保靖土司势力的作用。在南渭州土知州城堡石刻上记载着“甃石砌补，垒基使高，将为城堡，以备邻邦寇之不虞也”这么一段材料。材料中提到的“邻邦”即保靖土司，并说明南渭州修筑城堡的主要目的在于防备来自保靖的侵扰。而来自南渭州谱牒中的《云鹏公遗令》则清晰回顾南渭州在永保土司数百年争斗历史中所建立的功勋及其与保靖司的怨仇，所载诸事有力佐证了其在永顺土司防御格局中的关键地位和作用。现节录《遗令》所载诸要事，以助说明之。《遗令》开篇以“世为我永顺南方之蔽，界连保靖，限以带水，非有天堑之险也，往往祟仇修怨必由始”，标明所处位置地连保靖，为永保两大土司争斗之区，也为其与保靖司结怨仇埋下伏笔。同时，《遗令》记载明清时所发生的体现其在永顺土司政治、军事发展中重要地位的几件重大历史事件。第一件是万历三十年在永保之争中，彭世忠以火攻之计，挫败保靖。此战后，“保自此始，畏永不敢南向而报怨者，垂廿年”，“保司废怨益深”；第二件为彭凌高祖母郑氏拒绝保靖司诱附，两败保靖兵，其衷心深得彭泓澍嘉奖；第三件则是清初顺治朝兵祸事，彭应麟战死。“戊子岁，流寇王马猝至我永，忠宣公亲御于北河，不克，众十万且压境。尔父年廿四，慷慨负大志，思受厚恩，不忍遗忧君父，遂以请缨自任焉。忠宣公壮其志，令速归州治，率所部外白砂兵千余，迎敌于施。大会诸师，分三道以遏，西旗锋当左翼、虎右翼，尔居中，争先夺击，所向披靡，自辰至酉，血战不倦，贼知中劲而不可力事也。遂合全力以攻左右，及左右翼溃，而尔父已陷，殁于贼阵矣”；第四件是康熙年间彭凌高剿除田氏冒宗争袭及龙爪、榔溪叛乱，迎彭廷椿归，平定风波，稳定永顺司局势。“康熙十三年申寅岁，乃有送贼节儿者，三世为田氏奴，后落永定，为好事者所蛊惑，假稻□彭氏子，冒宗争袭……乙卯岁，龙爪、榔溪各路同时俱叛……是年三月，乃先使君之寿期也，方张宴饮客，闻余报即夜起上山，同以避之，及逆党至，则袭空城而已，且见吾边不应，悉各散去，余乃率白砂边二兵迎彭使君归，随蒙殊遇，授以其板，且命驻防司城，以备不虞。……丙辰之冬，逆贼复来，自辰水陆交侵。闻报，余即躬擐甲胄，与义旗彭世贵提兵，往遇贼于茅坡……乃大破之”；第五件康熙十九年，吴三桂叛清，彭凌高率兵与清军收复辰龙关；“余随今使以千骑从王师，开辰龙关”。第六件则是康熙中屡次随征苗蛮，数建功勋。“康熙二十四年，奉调剿红苗，余随部总戎，攻克天心寨。三十八年，随朱副戎功貘貘儿屯。至四十三年，奉钦差关部席荆州将军满监军慑苗，时三省会兵，蜂腾蚁集，莫敢深入，余随今使君奉调至镇溪所，余得制府谕手札，密示方略，余亲冒险阻，随今使君□超崇山卫，以过苗之后路，此丑类之巢穴，数百年来迹所未履者，驻营三日，王师乃通，而苗势愈促，辄诣军门降叙……”从《遗令》所载几件重大事件来分析，南渭州在永顺土司政治、军事发展中占据十分重要的位置，一方面它独特的位置是抵御强大对手保靖司，捍卫永顺司的屏障；另一方面在明清时期其对永顺司政治、军事的发展贡献巨大，强劲的军事力量在抵御外侵势力、随征讨苗屡建奇功，其忠贞的政治信念在平定争袭内乱中发挥关键作用。综上分析，在永顺司的防御格局中南渭州是处于首要位置的，是重中之重，发挥着重要作用。

与此同时，在“撮箕”的腹地散布着部分地势平缓、溪流纵横、土壤肥沃、生产较发达的农耕区，如颗砂、石堤、万坪等，它们对老司城这个经济消费体的运行发挥着相当重要的作用。但这一地区的防御力量与西南地区相比显得单薄。一方面腹地左右为两大山界所屏障，几无外侵之忧，毋需布置太多防御力量；另一方面永顺土司与桑植土司保持着良好关系，除清初争袭之乱外，几百年时间里两者之间鲜有龃龉，相互之间的平衡关系相对稳固。加之，羊峰卫、永定卫、九溪卫等卫所军事势力盘踞于沅、澧间，监视、震慑湘西地区土司势力，对两者维持和平、相安无事的局面发挥重要作用。但永顺土司在腹地区域仍布下较为健全的防御网络，从此次调查的成果来看，颗砂、吊井城分列东部和北部，金鱼塘、响潭、谢圃、新庄等要塞及大部分关卡、烽火台亦分布于腹地，城堡、要塞、关卡等军事设置于古道、河流交通网络上，勾勒出防御严密、环卫老司城中心的军事布防图。

此外，施溶州、上溪州、施溶洞、田家洞、白崖洞在防御格局中也发挥着不同的作用。田家洞起着镇边防苗的作用，关于这点，《小方壶舆地志丛抄》有载“田家洞城西南旧设长官司，为永保苗路，土人寨攒族排列，重岗叠嶂，地险民劲，奸苗不敢轻犯”，表明此处在镇防苗民作用较大。宏观上看，土司制度下，防苗是中央给予永顺土司及其他土司权力自由、承认其合法管理权的政治基础和前提。《永顺府志》载：“明代土司最重要，盖藉以防苗也……永顺司约束镇苗……每岁俱有担承，认结到部，舍把、头目日食廪粮”。对于永顺司来说，镇苗任务一分为二：其一即功全、冲正、西英、田家、罗衣一带的熟苗，此部苗民“乃土司招徕，安插使之捍御，以备藩篱者”[①]，且人数远少于土人；其二为镇溪苗，此处苗民与花垣、箄苗相连，民风劲捍，且分布集中，是镇防重点。对于前者，永顺司以田家洞镇防之，后者则由强虎哨、永安哨遏制之。《湖南通志·防苗》“永顺司以舍把二员，头目十名，带兵百五十名贴防永安哨，又舍把二员，头目十名，带兵百五十名贴防强虎哨。舍

①乾隆《永顺府志》。

把目食廪粮，给银一两五钱，头目月食银九钱，土兵食鱼盐银三钱，粮米四斗五升。其安设抚苗舍把、头目册附镇溪，所造支如镇苗出，劫焚杀地方城守，申详各院掳去户口，责成永顺土司赎取”。值得注意的是，材料所载内容显示负责防御镇溪苗的舍把、头目有食俸，土兵有军饷，而在永顺司军事体制中，仅有永顺司常备军享受如此待遇，旗兵是无法享受，他们闲时亲躬农事，战时聚集为兵，自带粮饷。如乾隆《永顺府志》载“（永顺）有存城五营兵丁，每营一百名以备捍御，一以供役使耳，其兵丁每年每名领工食银三两六钱，米三石六斗，皆从民间派给”。从这点来看，防苗是永顺司政治、军事中极其重要的大事、要事。上溪州、白崖洞则是永顺土司控制西进黔、鄂的水陆要道，防御酉阳土司侵扰的重要防线，但因永顺土司与这两大土司保持着长期的和平关系，其在军事防御布局上的价值不是很大。从乾隆《永顺府志》“龙山（上溪州、白崖洞所在地）深林密菁，往昔皆土官围场，一草一木不许轻取，每冬行猎，谓之赶场，先令舍把、头目等视虎所居，率数十百人用大网环之，旋砍其草，以犬奔，则鸟铳、标枪立毙之，无一脱者”所载中可知，这一带丛林密布，有着天然的防御优势。从其扮演永顺司围猎场的角色来看，其军事防御作用极为有限。施溶州、施溶洞、麦着黄洞以及王村沿酉水分布，占据便利水陆条件，是永顺土司进出沅水，连通滇黔的要道，也是永顺司抵御自沅陵一带进犯司境的重要防御根据地。在酉水的串接和连通下，他们如链条般构建起南部防御第一道防线。防线背后是广阔而防御相对薄弱腹地区域，如果防线崩溃，失去抵御作用，腹地难以自守，老司城中心极其危险，因此，此防线关系到老司城中心的生死存亡，防御作用至关重要。以顺治间所遭兵祸为例，王马、高李农民军自沅水侵入司境，突破酉水防线，侵入腹地，直捣老司城中心，造成祠宇尽毁的严重后果。在这次兵祸中，南渭州、施溶州遭损失最为惨烈，前文《云鹏公遗令》所载甚详，不再赘述。腊惹、驴迟二洞则分布在撮箕口与腹地交界地势由平缓向险峻崎岖转换处，其防御作用次于酉水沿线。如若此两处失守，腹地洞开，司城后背受敌。这是防御格局中南及西南防御的第二道防御线，其背后则是软绵的新庄要塞。新庄所处地势较平缓，非防御优势之地。顺治间，王马、高李农民军正是由此攻入老司城，烧掠而归。

第三，以老司城为核心，三州六洞为骨架，各城堡、要塞、关卡、哨卡为节点，古道、河流串联贯通其间，形成肌理清晰、运转顺畅水陆交通体系，确保军事防御体系防御作用的充分发挥。此次调查，共调查出以老司城为核心的古道28条，其中，东部古道8条，南部4条，西部6条，北部6条；澧水、酉水、灵溪河、猛洞河等重要河流4条（重要支流包含其中）。在古道体系中，以老司城为核心，向四方辐射，形成了东达牌楼城、回龙城堡，西永定卫、大庸所、澧州；西接猛洞河别墅（今永顺县城）、上溪州，通滇黔；西南连列夕城堡、克必城、芷州城、南渭州城，通保靖；南连龙潭城、西那城、腊惹、驴迟官署遗址、王村，通酉水，连通辰常；北连吊井城、颗砂城，通桑植、安福、九溪的干道，其他次级古道辅助期间的分布状况。在水陆交通体系中，分布四方中的城址、城堡和关卡起着收束、承接各方古道的作用，如东部及东南部的飞霞关、洗坝湖及牌楼城、回龙城堡、龙爪关是收束西、北、南三方古道，通往永定、大庸及澧州的重要关口；北部的龙洑关、十万坪、杉木坪、容虎溪、李家坪等关收束其他三方古道，通往桑植司、安福所、九溪卫的关口；西南部的棒夕岭、百栖关则是通往保靖的关口；南部的朗溪关、羊峰城则是西南及南部古道与东部、北部古道相连通的关口。水路方面，灵溪河及其支流将吊井城、颗砂城、老司城、龙潭城串通，形成一条自西北而东南，穿越永顺司核心区域的重要交通和防御线。牛路河及分布其上的龙潭城控制住以南区域水道北上去路，其地势险要，军事防御作用极大。同治《永顺府志》载："牛路河为灵溪下流，上溯自旧司约五六十里，下顺赴王村又五六十里，凡由王村陆路趋城必过此河，两峰夹峙悬岩"。酉水连滇黔，通辰常，达洞庭，进长江，是联系中央的重要水道，是湘西地区人类文明最氤氲的重要河流，历来为兵家必争之地。猛洞河则因险峻崎岖，交通条件极端恶劣，主要发挥军事防御作用，而非交通作用。这些分布于古道体系中的关口及其发挥的收束承接作用，在常规中哨卡、关卡对各种危险因素的纠察、传递危险信息、对外部势力侵入的抵抗等发挥关键作用。

古道作为联系各地主要通道，商旅往来频繁，不仅设有哨卡、关卡、要塞等军事设施，而且有大量商铺、歇铺等民用设施，因此，古道既发挥着传递军事信息，输送军队、物资等军事作用，以及经济文化交流的纽带的作用。改土归流后，处在古道便利位置的一些关卡、城堡、城址多发展成为远近闻名的镇市，以同治《永顺府志》为例，其载有石堤市、蟠桃庵、盐井、列夕、两岔河、勺哈市、夹树坪、瓦厂市、抚志坪、大坝市、杉木村、万民岗、五官坪、施溶溪、青天坪、王村、回龙庵、钓矶、颗砂、新寨、龙爪关、铜瓦溪、羊峰城等镇市。其中，勺哈市"龙山居民多来贸易，买一切木材者聚焉"，以木材贸易而兴盛；洗坝湖"商贾辐辏，永定、大庸并经之地"，是永顺司输入稻谷交通要道，是生命线；列夕市"由王村上进猛洞河，来往行舟泊焉，居民商贾聚处"；颗砂市"土司旧地市货充盈，今不稍减于旧"；十万坪市"居民稠密，商贾往来桑植要冲，田土膏腴，山环水绕"；杉木坪市"九溪村贾，日夕梭行"等。这些镇市因便利水陆交通优势，发展迅速，多数成为今乡镇行政区划中心所在。这种发展的继承关系，也导致大部分古道毁于后来人类活动中，而那些险峻、人迹罕至的古道，则因年代久远湮毁荆棘丛榛。故这次调查所及古道仅为其中大部分，未能概全，但足以清晰地反映出古道、河流系统在军事防御体系运行过程中扮演的重要角色，是军事防御布局中各城址、城堡、要塞、关卡、烽火台、哨卡有效发挥军事防御作用的基础和保障。

纵观永顺土司的发展史，随着宋以后的战争逐步平息，永顺土司开始着力于全面治理。在机构上“元时彭万潜自改为永顺等处军民安抚司。洪武五年置永顺等处军民宣慰使司，司隶湖广都指挥使。司领州三……长官司六”[①]，确立了管辖范围，明确了各土知州和长官司的权责；军事上设五十八旗，“旗各有长管辖，分隶于各州司，而统属于总司。有事则调集为军，以备战斗；无事则散处为民，以事耕凿”[②]，从而形成一种地方典型的军政合一的组织机构；经济上充分利用自然资源展开水上贸易，清《永顺县志》记云：辖区内出现了“畴事开垦，火种刀耕，人稀土旷，万汇迸生，茶芽賨布，犀角石英，锦鸡野马，桃渔桑鹏，楩楠梓杞，麻麦稻秔，输将巩后，直达帝京。仓廒廪庚，储待丰盈，含哺鼓腹，乐享太平”的繁华景象。通过一些列的改革与治理，客观地推动了湘西土司社会经济的发展。

结合调查材料，综合剖析历史上的永顺彭氏土司，将之作为一种时代现象而又不可分割于现实的视野来看，固然可以加深我们对少数民族地区传统文化的理解，进而参与我国传统文化和同类文化圈的比较研究，有助于找到民族团结、和睦社会的视角，其意义深远。

第六节　永顺土司与周边卫所的关系

卫所制度是明朝廷的基本军事建制。卫设指挥使，统兵士五千六百人。卫下有千户所（一千一百二十士兵），千户所下设百户所（一百一十二士兵）。明朝是永顺土司发展最强盛时期，明朝廷在湘西土司势力范围东缘设置了卫所加以控制和监视。我们用历史和辩证的眼光加以分析，现就永顺土司周边的卫所情况及相互关系加以介绍，以便阐明永顺土司与明代卫所制度之间的关系。

一、永顺土司周边卫城概述

（一）羊峰古城。即羊峰卫城，位于永顺县石堤镇羊峰村，地形属山区丘陵地带，海

①②乾隆《永顺县志·地舆志》第18页。

拔520米，于2009年第三次文物普查时发现，2010年3月，湘西自治州文物局与永顺县文物局对该古城进行了考古勘探与试掘，基本探明了城址的大致范围、城墙的做法和衙署区与墓葬区的大致地点，并对城址周边的古道、水源及其他相关遗存做了较详细的调查。古城坐北朝南，整体形制依山势而建，跨山枕谷，呈不规则形。从羊峰山顶俯视古城，九个小山包构成“九龟寻母”之象。城址规模庞大，总面积1156334平方米，夯土城墙总长4600多米，尚存残墙高1~4米，宽20米左右，设东、西、南、北四门接四条街道。城楼用青砖砌成，砖体硕大，做工考究。城内现有陶家堡、向家大坝、东门、胡家湾、张家巷子等自然寨。该古城是湘西目前所见最具规模的城址（图版三五，2）。

据乾隆二十八年（1763）《永顺府志》云：“羊峰山，县东八十里贺虎溪发源处，古有羊峰城。”又“羊峰城在羊峰山下，相传古于此建城，后迁去，惟断砖残址存焉”[①]。更有明确记载：“明洪武二年（1369），以永顺宣慰司羊峰地置羊山卫（今县治西八十里）。”[②]更详于民国《永顺县志》卷七《建置志》引庄以宽《永定县志》：“明太祖时，茅冈土司覃垕构洞蛮为乱，时杨璟为湖南行省参政，太祖命帅师讨，厥后移营于山麓平旷之处，因设排栅以自卫，为久驻之地。太祖因置羊山卫，检襄阳、黄州、沔阳、安陆兵以为戍，时为洪武二年己酉。”

（二）九溪卫城。地处羊峰卫的东北部，西距永定卫100余里，位于慈利县江垭镇九溪村的溇水索溪河畔，九溪因淋溪、撒珠溪、输赢溪、倍子溪、人潮溪、南渡溪、杨柳溪、冷水溪八溪与索溪而得名，整个地形呈“弓箭”形，坐北朝南，东、南、西三面环水。北靠紫驼峰脚下的江垭林场，占地面积约0.64平方公里。

该卫城始建于唐代，洪武元年（1368），因少数民族起义不断，官府为防外患筑木栅以固其为城，明洪武二十三年（1390），太祖命派指挥吕成、韩忠在必溪设卫建城，据《九溪卫志》载：“卫城筑于宋索口寨遗基之上，城墙用石块砖头叠就，周九里十三步，高丈八尺，门楼有四：东朝天门，南迎熏门，西镇边门，北拱极门。北门外濠堑四百八十丈，东西南三门以溇水为濠。”现南、北二门楼和城墙保存较好，其余东、西二门楼已毁于城镇建设之中。卫城内设有卫堂、九永守备、边粮通判、经历、儒学等署，遗迹遗存有文昌阁、梅花殿、文庙、武庙、城隍庙、白衣庵、杨泗庙、七里桥以及古民居、古街道等。卫署设北门八

---

①乾隆五十八年《永顺县志》卷一《地舆志》。

②同治《直隶澧州志》卷二《舆地志》。

宝街，主管卫区政治，领有前、后、左、右、中、添平、麻寮、安福、澧州守御共9个千户所，北起湖北鹤峰，下至湖南安乡，纵长550华里即今湘鄂边区10县，采取以土治土的羁縻政策。卫城内还有游击衙门，专管军事、民事纠纷，雍正八年（1730）废，历时340年，拥兵5600余。

九溪卫交通发达，陆路自卫城西的桑植、龙山、来凤入川；水路上到湖北鹤峰，下至以澧水、溇水沿石门、临澧、澧县、津市入洞庭出湘，是重要交通枢纽。昔日商贾云集、商铺林立，文化繁荣，开设有卫学，兴建众多寺庙。其中抬故事花灯戏发展最快，反唱腔曲调就有30多种，可见当时繁华景象。九溪卫的地理位置十分特殊，其主要目的是历朝政府对茅岗、桑植、容美土司的重要防卫力量重地，是扼其咽喉之地，也是上达巴蜀下抵津澧的要塞。不仅军事作用十分明显，而且也是各代土司与历朝政府的边贸聚散之地。对土司军事、经济、文化的发展具有一定的促进作用，间接地促进土司的区域自治制度的发展、稳定和繁荣（图版三五，3）。

（三）永定卫。地处羊峰卫东北部，位于今张家界市永定区。由于地势险要交通不便，兵员运输及后勤保障供给困难，羊山卫迁至大庸的永定（今张家界永定区后坪镇的五溪村）。大庸卫于洪武三十一年（1397）改名为永定卫。据方志记载，羊山卫存在的时间不长，设卫次年即因“险远运粮不继，召指挥黄裳生至南郡议定，遂迁大庸地，改名大庸卫”。大庸即今张家界市（图版三六，2）。

（四）崇山卫城。地处羊峰卫的西南部，位于花垣县吉卫镇老卫村老卫水库东侧，坐落于高寒山区盆地之中，地处湘、渝、黔三省交界之地，地理位置十分重要，是苗疆的中心地带，也是西通黔渝的必经之地。整个地形呈椭圆形，东西长1000米，南北宽约500米，占地面积50余万平方米。该卫城为土城，墙基宽10～20米，顶宽3米，残高4～10米。开有东、南、西、北、小北门共5门，赐名“旧化门”、“宣威门”、“长治门”、“振武门”、“文安门”，均以青砖修筑。城内分居住区、墓葬区，设衙署、火药局、宗教局等机构。修有跑马厅、演武场、荷花池，建有文庙、署衙门、三侯庙（三王庙）。现保存较好的遗存有城墙、荷花池、双拱桥等。

因史书对崇山卫的设立地点与时间有争论，但根据花垣县文物局的考古资料和诸多史料分析，崇山卫应在花垣县境内。据《明太祖实录》卷一二二，洪武十一年（1378）“置崇山卫于湖广孟洞之地”。“湖广孟洞之地”当为永顺县城所在猛洞河一带。这说明洪武十一年（1378）曾于永顺土司境内设崇山卫。然据更多的方志资料，崇山卫的具体地点在永顺之南的花垣县境内。乾隆《辰州府志》卷十二引《永绥厅志》：“至正二十六年（1366）丙午，明辰州卫指挥刘寅创建卫署，是岁，改夜郎坪设崇山卫，寻省卫，置崇山千户所。”《永绥直隶厅志》载：“洪武三十年（1396），革崇山千户所置镇溪军民千户所。”镇溪即今湘西的吉首。可能是因为其地过于险阻，饷运艰难，崇山卫不得不从今永顺的猛洞之地，南迁到今花垣的夜郎坪，卫改为千户所。乾隆《乾州厅志》卷二《秩厅志》记载：“明洪武初，以沅溪属卢溪县改夜郎，设崇山卫……洪武二十三年（1390）因饷运艰难，复行裁革，置崇山千户所。洪武三十年（1397）革崇山千户所置镇溪千户所（今吉首）。”历时三十年。崇山是凤凰、吉首与花垣三县交界处的最高峰，即今腊尔山北部，明初属保靖宣慰司辖地，故崇山卫以此山命名，现行政区划属湖南花垣县吉卫镇。崇山卫跟羊山卫一样，由于地势险要交通不便，兵员运输及后勤保障供给困难的原因，更名为崇山千户所，洪武三十年（1396）迁至镇溪（今吉首）改名镇溪军民千户所。

崇山卫所设主要是朝廷防止保靖土司、“苗疆”一带的吉首、花垣和凤凰苗民起义的武装据点，起着防骚乱、镇压与威慑的作用。客观上对社会的安定团结、生活、经济、文化的发展起到一定的促进作用，同时为研究明清时期卫所配置、行政机构、官职、驻兵等方面提供了极其珍贵的历史资料（图版三六，1）。

二、明代卫所制度对永顺土司的影响

“湖广行省是朱元璋最早设立卫所的地区之一。就土家族（武陵山）周边地区而言，至正二十四年（1364）即建有荆州卫、辰州卫、澧州守御千户所；至正二十六年（1366）建有常德卫；洪武元年（1368）建有沅州卫等，但这些卫所均没有深入腹地。当明王朝正式建立并日渐稳固后，卫所设置即向土司管辖的武陵山纵深地区推进”①。起初，永顺土司的东线辖地止于羊峰山一线，也就是明代土司在湖广行省的中西部边缘一线。据《明史》：“明以武力统天下，革元旧制，自京师达于郡县，皆立卫所。”其布阵“度要害地，系一郡者设所，连郡者设卫”。乾隆《永顺府志》卷一：“西水守御千户所，旧墟在县城东北，其置废始末不可考。”这说明在永顺土司境内，还有可能曾经设立过西水守御千户所②。

在武陵山区土司活动的腹地由北而南设慈利的九溪卫，大庸的永定卫，永顺的羊峰卫和花垣的崇山卫，还联系系列镇（镇筸镇）、所（大庸所、镇溪千户所）在各交通要道，形成

①《明代卫所设置对土家族土司发展的影响——访吉首大学张家界学院副院长罗维庆》，《中国社会科学报》。

②田敏《土家族土司兴亡史》。

一道严密的军事防御系统与西线各土司集团对峙。上述四个卫城的设立，就武陵山区的土司而言，就是明清政府用来防控西南容美、桑植、茅冈、永顺、保靖、花垣、凤凰等土司及苗民的军事措施。明廷以九溪、永定、羊峰、崇山四卫的设立，为控御湖广西部桑植、永顺、保靖等土司,又以保障澧州、常德等府县行政设施,在土汉疆域边界上形成了一个相对广阔的缓冲地带，是一种具有特殊性质的地方军事体制管理模式，入清以后,改土归流,撤卫置县,中央在该地区的地方管理体制再次发生了重大的转变，对武陵山腹地的土司产生了较为深远的影响。一是为缓和社会矛盾发展当地经济产生了积极作用，给当地的政治、经济、军事、文化和生活习俗带来了至为广泛和深远的影响；二是对西南少数民族实施高压政策，打压当地的民族反抗运动，间接维护了中央王朝的稳定和繁荣。

另外，卫所在永顺土司东部一线的设立，不仅有效地稳固了明朝初年对武陵山区的控制，保证了澧水、沅水等战略运输线的通畅，同时对永顺土司的发展也产生了深远的影响。“第一，卫所的‘旗’成为了土司基层政权组织的名称。‘旗’是明代卫所最基本的单位，10人为一小旗，10旗为一总旗，2总旗为一百户所，10百户所为一千户所，10千户所为一卫。土家族土司最基本的政权组织即称为‘旗’，凡辖区内土民，均编入旗内。不论旗长名称、对旗内土民的管辖及征调等，都与卫所管理方式相同。第二，人口构成发生显著变化。以西水千户所为例，该所建立之初，以土官为千户，以土军守之，夏得忠叛乱平定后，九溪卫左所千户李樵换防，以官垛军取代了土军，其后，又调九溪卫前所戍守，军伍变换频繁，外籍人口大量进入，该所治日后发展成为桑植县城。第三，文化教育水平的提高。明正统八年在永定卫、九溪卫开设卫学，其办学目的及成绩在《九溪卫志》卷四中记载十分明确：‘盖荆楚之地，苗蛮徭僚所丛聚，威之以武，又必绥之以文，使革心而向化也。’学校的教化竟然使土家族地区原‘性野而多悍，习朴而少华，狡犷难训，历朝以不治治之’的风习，一改呈现为‘亦知谈理道，习攻文辞，耻奔竞，彬彬可观’。直接导致了土家族地区文化教育远远高于同一地区的其他少数民族。第四，风俗习惯的影响与改变。由于卫所军士、亲属及同乡均来自同一故乡，在异族包围的守戍地亦居住集中，故而来源地的文化得以在他乡异域中保存下来”[①]。

总的来说，明代卫所制度在永顺土司东部边缘的建立，为研究西南土司区域自治及少数民族与中央王朝的关系提供了宝贵的实物载体，为总结和借鉴历史经验，搞好少数民族地区安定团结，构建和谐社会，促进民族大融合、大繁荣提供了很好的历史佐证和按合点（图十八）。

---

①《明代卫所设置对土家族土司发展的影响——访吉首大学张家界学院副院长罗维庆》，《中国社会科学报》

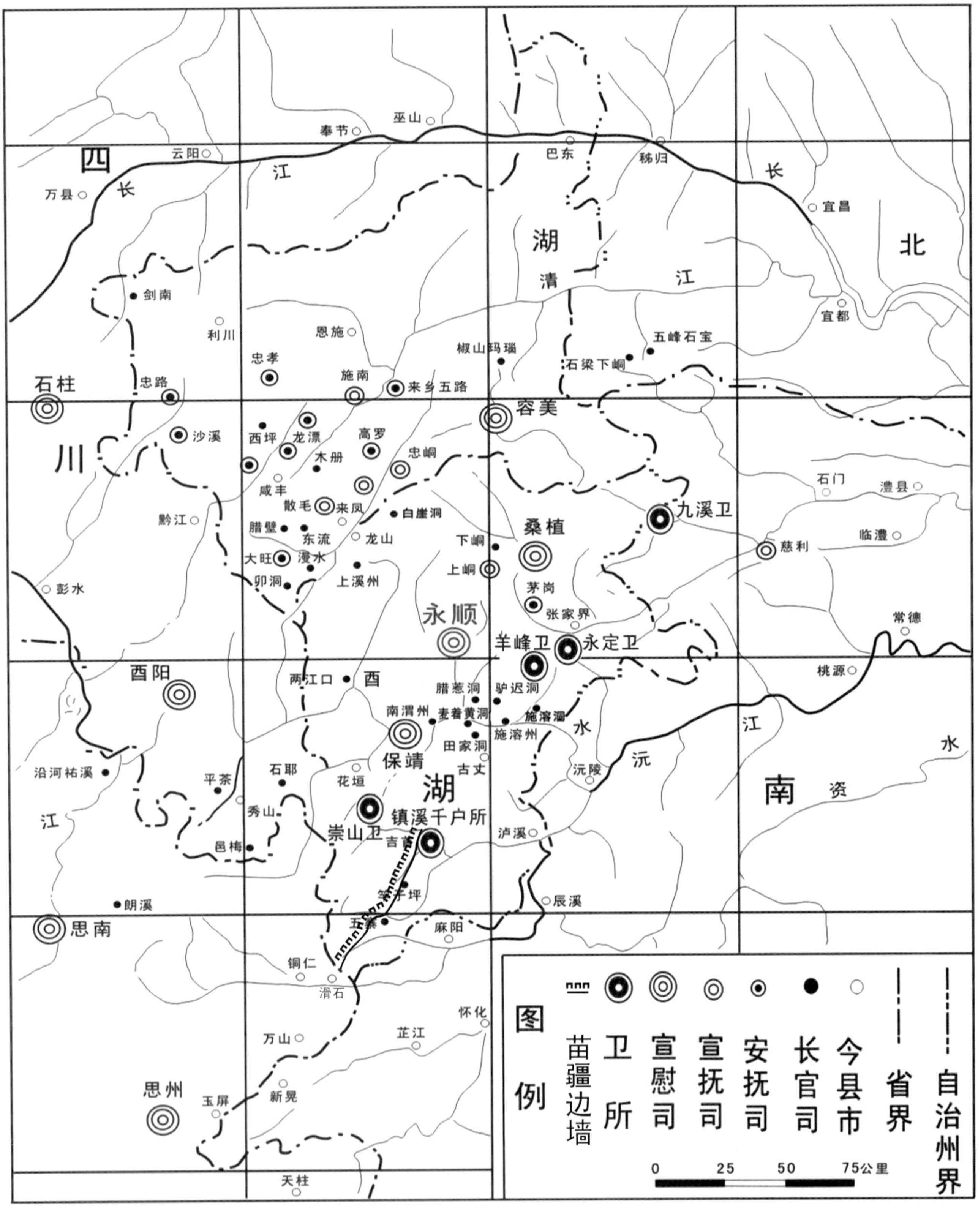
四
川
湖
北
湖
南
长
江
清
江
奉节
巫山
云阳
巴东
秭归
万县
宜昌
宜都
剑南
利川
恩施
忠孝
施南
来乡五路
椒山玛瑙
石梁下峒
五峰石宝
石柱
忠路
容美
沙溪
西坪
龙潭
高罗
木册
忠峒
咸丰
散毛
来凤
白崖洞
黔江
腊壁
东流
龙山
桑植
九溪卫
石门
澧县
慈利
临澧
下峒
上峒
大旺
漫水
卯洞
上溪州
彭水
茅岗
张家界
永顺
常德
羊峰卫
永定卫
酉阳
两江口
西
桃源
腊惹洞
驴迟洞
南渭州
麦着黄洞
施溶洞
施溶州
田家洞
古丈
沅陵
保靖
沿河祐溪
平茶
石耶
花垣
秀山
镇溪千户所
崇山卫
吉首
邑梅
泸溪
沅
水
江
资
朗溪
辰溪
思南
麻阳
铜仁
滑石
怀化
万山
芷江
思州
玉屏
新晃
天柱
图例
苗疆边墙
卫所
宣慰司
宣抚司
安抚司
长官司
今县市
省界
自治州界
0 25 50 75公里

图十八　明朝卫所防御图

附录一 永顺彭氏土司世袭表

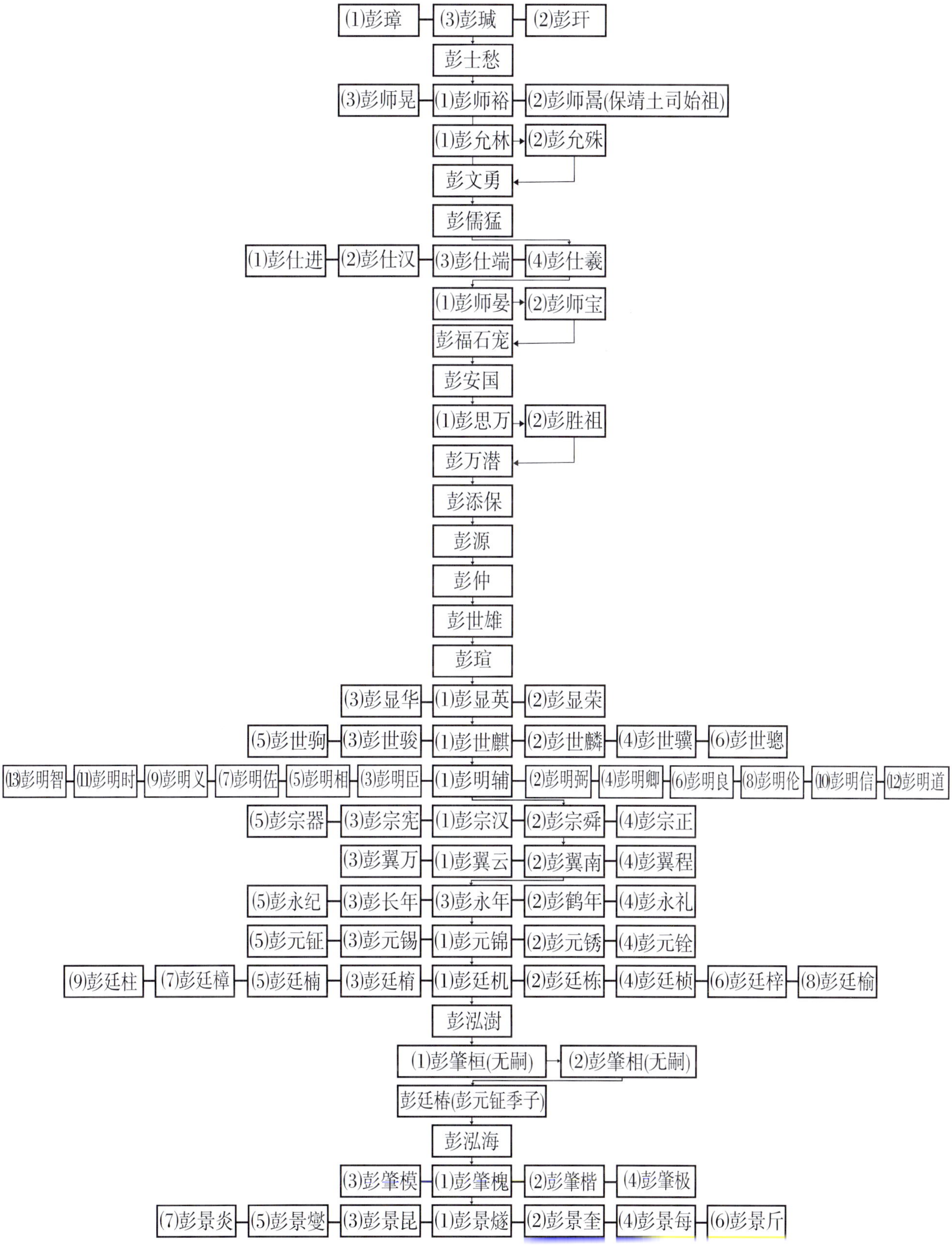

附录二 铜钟铭

在旧司城关帝庙，宣慰彭元锦铸。

考之曰钟，西方之声，以象厥成，惟攻大者其钟大。垂者为钟，仰者为鼎。

万历丁亥予掌篆之次岁也，梦帝锡予以大刀红马，予即刻象立殿于将军山顶，书其额曰“神武祠”。又蒙神节降护，持酉之役，三战三胜；播之役，捷音屡奏；保之役，十一战十一胜；且旦夕赐佑，魑魅魍魉莫施阴谋。予无蚤子，又蒙锡予子嗣，因是再立殿于回龙山之上，题其殿为“圣英宝殿”。乃命范铜铸鼎一，悬于庙左，用彰神武而为之铭。

洪惟圣帝，惟心天日默佑于予，魍魉无济，镇我边庭，时岁利亿万斯年，彭氏永祀。

万历癸丑岁惠风月吉日。

钦赐蟒龙服、奉诰进阶骠骑将军、湖广都司都指挥使、前赐飞鱼服、奉敕管永顺等处军民宣慰使司事豫章彭元锦顿首书。

宣慰使彭廷机同造。

督工内管家黄桂。

管工把事何一谦。

书写弟子钱有让。

附录三　昭勋碑

在旧司城，纪宣慰彭宗舜平宁乡功也。

翰林院侍讲学士蒲圻廖道南撰

湖广巡按御史太原张继书

今上御极十有五，祀显忠，遂良铲嚚，去虣丕，昭神武，覃彰隆勋。时楚宁乡大沩山寇戎孽作。大中丞东鲁翟公瓒，驰疏以闻。上命若曰：咨尔抚臣式兹南土，顽民干纪肆罹厥咎，尔其总若师往靖，毋玩寇，毋黩武，毋滋匪彝，毋虐不辜，惟大猷是经，尔惟钦哉。中丞受命，再拜稽首，以告诸平蛮将军。新宁谭伯纶对曰：折冲死绥，将帅职也，敢不惟命，是祇以告诸。巡按御史慈溪沈君一定对曰：纠奸肃度，御史职也，敢不惟命，是祇以诰诸。布政使易候瓒、按察使张候钺对曰：督饷裕用，杨威侦纪，方伯宪长职也，敢不惟命，是祇佥议既请。中丞叹也，嗟乎，有苗昏迷不恭，厥责在予，予其敢弗绥。乃谓参议刘恩、佥事张素曰：汝成事兹土，其往抚毋后，自四月己丑，越五月壬戌载谕弗听。中丞又叹曰：嗟乎，谷乃甲胄，锻乃戈矛，厥在汝众，其敢弗躬，予不汝宥。乃又谓参议恩佥事素曰：汝弗赞命，予不敢私其往，督知府李日华等征之，毋纵。自五月癸亥，越六月甲申载征弗靖。中丞乃又叹曰：嗟乎，庸蜀羌髳微卢彭濮以夷攻夷，振古如兹，矧若土兵，世秉忠顺，匪藉兹武，曷其能堪。乃七月乙卯，宣慰彭宗舜以兵从中丞。乃谓副使崔桐、佥事王沧曰：汝其禁戢，毋违若令。于是，都司潘屿暨佥事素率厥有众，宗舜次于龙山，宗舜之族九龄次于龙田。越六月己未，九龄追至于烟竹冈，斩首数百级，俘者倍之。癸亥，宗舜又追至衡阳之三岗，斩首数百级，俘者又倍之。辛巳，宁乡平。中丞叹曰：嗟乎，歼厥渠魁，胁从弗治，凡兹有众，其匄孥戮。乃谓佥事周在曰：纪厥功次汝其匄让。是役也，获丑则三百八十有奇，献馘则三百一十有奇，俘获则四百有奇。中丞又叹曰：臣罔以宠利居成功，予小子其敢贪天之功。乃又驰疏以闻，天子嘉之，乃崇厥秩以宠异之，大将军则增岁禄，御史而下颁赏有差。乃谓参政刘候曰：汝其走使内史以纪厥实，勒诸贞石，以垂有永。于是，内史氏系之辞。

附录四　永顺司祠堂碑

在旧司城东门，老祠基高六尺七寸，高二尺九寸。

皇明万历十九年岁次辛亥仲春吉旦

文林郎知四川重庆府江津县事武陵洞衡东陈一能天全甫撰

永顺界处西南隅，接壤黔中，进制诸夷峒，大山窈谷，翳林深菁，郁郁千里，盖雄镇云。案彭氏镇永顺，五代以前无论已。宋神宗命官经制湖北，诏彭氏统二十，语具《宋史》中。我皇明高皇帝混一中原，鼎兴之后，与远臣更始迺铸铁券，给土田锡弓矢，敕彭氏都永顺。至是彭氏乃守封疆，赫然为世臣矣。载考谱牒，其先豫章人，代传累叶为思斋公。思斋公殁，德轩、中轩两公先后袭爵。中轩公殁，北江使君请于朝，得便宜行司事。时倭夷入寇吴越，民汹汹不静，先帝用督抚议，檄永顺徂征。使君提兵海上，指挥所部平之，捷，荷白金文绮之赐。一时当事诸人咸谓祭法曰：能捍大患，则祀之。若使君者，谓之有功疆场，谁曰不然。使君乃孙不言功，永韬戈甲，潜遁山林，日取铙歌鼓吹，以咏太平之盛，顾其功竟泯泯哉。先是，思斋公以用武显世忠大业，足为诸子孙光，乃于曾祖敬斋厥考正，斋公尚未建祠而尸祝之，非所以尊祖敬宗也。故德轩公谋衷为合祀，今后之奉讳者祔焉。会朝廷有征倭、采木之役，岁复大祲，德轩公赍志以殁，谋竟不果。北江使君寻亦即世，乃长君怀北亦奄化。今彭侯两怀握篆莅疆土，诸废俱兴，念祠祀未合春露秋霜之候，何以妥列祖宗之英灵，假有庙而伸孝思也。爰集众议，期终先志。庙貌一新，得奉列像祀焉。而厥考怀北，亦像木合祀，用识孝思不匮，其它祭田、祭器、伏腊、奉祀悉定如制。祠成，百执事宗党咸来观礼，佥谓此堂先使君志之，彭侯成之也。顾祠已落成，脱无文人记之，将何以垂永久。因肃币列状，遣使者致词曰：元锦遐陬孤稚，不敢邀惠文人，特欲述先志，不得不如此，不佞重斯义举，讵藉以不文辞。爰受简曰：朝廷待开国元勋，生则侯封，死则庙食，所以劝忠也。彭氏席累朝荣宠，以勋伐起家，为封疆大吏，虽不获侯封，而获世官，不获庙食，而获世祀。是朝廷待功臣与兴国士报主恩两无负矣，抑不佞犹有说焉。尝闻三用之民披发而野祭，孔子深诋之，以其俗非古也，庚桑楚之处畏垒，畏垒之民犹然尸之，况堂堂世胄乎。夫祠堂之设，即学士大夫家容有废缺不讲者，是举也，以仁率亲，故不忘亲，以义率祖，故不忘祖，殆默有合于宗祧大裕之遗意，抑不失乎忠臣孝子之至情，故后之子孙起而世官者，秉朝廷三尺以恪守令甲，即越在外府，毋敢失坠。由是可以作忠念先人缔造以有今日，期睦邻仁族以结人心。由是可以兴孝，彭氏之血食宁有涯哉！噫嘻，先使君以忠孝殉国，今侯以忠孝承先，用以启佑后人胥义也，宜并书勒石以告来世。

附录五　“世忠堂铭”和“世忠堂诗”

世忠堂铭

刘健

彭之有姓，实出籛铿，自唐而殷，封于大彭，荫子及孙，不可胜数，望族宗焉，号之曰祖。周有伯宙，自窜于兹，党类日兴，遂长其师。秦汉以下，屡至险官，事得其职，民以宁安。唐之季世，乱起民忧，有讳瑊者，刺史辰州，族人戴之，愿立其子，事闻于朝，朝议顺旨。自是子孙，官守其地，丹忱相照，世美相济。由宋而元，不去其任，宣慰或加，恩亦随荫。大明当天，四海就平，天宝献賨，稽首天庭，帝心嘉之，授以原职，旋加宣慰，用柔远域。天宝拜恩，矢心自盟，惟忠与义，誓竭丹忱，迄今世麟，闻命秉钺，更历七世，忠谠罔替，昭勇昭毅，累赐褒扬，宠皇命服，边境之光，彭氏所居，有堂翼然，表以世式，允示家传，凡厥子孙，于焉视事，朝夕恪恭，靡敢或贰，上酬君恩，下光祖烈，慎终若始，永保臣节。

世忠堂诗

明·陈献章

宣慰之堂名世忠，灵溪水与会溪通，于今百尺高铜柱，犹说蛮夷大长功。

附录六 保靖土司世系①

考虑到保靖土司与永顺土司之间的关系甚密，且都长期活动在西水中游一带，为便于查检，一并将保靖宣慰司世系罗列如下。

1. 彭师杲 正史无传，《十国春秋》、《九国志》、陆游《南唐书》有传，所载略同，兹节述之。

师杲，士愁次子。溪州之役，师杲代父输诚。后师杲入楚为安武军牙校。石晋开运四年（939），楚王希范卒，同母弟希广立，希萼为长，不服。后汉乾祐二年（949），希萼引朗州兵连梅山蛮之众，以攻潭州。三年，进逼河西，军于岳麓。时师杲事希广为强弩指挥使领辰州刺史，请以兵自巴溪渡江趋岳麓后击之。其议未行。长沙陷，希广被杀，师杲投槊于地请死，希萼嘉其忠，仅笞背释之。

周广顺元年（951），希萼同母弟希崇作乱，执希萼。意师杲与萼有旧怨，且避杀兄之名，乃命师杲送萼于衡山，欲使杀之于路。师杲送之衡山，曰："留后欲使我弑君耶，吾岂为是哉。"奉事弥谨，终以保全。萼以师杲为武清军节度使，募众至万人，断江为栅，编竹为战舰，并遣使求援于南唐。希崇大惧，亦请兵于南唐。唐命边镐自袁州将兵万人入长沙，希崇奉笺诣镐降。镐趋希崇帅其族朝。马氏宗人聚族痛泣，欲重赂镐，乞留居长沙。镐谓希崇曰："国家与公，世为仇敌，殆六十年，未敢有意窥公之国。今公兄弟阋墙，困穷自归。若复二三，恐有不测之忧。"乃尽遣马氏族人及将佐千余人于唐。师杲随希萼归江南。李璨闻其忠节，擢师杲为殿直指挥使（陆书为殿直都尉侯）。后卒金陵。

师杲自晋天福五年（940）归楚，即居官长沙，凡十一年，至周广顺元年（南唐保大九年，951年）入于南唐，本人不曾再返溪州。在楚时，辰州刺史是遥领而已。但其子孙固未尝离开溪州地区，故得分理溪州诸军事，而世守保靖。保靖司仍以师杲为其始祖。

保靖，唐溪州三亭县，五代时彭氏自置保靖州，宋因之，元为保靖安抚司，明洪武二年

---

①《楚南苗志·湘西土司辑略》第325页，《湖湘文库》本。

（1369）改为保靖宣抚使，后又升为宣慰司。

师杲子允禄，守保靖，世代相传，自允禄至廷珪，凡十七代，事迹无考。至世雄始见《明史·土司传》。

2. 彭允禄　师杲子。

3. 彭文通　允禄子。

4. 彭儒毅　文通子。

5. 彭仕隆　儒毅子。

6. 彭从云　仕隆子。

7. 彭　翼　从云子。

8. 彭凌霄　翼子。

9. 彭邦宏　凌霄子。

10.彭　勇　邦宏子。

11.彭泰定　勇子。

12.彭师孔　泰定子。

13.彭定国　师孔子。

14.彭思善　定国子。

15.彭本荣　思善子。

16.彭齐贤　本荣子。

17.彭　博　齐贤子。

18.彭廷珪　博子。

19.彭世雄　廷珪子，元末为保靖安抚使。《明史·土司传》称："明太祖之初起也，安抚使彭世雄率其属归附，仍命为保靖安抚使。"保靖司宗谱称："时胜国昏乱，天下纷纷，寇之各据其土者非止一姓。至于帅义师，行仁政，独太祖高皇帝一人耳。公筹此良久，不敢观望，因为投诚，纳土归服。续奉敕谕，调兵一万，随驾征讨。公乃点齐目兵，自备衣粮，从军万里，行至金陵，犒赏方毕，南昌之警告在旦夕矣。上亲帅大军，前往救援，公亦随营分哨，奋勇当先。及兵接鄱阳，连舟师纵火焚寇，有功。凯旋之日，钦授公武略将军，封为保靖州军民宣慰使司，仍奉敕谕，令公世袭爵土。"

按：此事在元至正二十三年（1363），朱元璋与陈友谅战于鄱阳，《明史·太祖本纪》称："乃命敢死士操七舟，实火药芦苇中，纵火焚友谅舟……焚溺死者无算。"宗谱所载，即指是役，宗谱称“封为保靖州军民宣慰使司”，《明史·土司传》则称“仍为保靖安抚使”，在职衔上各异。

20.彭万里　世雄子。袭父职为安抚使（以下简称袭职）。（谱）

明洪武元年（1368），万里遣其子德胜奉表贡马及方物，诏升安抚司为保靖宣慰司，以万里为之。领白岩、大别、大江、小江等二十八寨，隶湖广都指挥使司。（明传）

宗谱称：洪武元年癸丑，上命礼［部］大臣会议钦赐勘合一道，升公怀远大将军。

残谱中又录有洪武敕谕一道，如下：

皇帝敕谕原任湖广保靖安抚使今升宣慰使司彭万里

朕以凉德，丕承大统，静扫胡元之腥羶，重光大明之日月。其所以拔采石，定京都，擒伪汉，歼强吴，长驱入燕，克复中原者，惟是各藩土司夹辅之力也。尔彭万里，本江西诗书之裔，为湖北忠义之藩，首能倡率义师，竭款献忱，纳土归顺，不辞百战之劳，共建一统之业，厥功甚伟。兹特照昔日表功之典，行今懋赏之宜，钦赐尔铜印一颗，勘合一道，开设保靖州宣慰使司，加授尔宣慰使，晋升安远将军、轻骑都尉，尔妻曾氏，封太淑人，仍赐以世袭诰命。谕尔子孙，世世传守，勿替引之。凡所属长官舍把等职，悉听节制调度，其各寨夷民洞老，俱从尔安抚保厘。

居常则贡赋宜先，遇警则调征毋后。如事有与永顺、酉阳相关者，务宜各一乃心，彼此筹谋，期奏敷功。不得尔我执拗，自相矛盾，致误事宜。亦毋结忿掏怨，恃强仇杀。但当讲信修睦，以缔邻好。设遇苗民不律，宜相机剿杀，毋令滋蔓。於戏，锡以券符，用昭恩典于藩国，分之胙土，共期带砺于河山。故兹敕谕，毋或作事乖方，自罹罪戾，尔其慎之。钦哉。故谕。

洪武（十六）年十二月　日下

此敕文，是来自两个抄本残谱，互有脱落，合校而成。其年代一有，一脱。十六年应为洪武六年之误。《保靖志稿辑要》卷四载：“万里，洪武六年十二月，升保靖安抚司为保靖宣慰司。”可以证之。

21.彭勇烈　万里长子。于永乐元年（1403）奉兵部勘合，承袭父职。七月，赴阙谢恩，给颁诰命二道，回司理事。（谱）

三年，辰州指挥龚能等招谕筸子坪等三十五寨生苗廖彪等，各遣子入贡，因设竿子坪长

官司，以彪为之，隶保靖。（谱）

九年，勇烈上京贡马，回至辰州病故。（《龙山县志》卷六）

22．彭药哈俾　一名师药，勇烈长子，永乐二十一年（1423）遣人贡马。（明传）

《龙山县志》卷六载："药哈俾袭父职十有三载，境土宁谧。永乐二十二年（卒）。无嗣。"谱同。

此条与《明史·土司传》大异。传称："药哈俾嗣，年幼，万里弟麦谷踵之子大虫可宜，讽土人奏己为副宣慰，同理州事，因杀药哈俾而据其十四寨，事觉逮问，死狱中，革副宣慰，而所据寨如故。其后勇烈之弟勇杰嗣，传子南木杵。"

传又称："宣德元年（1426），宣慰彭大虫可宜遣子顺来贡。四年，兵部奏保靖旧有二宣慰，一为人杀，一以杀人当死，其同知以下官皆缺，请改流官治之。帝以蛮性难驯，流官不谙土俗，令都督萧（绥）［授］择众所推服者以闻。"

据此，药哈俾曾为大虫可宜所杀，何得谓"境土宁谧"呢？杀于何年，明传未书，或即为永乐二十二年事，谱书卒不书被杀，讳内乱也。大虫可宜杀药哈俾后，自称宣慰。宣德元年遣子入贡，朝廷尚未知其有篡弑事。至宣德四年，其事始发，逮问。与下述南木处袭职年正相符。惟传称"其后勇烈之弟勇杰嗣，传子南木杵"，与谱、志又异。盖大虫可宜于宣德四年事觉被逮，南木处于宣德五年袭职，其年代紧接，不可能有勇杰嗣任的时间。谱无勇杰其人，称南木处为勇烈之幼子，药哈俾之弟，今从谱。

大虫可宜为两江口土舍，自夺保靖十四寨后，两江口与保靖争地，屡世不休，其祸实源于此。见下文。

23.彭南木处（"处"亦作"杵"）　名阁南，勇烈幼子，药哈俾之弟。因兄无嗣，于宣德五年（1430）奏兵部勘合，替授兄职。宣德十九年（宣德只有十年，此疑为九年或十年之误）二月十九日，蒙兵部奏奉钦准兄终弟及之议，承袭前职，颁文凭一道回司，仍赐诰命，授怀远大将军。（谱，《龙山县志》卷六）

24.彭显宗南　木处长子。正统六年（1441）十月，赴京贡马。七年，兵部具奏钦准承袭，诰命授怀远大将军。（谱）

十四年，保靖宣慰与族人彭南木答等相讦奏，既而构和，愿输米赎诬奏罪，从之。（明传）

景泰七年（1456），命调保靖土兵协剿铜鼓、五开、黎平诸蛮，先颁赏犒之（见前永顺司彭世雄条，但前为景泰元年，此为七年，未知是两次，或字误）。（明传）

天顺二年（1458），敕宣慰彭舍怕俾（舍怕俾，谱无此人，疑是显宗土名），即选兵进

讨。（明传）

三年，保靖夏灾。（明传）

七年，湖广总兵平蛮将军都督同知李□调保靖兵赴靖州、天拄军前，征剿赤溪浦洞，屡建奇功。（谱）

成化二年（1466），以保靖宣慰彭显宗征蛮有功，命给诰命。三年，复调保靖兵征都掌蛮。五年，免保靖宣慰诸土司成化二年税粮八百五十三石。（明传）

七年，显宗老，不任事，命其子仕垅代。（明传）

25.彭仕垅　显宗长子。成化十一年（1475）袭职。（谱）

十三年，调征靖州白崖塘、九浦塘，擒斩充天侯苗银禄，以功晋昭勇将军。（谱）

十四年，调征贵州卤保关、索岭、安龙箐、狮子吼、白石崖等处，有功，赏彩缎元宝。（谱）

十五年，以灾免保靖租赋。（明传）

仕垅奏两江口长官彭胜祖违例进贡，下部臣议，宜逮问，命镇巡官谕之。（明传）

弘治六年（1493），调征贵州都清地方上下都、结干把、商瓮城、苗坪、兵坝、龙潭、管吕山等处，有功，赏彩缎银两。（谱）

十二年，永顺宣慰司奏：仕垅擅率兵攻两江口长官彭世英，仇杀多年，构祸不已，乞兵征剿。部覆以屡行按问不报，宜谕镇巡官速勘奏闻。（明传）

按：前载大虫可宜自请为保靖宣慰司，并杀宣慰司药哈俾，据其十四寨。大虫可宜虽被逮问死狱中，但据地如故。可宜子忠，忠子武，武子胜祖，胜祖子世英，世为两江口土舍。武以正统中（1436—1449）随征有功，授两江口长官（即大喇司，其地在今保靖、龙山毗连处的隆头地方）。武卒，其子胜祖亦以功袭长官职，至世英应袭父职，仕垅沮之，仇恨益深。弘治十年（1497），经巡抚沈晖令世英入粟嗣父职，仕垅恐世英不受约束，复奏沮之。永顺宣慰彭世麒，曾娶胜祖女为妻，因袒世英，助其相攻，奏诉无宁岁。（明传）

十四年，巡抚阎仲宇、巡按王约请以前后章奏下兵部都察院议，令世英归所据小江七寨于仕垅，止领大江七寨，并听仕垅约束。其原居两江口，系襟喉要地，请调清水溪堡官兵守之，而徙世英于沱埠，以绝争端。以后土官应袭子弟，悉令入学，渐染风化，以格顽冥，如不入学者，不准承袭。世麒党于世英，法当治，但以从征湖广，颇效忠勤，已有旨许以功赎。仕垅、世英并逮问，胜祖照常例发遣。奏上，从之。此弘治十六年六月事也。（明传，稍加整理）

此事虽经如此处理，但并未释两家之怨，后来则愈演愈烈。

十五年，调仕珑征贵州贼妇米鲁（见前永顺司彭世麒条），其子翰率土兵从之，与南渭州彭定合兵破亚场、硬寨，擒贼妇米朵。（谱，《龙山县志》）

26.彭翰　仕珑长子。弘治十六年（1503）袭职。十七年，调翰统原征官兵及报效家丁一万名，征广西思恩府土知府岑浚，于十八年正月初赴广西，历时半载，攻克甚多。后以风湿症致仕。（谱）

27.彭九霄　翰长子。正德五年（1510），调征四川李尚鸾、鄢本恕、蓝廷瑞等（事见前永顺司彭明辅条，前载为六年，此为五年）。（谱）

七年，调赴湖北，会剿刘六、刘七（与前彭明辅条所载刘惠、赵燧、刘三等系同一事件）。刘六、刘七、齐彦名等自山东、河南至湖广，杨虎、赵燧扰河南，纵横数千里，破州县以百数。各省官兵辗转应战，疲于奔命。保靖兵由襄阳至唐县、枣阳，再至罗田，败其别部李升完一（枝）[支]。至汉阳，擒刘六。（谱，《湖北省志》）

八年，调本司目兵七千名征贵州凯口。十一年，征贵州清平香炉山，造梯飞楼、爬山虎等品具，攻登绝顶，获胜。（谱）

十四年，两江口土舍彭惠（世英子）仍因争地事与九霄往复仇杀，数年不息，死者五百余人，前后讦奏累八十余章。守巡官系惠于狱，永顺司彭明辅率兵劫之去，寻复捕系。事闻，诏都御史吴廷举勘处。廷举乃令镇巡议，以为惠罪当诛，当土蛮难以法绳，宜徙惠置辰常城中，令九霄出价以易两江故地，仍用文官左迁者二人为首领官，以劝相之，俟数年后革向心，请敕奖谕，仍擢用为首领。下兵部议，以惠徙内地，恐贻后患，令廷举再议。于是廷举等复请以大江之右五寨归保靖，大江之左二寨归辰州，设大喇巡检司，流官一人主之，惠免迁徙，仍居沱埠，以土舍名目协理巡检事。部覆如廷举言。大喇巡检司自此始。（明传）

嘉靖元年（1522），调九霄征广西上思州，遵依统兵驻扎辰州，听候督发，续奉明文止兵。（谱）

五年，因先年不次调征湖北、河南、川、陕、云、贵等处，宿露餐风，履艰历险，致冒晕风等症，无时举发，不堪任而致政 。自正德至嘉靖，战功最著。（谱）

28.彭虎臣　九霄长子。嘉靖六年（1527），应该替职告保间，随奉两广军门，仍调九霄领兵一万，征广西田州岑猛。虎臣亦选家丁土兵五千随父出征。至宾州，授冠带统兵。首先攻克罗堡，擒斩王诏韦、赵响等。冲冒炎热，获沾暑疾，扶病抵田州，追捕岑猛。病甚，卒于营。无嗣。朝廷以擒岑猛功，进九霄湖广参政，赐银币，虎臣战殁，赠指挥（签）[佥]事。（谱）

29.彭良臣 九霄次子。以兄殁无嗣应袭。是年（嘉靖六年，1527年）调征□□（谱已撕去一页）。其弟荩臣又复选家丁土兵三千名，协力破贼，擒黄公赖等十余名。旋即患伤寒疟痢，于六年丁亥九月初八日在任而卒，无嗣（虎臣、良臣均卒于嘉靖六年）。（谱）

30.彭荩臣 九霄三子。以二兄俱殁无嗣，于嘉靖六年（1527），比因署司通把领兵舍目彭九皋等，呈请钦差提督两广军门，转行湖广两院三司各道，委勘得彭荩臣系彭九霄正妻冉氏所生嫡三男，与已故良臣同胞也，应该替职，奉敕谕便宜理事，给予冠带，抚管地方。（谱）

十九年，调征镇筸。其子守忠亦报家丁土兵五百名从征。二十二年，调征贵州田平。二十五年，再征镇筸，进至贵州铜仁。（谱）

二十六年，免保靖秋粮。（明传）

三十三年，奉敕分管竿子坪苗寨。（谱）

三十四年（明传为三十三年）二月，奉调领兵三千名赴苏松征倭。荩臣以程途遥远，兵寡难以接应，添调报效土兵一千名，其子守忠亦选精勇家丁一千名，自备衣粮鞍马，共五千名，于四月十四日到苏州府。贼聚常熟县，彭守忠领兵二哨前进常熟截杀。二十四日进兵破三丈浦贼巢，斩获倭首一百三十颗，生擒倭一名。又报倭贼聚嘉兴，荩臣父子星夜前进截杀。五月初一日兵至王江泾地方，杀败贼众。初二日赶至秋母亭，大战，斩获倭首七百余颗，溺死烧死不计。是役录功，以保靖兵为最（互见前永顺司彭翼南条）。加荩臣三品服色，进阶昭毅将军，赐守忠冠带。（谱，《龙山县志》卷六，明传）

三十五年，再调保靖兵赴浙江剿倭。荩臣率兵八千，其子守忠亦选杀手三千名随同报效。八月十三日到浙江平湖县，恐贼闻兵逃遁。时尚书赵文华、侍郎胡宗宪、都御史阮□于二十一日令荩臣父子由广城沿海堤进沈家庄，直抵徐海，逼近巢穴。倭贼出战大败，奔入巢穴固守，奈四面水阻，贼以鸟铳、拂狼机放射，不能近战。二十三日荩臣令编竹笆遮抵火器。二十四日暗搭浮桥，突至贼巢，顺风纵火，奋勇截杀，昼夜合战。至二十五日贼大败，斩首二百八十九颗，生擒一名，溺水烧死者不计其数。捷闻，录功升荩臣云南布政使司右参政，仍管保靖宣慰使司事。（谱）

三十九年三月初四日荩臣卒。（谱）

31.彭白氏 荩臣妻，守忠母。荩臣长子守忠，随父征战有功，赐冠带回司候袭。本年（嘉靖三十九年，1560年）十一月十三日病卒。其妻杨氏有遗腹子养正未生。守忠母白氏奉文管理印务，署司事。（谱）

四十一年，白氏捐银两为寨民纳秋粮，又（名）［命］把总吴效才备牛酒犒赏苗人寨老

洽等以旌其劳，使安心把路。一时政令翕然，溪洞咸颂。（谱）

时钦差总督都御史罗□报称：“白氏署印以来，法度一新，诸苗颇服，赏赉不悭，似应奖谕，以励其终。”又称：“白氏署印未久，政令方新。捐资赏犒，不惜重费。始初就能行其招徕之心，以后必能坚其效顺之志，理应优赏。”诏赐金缎、银花、羊酒、银两有差。（谱）

又分守道参政蔡□批称：“白氏以女流护印，代替寨民出办粮银，既完官府之事，又恤洞民之艰，委宜嘉奖。”（谱）

万历元年（1573），白氏以病息，其孙养正十二岁，袭职。（谱）

32.彭养正 白氏孙，守忠子。万历元年（1573）袭职，年只十二岁，司事仍多由祖母裁决。是年冬，调保靖兵征广西怀远（今宜山县西故怀远寨），养正率土兵四千人及报效家丁杀手一千九百名，于二年正月进抵独坡营，亲督把舍彭禹臣，分兵设伏，出奇致胜。时湖南总兵官平蛮将军怀宁侯孙□牌奖称：“彭养正统三军之众，而人服稚年，成一战之功，而威行强敌，允矣职堪藩屏，宜乎世受国恩。其祖母白氏，教导素娴，而养正成立蚤见，且临行授以方略，故出师辄奏捷音。”赏银四表里、羊酒、字匾，掌印祖母白氏下纱四表里。（谱）余事不详。

33.彭象乾 养正长子。幼就学于酉阳，儒学有才名。万历二十七年（1599），随其母舅酉阳安抚使冉御龙征四川播州有功。归司就袭（年代不详）。其异母弟象坤欲夺司职，永顺司彭元锦助之，以兵逐象乾。酉阳司冉御龙闻变驰救，互相攻杀。知辰州瞿汝稷传檄开谕，始解（见前永顺司彭元锦条）。

四十七年，调保靖兵五千，命象乾亲率援辽。四十八年，加象乾指挥使，行至涿州病，中夜逃散者三千余人。部臣以闻，严旨责统兵者，并敕监军沿道招抚。明年，象乾不能行，遣其子侄率亲兵出关，战于浑河，全军皆殁。天启二年（1622），进象乾都督（签）[佥]事，追赠彭象周、彭绲、彭天佑等各都司（签）[佥]书。以浑河之役，一门殉战，义烈为诸土司冠云。（明传）

《保靖志稿辑要》称：“象乾命其弟象周率亲属援辽，战殁于浑河。”未言及中途逃散事。

宗谱关于此役的记载又有不同。兹节录之：“万历四十七年八月初六日，奉调本司土兵五千，亲统赴辽应援，自备衣甲、器械、鞍马等项，于万历四十八年（即光宗泰昌元年）三月十九日，带同正妻蓬氏，统兵出师，四月至常德，分巡道犒赏官兵银二百两，辞谢未受。六月十三日行至真定，七月初四日经过都城，奉令兼程出关。七月十一日整兵鼓行而前。八月初六日出山海关。九月初六日抵辽阳。十二月兵部令回司调兵。就径抵司挑选间，随奉经略表□题称，免其复来。所谓三宣慰，一以推病不出，一以方出而骤返，能间关万里，率师勤王者，惟保靖宣慰一人耳。”

按谱所载，只详其行军日期，不叙战况，亦不提及象乾病于涿州及土兵逃散事，并称鼓行出关，至辽阳又被调回司益兵，显系讳言其败。其实，抗敌殉战，虽败亦烈，何讳之有。疑此中另有情节。

34. 彭朝柱 象乾长子。天启七年（1627），象乾致仕，子朝柱袭职。（谱）

崇祯十六年（1643），张献忠攻长沙、益阳地方，常德、澧州一带日夕告警。偏沅巡抚（湖广省设巡抚，半年驻贵州施秉之偏桥关，半年驻沅州，故称偏沅巡抚）调保靖司兵固保常、澧。献忠大举破常武，辰常总兵温如珍退辰州府，附献忠。朝柱发精兵三千，星夜援辰，如珍败走，朝柱追至江南望城坡下。时张献忠已破桃源，扎浮桥过白马渡。朝柱引兵守关隘，分哨堵截，大战数合，不分胜负。复遣把目领兵抄袭，获大胜。特赐蟒玉正一品服色，左军都督府都督。（谱）

永历元年（清顺治四年，1647），敕调彭象乾及其子朝柱勤王。敕文如下：

皇帝敕谕特赐蟒玉防剿湖北路苗总兵官都督府左都督保靖宣慰使司彭象乾

朕励精薪胆，锐意中兴，兹值秋饱马腾，已期自将挞伐，领京营劲旅，联各勋镇兵马，分道永保，誓指江汉。顷复衡先锋之捷，已寒敌胆（按黄黎洲《永历纪年》称：“总制何腾蛟驻衡阳，巡抚（诸）[堵]胤锡驻长沙，其势稍振”）。湖南釜鱼，就擒咫尺，惟兹湖北，为恢复荆襄之本。近以岳贼内侵，鼎城（常德）失险，念亟救援，忧深门户，尔湖北路总兵官彭象乾，宿将丹心，忠犹世笃，先已两敕，专隆阃寄，闻尔已出兵辰阳，功高保障，惟兹常郡，为尔桑梓，家国同忧，缨冠自奋。特允枢臣傅作霖（武陵人，时为兵部尚书）请，敕尔整旅出讨，辰常衣带，信宿风帆，彼违天逆贼，自就死朗江耳。自今衡长渐复，幽燕秦晋，大江南北，捷羽频闻，以尔父兄子弟之兵，急封疆乡里之难，蠢兹走险犬羊，何难灭之朝食。尚期与尔子彭朝柱先后疾驱，水陆并进，待尔复常捷音一至，即悬伯爵以酬，恢复一镇，即食彼饷。朕已敕勋辅制臣胤锡调遣勋建诸臣，分道恢复，同心并辔，惟赖显庸，伫整方瓶之功，以膺麟图之盛。钦哉。特敕。

永历元年七月　日

按此敕文，彭氏各谱均录，但并未叙及有勤王之举。盖以当时南明偏安之局已去，旧臣各拥其所欲立者争立之，政令既不统一，甚至自相倾轧。而湖南只有何腾蛟、堵胤锡诸人招收左良玉溃军及李自成余部，虽为众数十万，均系不受节制、不能协作和已失去锐气的杂部，所以清军一至，皆各自谋奔窜。此种情况，永保二司审之已熟，尤其是土司历若干朝代巨变，均以自存为主，自难再激其勤王之念，固未可深责也。

是年（顺治四年，1647年）九月，王永成、马进忠（左良玉溃军）为清军所迫，窜至辰城，四乡粮草又尽，进踞永顺，图攻保靖，逼近保靖司巴勇地方。朝柱四路堵截，令其子鼎率兵进击，王等退扎永顺西古村、安布子营七处。十二月二十九日又引马骑数千，于永顺南渭州渡河进攻保靖，朝柱令其子鼎率把舍彭养锐、彭象震等引药弩千余，从后路抄出，劫其主营，放火焚烧，王、马大败，奔山投崖死者无数，余众退走。（谱）

同年，清恭顺王孔有德临抚辰州，朝柱差舍把彭伦、邱尚仁等备册籍赴营投诚，诏赐龙牌嘉之，领职如故。但男不剃发，女不改妆。（谱，《保靖志稿辑要》）

十一年，李来亨（自成孙）、高必正（自成妻弟）攻破司治，扎营对河山阜两月。朝柱一面报辰常总镇请兵，一面调各旗目兵，日夜伏击，又令其子鼎调苗兵万余，从箐林开路进攻，总镇亦发兵前来，由水路接应。李、高应战，箭伤死者数千人。高必正亦被药箭身死，余众奔溃。其避难在辰的把目、客民，均还司治，境内重安。（谱）

十七年八月初三日，朝柱病卒。（谱）

34.彭鼎　朝柱长子。谱称："性质聪明，襟怀豁达，通诗书，解音律，尤善丹青。人得其片纸尺幅，如获至宝。其三公图、五马图，精细入神，尤为勋爵巨公所重。且精于医，每年必以百余金求药救济民间之疾苦，故起困苏危，远迩颂德。"

36.彭泽虹　鼎长子。有些谱志称"泽龙"者，今考前碑所记鼎二十五子中，并无泽龙其人，依碑正之。泽虹病发，其妻彭氏用事，高伦、张为任二人结连其舍把长官彭泽蛟、彭祖裕等相与树党，以劫杀为事。雍正元年（1723）泽虹死，子御彬幼，泽蛟欲夺其职，为御彬遏。（谱，清传）

37.彭御彬　泽虹子。御彬袭职，肆为淫凶，泽蛟与其弟泽虬合谋，互相攻杀。雍正二年（1724），御彬以追击泽蛟为名，潜结容美（鹤峰州）土司田曼加、桑植土司向国栋，率土兵抢虏保靖民财。四年，以贪暴参革提勘。五年，改土归流。七年，御彬以罪安置辽阳，以其地为保靖县。（《保靖志稿辑要》卷四，清传）

保靖自师杲至廷珪，凡十八代，事无可考。其后自彭世雄（廷珪子）至彭御彬，袭司职者凡十九世，其中有兄终弟及者，连前十八代，共为三十四代。荩臣之子守忠未袭而卒，由守忠母白氏署司事，各谱列守忠，与事实不符，本辑改列白氏。

附录七　彭鼎墓志铭

清康熙保靖宣慰司彭鼎自叙与墓志铭

自叙

窃余谨承父职，聿修祖德，惟时当熙隆，朝野安靖，不奉征调，无从建立，惟固守成业而已。因思祖宗传位以来，时势不一，其间立奇功、报奇效者固多，而处承平、守成业者亦复不少，要皆各遇时之所为，非强而能致。虽然，守成不易，亦有道焉，是必以世德之求，朝夕皇黾，则庶可以立身而治政，宜民而善俗。今日者，余不敏，有兹土矣，阅庚子承袭以来，他务未遑，亦惟重念先人创业之难，余身守成之不易，兢兢业业，然奉法明条，遵宪守度，矢忠贞而笃孝养，崇仁义而尚节俭，上之以为丕承先烈之基，下之以为贻谋燕翼之本也。

且本司之治，踞楚上游，居其左者有永顺焉，处其右者有酉阳焉，星罗于前者有桑、容、忠高、东平等司，棋布于后者有红、黑、狢猗、生熟苗焉，惟余居中而区划之。不惟蠢尔苗类，畏威而怀德，即远尔友邦，亦讲信而修睦，如此者岂余之自炫为哉，亦曰不如是不足以言守成也。余故自叙于父祖之下，以示后世之为子孙者，遇其建立之时，则以效祖宗之功烈；遇其守成之时，则以效余今日之为识也。尚其勉之勿怠。

墓志铭

钦赐蟒玉防剿湖北路苗总兵官左军都督府左都督加九级纪录三次爵府彭公志：

公讳鼎，诞降于大明崇祯甲戌年九月二十四日。其先发于江右之吉水，后晋四年以古刺史来守是邦，国史家牒详焉。历汉、唐、宋、元以来，祖功宗德，世为阃内冠冕，迨至我公，威望令声，尤为较著。当其在贵介时，逸才命世，弱冠秀华，规模卓越之概，早基于此，及其壮年践祚，举前人所未逮者自公狙赞之，后人所难为者自公开之，公其下不愧为孝子贤孙，上不愧为显祖烈考，更不愧为斯世一大完人矣。

公之硕德懿行，难以枚举，略举其概：如靖治环绕皆苗，种类杂处，负隅窃发，出没无常，公之先，旋剿旋报，迄无宁晷，至公起，大者威之，小者怀之，不数年而诸苗悉平，除恢复先翼飞锐并忠镇顺义凯旋之六旗，同入版图焉，而苗患悉矣。靖治三十里外，地名甘溪，土沃民殷，俗则枭悍难驯，更因连诸苗为辅车之势，患莫大焉，公之先，议剿议抚，卒莫有成，公于乙卯（康熙十四年）秋，率股肱心膂之众，拔巢蹈阵，以身亲之，越四月乃下弦之期，悉命诛锄，更易其名为威镇庄，而内患平矣，靖治邻封，为永顺为较近，永之家难，世代频仍，延及彭肇相者，未几为房族廷榆所夺，相几不免。公念乱世贼子，风化所关，于是仗大义、执大信，命其子泽虬率三百众，诛廷榆父子七人于境内，函其首以报当事，返其孤以归旧物，余党侧目，中外快心，此公之功在领疆矣。靖治逼近楚南，常武、辰阳两郡，尤称密迩，庚申、辛酉间，戎马四集，城舍掬为战场，两郡之守令、缙绅、士民、商贾徙家于靖者以万余计，旋值岁时告凶，人心惶惶，公出仓谷二千石，令士民、商贾只半纳其价，其余守令、缙绅不但月供岁给，亦且礼遇优隆，两郡之人，虽愚夫愚妇，莫不颂声载道，此公之德被远方，而名在古今矣。乙丑夏秋，箄苗逆命，公因奉命往征。其时郭协总镇，靳、赵、王、李辅行，虽有士卒而战弗克，无如险嵎，久而未下。十月内，檄调靖兵五百人，外发交枪手亦如之。二十五日竟逼其栅，逆魁彭永龄引领而去。十一月十五日公自出粮，不费国用，亲率五营副将彭泽蛟、泽虬、彭辅、彭巽、余大吉等，共统精兵五百人，二十五日驻湾溪，谒见监军辰沅靖总镇，郊劳计虑，佥曰在德不在威，惟剿抚并行可也。二十八日，驻爆木营，会诸同事者，口不谈兵策。十二月初四日，我军大进攻，取主朝大塘、鸭保等寨，惟公节次独斩首百十颗，生擒七十有七名。逆苗畏服，丑类底定。公于次年正月二十日报捷班师，内外咸宁，汉土胥平，公之仁且智而勇在天下矣。更可异者，公负俊伟杰出之资，志在名媛贤淑为之配。何幸永之先爵讳宏澍者，慕公之品，知其后必有大过人者，惠然以二女妻之，长元英，次德音，即所称正印、镇衙两夫人是矣，贞静幽娴，后先媲美，诞育嗣君，实为正印，思此作合之奇，虽后世官吏必有录者，予又何可不录也。公感乃翁识鉴之精，喜两夫人内助之贤，不但期聚首于百年有生之前，更期聚首于百年之后。因于甲子之冬，卜地于甘溪后山之阳，大启其墓，相视经营，备极其致，左则老太夫人陈氏墓道，右则一家三穴，两夫人与焉。予于丙寅冬奉檄至，予得以游览胜概，偶即其地，山明水秀，气象万千，巍然一大观矣，不禁为之浩叹曰：如我公者真所谓建功立业，或在古今，或在社稷，或在邻封，或在天下，且也宜室宜家型于之化，复睹相得益彰，信乎下不愧为孝子贤孙，上不愧为显祖烈宗，更不愧为斯世一大完人也。事不可以无辞，于是拜首而为之志。

大清康熙丁卯（二十六年）孟夏，湖广辰州府粮捕厅加一级奉政大夫世弟罗拱宸顿首拜撰。

子泽虹、泽鳌、泽蛟、泽骊、泽鲸、泽蜃、泽鲤、泽鲉、泽鲲、泽蟠、泽蜓、泽鳞、泽驷、泽鲵、泽骥、泽蝓、泽螽、泽蠡、泽蜿、泽骏、泽蜷、泽蝎、泽蝌、泽蝾

按：彭鼎墓位于保靖县大妥乡甘溪村凤凰山。墓外貌极为壮观，系青石砌成。毁于1953年，墓门发现于1955年。掘开墓门时，三棺完好，列于穴内，中为彭鼎，两侧为正印、镇衙两夫人。碑石已断。据称曾于清代被盗一次，丁彭二姓因此构讼及一代多，民国时再次被盗，墓志被毁。1955年发掘墓门时，所获殉葬不多，有破烂铜匝数件，铜镜二面，金银花破片各数十件，有小金钱一枚，文曰“受命于天，即受万年”八字。

民国二十五年（1936）保靖县长徐飘蓬出巡日记中抄载“墓志”全文，现存保靖县档案棺（全宗号2，目录号1，案卷号284）。

主要参考文献

一、正史类

（宋）薛居正等《旧五代史》，中华书局，1976年。

（宋）路振《九国志》，江苏古籍出版社，1998年。

（宋）欧阳修《新五代史》，中华书局，1974年。

（宋）司马光《资治通鉴》，中华书局，1956年。

（宋）李焘《续资治通鉴长编》，中华书局，1995年。

（元）脱脱《宋史》，中华书局，1977年。

（明）宋濂《元史》，中华书局，1976年。

（明）申时行《大明会典》，收《续修四库全书·史部·政书类》。

（清）张廷玉《明史》，中华书局，1974年。

（清）吴任臣《十国春秋》，中华书局，1983年。

（清）徐松《宋会要辑稿》。

二、方志、谱牒、舆地及游记类

（南宋）王象之《舆地纪胜》，江苏广陵古籍刻印社，1991年。

（明）谈迁《北游录》，中华书局，1997年。

（明）顾彩著，高润身注《容美纪游注释》，天津古籍出版社，1991年。

（清）曾国荃等《湖南通志》，光绪十一年重修刻本。

（清）张天如《永顺府志》，乾隆二十八年刻本。

（清）黄德基《永顺县志》，乾隆五十八年刻本。

（清）张文琴《永顺县志》，民国本。

（清）林继钦等《保靖县志》，同治十年本。

（清）光绪《新化县志》。

（清）符为霖修《龙山县志》，清同治九年修，光绪四年重刊本。

（清）严如熤《苗防备览》，绍义堂藏板，道光癸卯重镌本。
（清）王锡祺《小方壶舆地志丛抄》，光绪丁丑本。
（清）同治《直隶澧州志》卷二《舆地志》。
（清）道光本永顺《彭氏族谱》。
润雅《彭氏族谱》。

三、专著类

谭其骧《长水集》，人民出版社，1987年。
谢华《湘西土司辑略》，中华书局，1959年。
王承尧、罗午《土家族土司史录》，岳麓书社，1991年。
王承尧、罗午《土家族土司简史》，中央民族大学出版社，1991年。
李世愉《清代土司制度论考》，中国社会科学出版社，1998年。
田敏《土家族土司兴亡史》，民族出版社，2000年。
石亚洲《土家族军事史研究》，民族出版社，2003年。
程建军、孔尚朴《风水与建筑》，江西科学技术出版社，2005年。
《土家族简史》编写组《土家族简史》，民族出版社，1983年。
谢华《楚南苗志·湘西土司辑略》，岳麓书社，2008年。

四、论文类

湖南省文物考古研究所《湖南省永顺县老司城遗址》，载《考古》2011年第7期。
谢心宁《湘西土司》，载《吉首大学学报》1982年第2期。
莫代山《明清时期土家族土司争袭研究》，载《贵州社会科学》2009年第6期。
李良品《明代西南地区土司进献大木研究》，载《中南民族大学学报》2008年第5期。
戴楚洲《浅论湖南土家族地区的土司和卫所制度》，载《民族论坛》1992年第4期。
蓝勇《明清时期的皇木采办》，载《历史研究》1994年第6期。
湖南省文物考古研究所《老司城申遗基础研究报告》，未刊稿。
潘光旦《湘西北的土家与古代巴人》，载《中国民族问题研究集刊》，1955年。
谢晓辉《延续的边缘——从宋至清的湘西》，香港中文大学博士学位论文。
谢晓辉《明代湘西苗疆土司社会的变迁》，会议论文。
瞿州莲《永顺土司改土归流的“历史真实”——以湘西地区的碑刻、地方志为中心的历史人类学考察》，载《西南民族大学学报》2011年8月。

后　记

本次调查范围涉及老司城周边相关的古丈、保靖、龙山、慈利、张家界六县市15个乡镇社区，53个自然村寨，外围面积达6792平方公里，重点范围面积860平方公里，共调查、复查各类相关遗存266处，其中城址6座、城堡8座、要塞6处、关卡17处、哨卡11处、烽火台9处、官署遗址8处、墓地79处、古道28条、桥梁12座、渡口码头7处。

由于本次调查针对性强，调查队员本身对遗迹遗物的判断也很难在一个水平上，况且庞杂的遗存都分布在渺无人迹的群山之中，或大多消失于现代繁华的集市，也很难获取近乎于史实的信息，所以对各类遗存分类、判断及描述也显粗略，遗漏与偏离史实的现象在所难免。但通过对文献和资料的梳理，基本廓清了永顺土司的发展脉络和兴与衰的过程。为佐证有限的文献资料，澄清离我们远去而又未曾触摸到的隐藏在万山荆棘的那段历史，调查队员们不畏艰难，头顶烈日披荆斩棘，冒着雷雨爬山涉水，披星戴月于羊肠小道，卷躯露宿在百姓的窝棚，啃嚼自带的干粮充饥，饮啜溪流山泉解渴。他们没有怨言，遵行于历史使命，以满腔的热忱忘我地工作，就凭借一份职业与责任感，换取了一批极有价值的第一手资料。在那曾经被遗忘的角落，流下的是一个个普通文物工作者的血与汗，曾沉睡千年的史迹，由他们聚辑编纂，历史再度重演！

参加本次调查与资料整理的工作人员有：龙京沙、罗贤来、鲁卫东、赵云、田品、王洪、邹青、刘兵、鞠高华、江涌、黄正宇、张小河、周东征、刘翔、吴燕周、彭运洪、徐双刚、龙金德、龙斐然、龙浩然；其中文献资料整理由张小河、吴燕周、黄正宇负责，碑文释读部分由鲁卫东、吴燕周完成；电子制图由刘兵、江涌、龙浩然负责完成；图片拼接由刘兵、江涌负责完成；演示文稿由张小河、刘兵、江涌完成；《报告》编纂由龙京沙、张小河、吴燕周合作完成；校对工作由刘德靖、赵云、徐双刚、龙浩然负责。

本次专题调查由永顺县委县政府、老司城遗址管理处主办，湘西州文物管理局具体承办。在开展调查中得到以下单位大力协助与支持：湖南省文物局、湖南省文物考古研究所、永顺县委、县人民政府、永顺县申遗办、永顺县老司城遗址管理处、吉首大学、芙蓉镇景点圈、湘西州文广新局、张家界市文物局、永定区文物局、慈利县文物局、咸丰县委宣传部、咸丰县文广新局、咸丰县文物局、龙山县委县政府、龙山县里耶管理区管理委员会、永顺县民族局、永顺县文物局、龙山县政协、龙山县文物局、凤凰县文物局、花垣县文物局、保靖县文物局和永顺县灵溪镇、王村镇、石堤镇、颗砂镇、青坪镇、抚志乡、吊井乡、松柏镇、长官镇、润雅乡及各相关村委会，在此一并致谢!

编者

2012年9月于老司城

1. 老司城全景

2. 祖师殿全景

3. 土王祠与凉热洞

4. 文昌阁全景

图版二

1. 子孙永享牌坊

2. 德政碑

3. 紫金山墓地

1. 真祖山墓地

2. 八字墙墓地

3. 五谷庙墓地

4. 观音阁墓地

5. 菜园坪墓地

6. 锦鸡包墓地

7. 千指湾墓地

8. 青岘山墓地

1. 老司城西北面山体

2. 老司城西面山体（由西往东拍摄）

3. 老司城西南面山体

1. 老司城西北面山体

2. 老司城东南面泰平山

3. 老司城东面山体

图版六

1. 老司城与灵溪河（由西往东拍摄）

2. 老司城与灵溪河（由东往西拍摄）

3. 灵溪河与东南面山体

1. 灵溪河与东面山体

2. 灵溪河西岸的秀屏山

3. 喻家堡要塞全景

图版八

1. 老司城西面山体

2. 老司城西北面山体

3. 抬轿山与周边山体

4. 老司城周边山体

1. 龙潭城全景

2. 榔溪关全景

3. 榔溪关渡口

1. 吊井城全景与灯盏驼烽火台

2. 刘家寨古井

3. 吊井土司钓鱼台

1. 荷花池与观莲台

2. 三拱桥

3. 卵石古道

4. 石板古道

5. 新基湾墓葬

6. 颗砂城全景

图版一二

1. 颗砂城墙体

2. 蟠桃庵遗址

3. 颗砂凉洞

4. 颗砂九拱桥

5. 颗砂金壶井

图版一三

1. 爽岩洞石刻

2. 松云潭石刻

3. 颗砂钓鱼台

图版一四

1. 张橙墓

2. 新基包墓群

3. 牌楼城全景

4. 布政使牌坊

5. 回龙宫庙址

图版一五

1. 永镇桥碑

2. 石板古道

3. 王氏家族墓

4. 南渭州全景

5. 岩门冲哨卡

图版一六

1. 彭应麒墓

2. 彭凌高墓

3. 墙体与门道

4. 碑刻

5. 谢圃城堡全景

图版一七

1. 窑址

2. 古栈道

3. 新基堡哨卡

4. 水井湾烽火台

5. 丝柳渡口

图版一八

1. 新基堡墓园

2. 土知州衙署

3. 列夕城堡全景

4. 街道

图版一九

1. 九龙蹬城堡全景

2. 九龙蹬城堡墙体

3. 克必城堡墙基

4. 克必城堡西门道

图版二〇

1. 克必城堡南门道

2. 墓葬

3. 他砂城堡全景

4. 护城河

5. 门道

6. 墙基

图版二一

1. 桅子

2. 彭凌云墓

3. 回龙堡全景

4. 碾坊

5. 古井

1. 老司岩全景

2. 黄家大院

1. 响塘要塞全景

2. 博射坪要塞全景与古井

3. 和尚包关卡全景

4. 穿洞湾关卡全景

5. 金鱼塘要塞全景与古井

图版二四

1. 大垭与小垭关卡全景及石板古道

2. 谢家坡要塞全景与石板古道

3. 河沟关卡全景

4. 河沟关卡墙体

1. 土地坳关卡全景

2. 梨子坳关卡全景

3. 快活岭关卡全景与石板古道

4. 九里铺风垭关卡全景与石板古道

图版二六

1. 田家湾关卡全景与石板古道

2. 茶湖卡山关卡保坎与石板古道

3. 偏岩关卡全景与石板古道

图版二七

1. 高家坳关卡全景与石板古道

2. 林家坳关卡全景与石板古道

3. 龙爪关全景

图版二八

1. 王凤垭关卡远景与近景

2. 姚家湾哨卡全景与局部

3. 团堡山哨卡全景与局部

4. 惹巴哨卡全景与局部

1. 锡帽山烽火台全景与古道

2. 飞鸦阁烽火台全景与石板古道

3. 堡子山烽火台全景与局部

4. 后山烽火台全景与局部

1. 腊惹洞长官司遗址全景

2. 墙体

3. 墙体

4. 驴迟洞长官司遗址全景

1. 崇拜石狮

2. 白竹山风雨桥

3. 王村官署遗址全景

4. 集坪村寨全景

图版三二

1. 隆头古镇全景

2. 大喇司古村寨全景

3. 老司城至谢圃卵石古道

4. 吊井至颗砂卵石古道

1. 彻(沏)溪石拱桥

2. 牛路河渡口全景

3. 羊峰至松柏石板古道

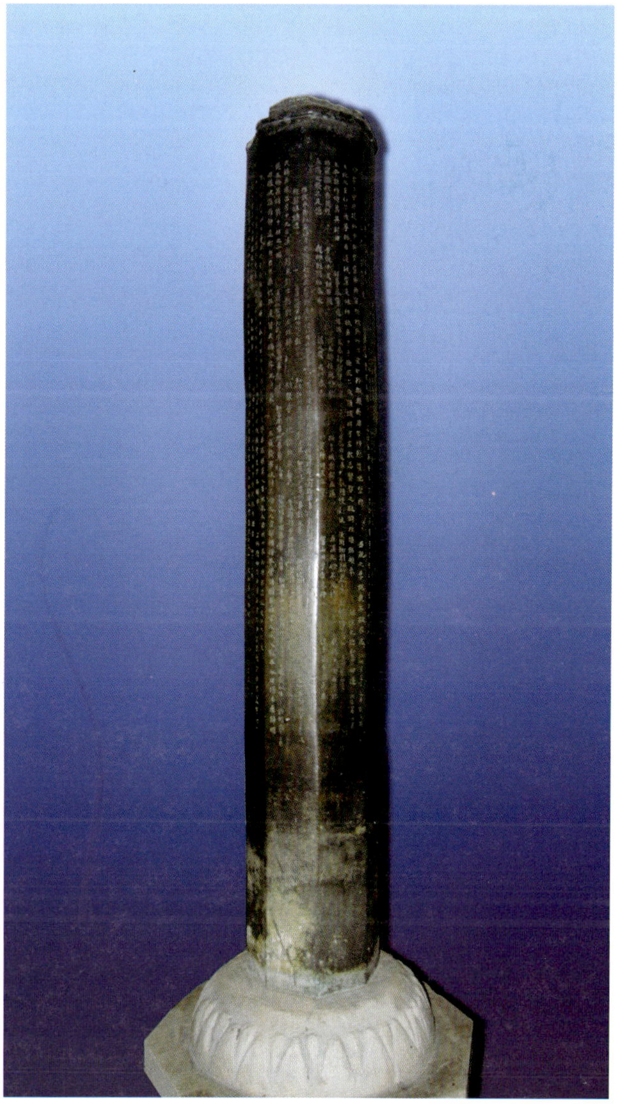

4. 溪州铜柱

图版三四

1. 施溶溪长官周边山体

2. 溪州战场东面山体

3. 九龙蹬东面山体

1. 洗车河洛塔吴著包周边山体

2. 羊峰卫全景

3. 九溪卫全景

图版三六

1. 崇山卫全景

2. 永定卫全景

3. 紫金山神道采集遗物

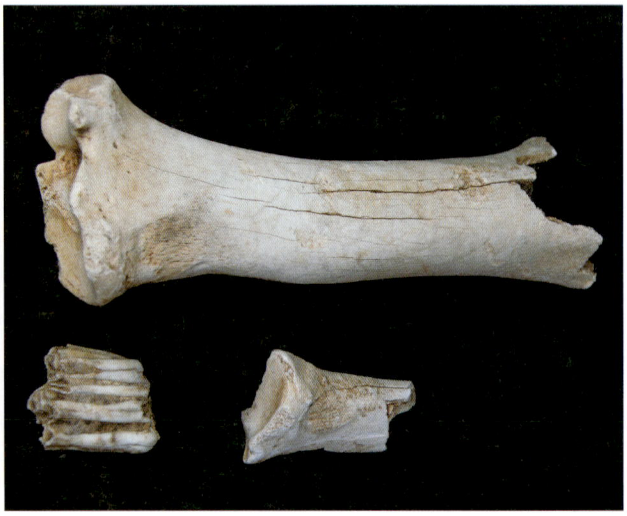

4. 紫金山神道采集遗物

1. 祖师殿四级台阶采集遗物

2. 金鱼塘大垭遗址采集遗物

3. 高峰向家湾遗址采集遗物

4. 谢家坡采集遗物

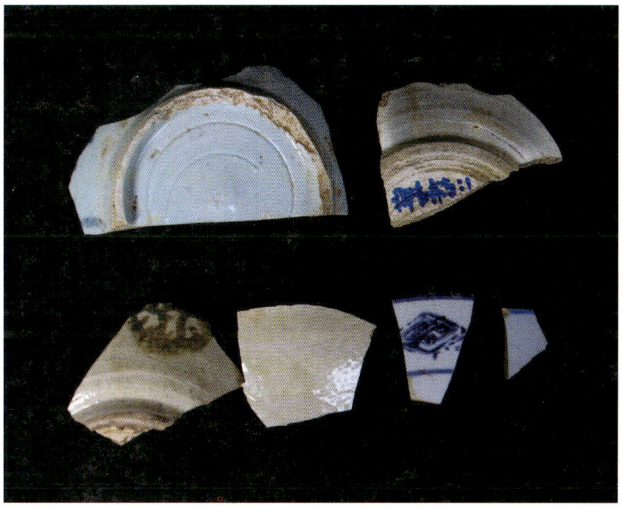

5. 那吉枯遗址采集遗物

6. 老洞采集墓砖

图书在版编目(CIP)数据
老司城遗址周边遗存调查报告/龙京沙,张小河,吴燕周主编.
—长沙:岳麓书社,2013.9
ISBN 978-7-5538-0174-2
Ⅰ.①老... Ⅱ.①龙...②张...③吴... Ⅲ.①城堡—考古
发掘—调查报告—永顺县 Ⅳ.①K928.77
中国版本图书馆 CIP 数据核字(2013)第 220962 号

LAOSICHENG YIZHI ZHOUBIAN YICUN DIAOCHA BAOGAO
老司城遗址周边遗存调查报告
主 编:龙京沙 张小河 吴燕周
责任编辑:管巧灵 王文西
责任校对:舒 舍
封面设计:吴颖辉
岳麓书社出版发行
地址:湖南省长沙市爱民路 47 号
电话:0731—88885616(邮购)
邮编:410006
网址:www.yueluhistory.com
2013 年 9 月第 1 版第 1 次印刷
开本:787×1092 1/16
印张:17.25
字数:306 千字
印数:1—1,300
ISBN 978-7-5538-0174-2/K·372
定价:180.00 元
承印:长沙三仁包装有限公司

如有印装质量问题,请与本社印务部联系
电话:0731—88884129